差別・偏見と向き合う
世界の言語的マイノリティ

言語と格差

杉野俊子
原　隆幸
編著

井上恵子／岡戸浩子／カレイラ松崎順子／河原俊昭／蒲原順子
近藤 功／佐々木倫子／田中富士美／野沢恵美子／長谷川瑞穂
波多野一真／比嘉光龍／ホ・グウェン・ヴァン・アン／村崎恭子
薬師京子／山本忠行／ラサミ・チャイクル

明石書店

まえがき

　「言語」とは何かを考える時、世界60億人の中で自分の母語を話す人が1人しかいない、つまり自分が最後の話者である、と考えてみると、「言語」というものが見えてくるかもしれない。アラスカ南東海岸のイーヤク族（the Eyak nation）を例にとると、イーヤク語の最後の話者だった Chief Smith Jones は、「自分の言語がなくなることをどう思いますか」と聞いてきた記者に向かって、「どう思うかって？　それはまるで、自分の赤ちゃんが死んだ時に、その子が揺りかごに横たわっているのを見てどんな気持ちと聞くようなものだから、そんな（バカげた）質問はよく考えてからした方がよい」と感情的になったそうだ（Ahern 2012）。Chief Smith Jones は2000年1月に亡くなり、イーヤク語も彼女と一緒に死に絶えた。この例から、我々が日頃当たり前だと思っている言語とは、辞書的な意味を遥かに超えて、自分の存在そのものであるということがわかるであろう。

　次に「格差」を考えると、社会的格差は経済格差と結びつけられやすい。ミレニアムまでほとんどの国民が中流意識を持っていた日本でも、最近は貧困問題や格差社会が論じられるようになってきた（森岡孝二編 2012）。たとえば、「小中学校保護者意識調査の3回目の結果（朝日新聞 2013年3月21日）によると、「所得の多い家庭の子どものほうが、よりよい教育を受ける傾向」があると、教育格差を容認する保護者が6割に達したとのことであった。しかし、これはあくまで経済格差であって、世界の各地で見られる人種・民族・少数派・宗教・性差などから生じる格差、またそこから派生してくる言語による格差は含まれていない。

　「言語」と「格差」の関連付けには違和感があるかもしれないが、「言語と格差」の関連性をアメリカの例をとってみると、奴隷解放以降20世紀半ばまで、南部からシカゴ・ニューヨークなどに大量に移住した黒人たちは、スラムと呼ばれる酷い貧困と劣悪な環境のふきだまりのような居住区に隔離されるように

住むようになった。それにヒスパニックが加わって、ニューヨークだけでも何千というスラムのこどもたちが、義務教育をまともに受けられないでいる。それがまた後の教育格差を生み、貧困のスパイラルに陥っている。しかも、奴隷時代の「強制無知法」という言語政策が原因で生まれた黒人独自の英語（エボニックス）がスラムで維持され、学力テスト点の向上と教育と就職の妨げになっている。このように、先進国のアメリカでさえも、言語と格差は密接な関係にあり、深刻な社会問題を生んでいる。

本書は先に著した『言語と貧困——負の連鎖の中で生きる世界の言語的マイノリティ』松原好次・山本忠行編（明石書店 2012）の続編である。『言語と貧困』は「グルーバル化が進む世界で、実は我々の言語もマイノリティだ。英語など優性言語とどう対峙するかは長年の議論があり、今後より顕在化するだろう。さらにアイヌ語、琉球語など内なる少数派を思い起こすなら、本書で描かれる世界的ジレンマは、まさに我々自身のものである」という書評を得た（川端裕人 2012）。

本書の第 1 部はまさに内なる少数派である「日本の中の言語と格差」に目を向けていく。第 1 章（佐々木倫子）では、手話全般と日本語との格差、ならびに、手話内の格差がその使い手たちにどのような格差をもたらしているかという現状とそれを招いた要因を整理し、今後の方向を提示している。コラム 1（比嘉光龍）では、琉球諸島の 6 つの言語、「琉球言語」の復活活動に携わった経験から、琉球諸語と琉球の歴史を琉球人の視点から視ている。コラム 2（村崎恭子）は、樺太アイヌ語を絶滅言語研究者の立場から「言語と格差」について述べた後で、差別と偏見から未来へとこれから私たちができることすべきことを示唆している。第 2 章（杉野俊子）は、「グローバルに拡散する日本人・日系人を論じる時に、歴史的観点に欠け、通時的考察が欠けている論者が多い」という指摘から、ブラジル性の構築を含めて日系ブラジル人の「言語と教育」と「社会的格差」の関係を歴史的・包括的に見ていき、問題点の他に示唆も羅列している。コラム 3（近藤功）は、日本国内に住む中国出身の女性たちの言語と生活の格差を聞き取り調査から浮き彫りにしている。第 3 章（河原俊昭）では、日本在住の外国人たち、特に高齢化へと進むニューカマーが、多文化多言語共生時代を日本人と外国人が格差なく生きていく支援方法と条件を考察している。コラム 4（岡

戸浩子）は、グローバルな展開に伴い、近年の日本企業は英語に堪能な人材を求める傾向が認められ、英語偏重主義が日本社会にもたらしている格差について問題提起している。コラム5（井上恵子）は、最近では西洋とアジアからの帰国生ではそれぞれ英語に対する捉え方に相違点があり、これからの帰国生に求められるのは英語習得という表面的利点だけではないことを指摘している。

　第2部は、世界における「言語と格差」という枠組みで、米国・カナダなどの英語圏と、アジア各国における言語・教育政策がもたらす格差について論じていく。第4章（波多野一真）では、アメリカ教育改革の現状として、グローバリゼーションを背景とした利を追求する視点と、言語的弱者のための善の視点がアンバランスに交差する状況を考察し、格差拡大を引き起こす可能性とそのメカニズムを論じている。第5章（カレイラ松崎順子）は、「アメリカにおける言語格差と双方向バイリンガル教育」の中で、バイリンガル教育の現状を詳述した後、社会的弱者である移民にとって、双方向バイリンガル教育が一番望ましいプログラムであると示唆している。第6章（蒲原順子）では、ニュージーランドのマオリ族の言語政策として、母語継承のためのバイリンガル・イマージョン教育と、白人対マオリという構図から見える言語と文化の格差の問題からその根本的な原因であるグローバリゼーションの問題も浮き彫りにしている。第7章（長谷川瑞穂）は、カナダの少数派であるフランス語系カナダ人と移民に焦点を当て、英語が主流のカナダ社会での彼らの言語問題などを考察している。

　コラム6（山本忠行）は、アフリカ諸国において、西欧語によって民族間の対立を防ぎ、平和と繁栄を目指すという独立時の目標とは裏腹に、西欧語使用が国民の間に格差を生み、階層を分断している実態を明らかにしている。第8章（田中富士美）はアラブ首長国連邦のドバイにおいて、英語がどのような役割を果たしているのかについて、女性の社会的向上意識と女子学生の英語に対する意識調査の結果を述べている。コラム7（薬師京子）では、世界の言語の15％にあたる850もの言語が存在するパプアニューギニア独立国の多言語事情、教育制度の課題と展望を含めて紹介している。第9章（野沢恵美子）は、インドの学校教育における言語習得機会を通して、多言語社会インドで言語がどのように社会経済的、文化的な階層化と結びついているか、農村における女性に

も焦点を当てながら考察している。コラム 8（ラサミ・チャイクル）、コラム 9（ホ・グウェン・ヴァン・アン）では、前者はタイ王国、後者はベトナム社会主義共和国における言語少数派に対する言語・教育問題について取り上げている。最終章・第 10 章（原隆幸）は中国に返還され、一国二制度のもと国家を形成している香港とマカオにおける言語教育と就職の関係を比較、考察している。両国の言語教育は現在、旧宗主国と中国の影響を大きく受けており、その要因を明らかにする。また、旧宗主国がもたらした言語格差に関しても考察している。言語と社会的格差の問題は、経済情勢やグローバル化の影響で変化している。格差は経済的なところに一番表れやすいが、その経済格差は多数派によって恣意的に行われた言語政策や教育政策が原因になっている場合が多々あり、それによって不利益を被るのは少数（言語）派であるということを、本書を通じて読者の皆様と共有できたら幸いである。

2015 年 1 月吉日

杉野　俊子

参考文献

川端裕人（2012）『読書』「言語と貧困――負の連鎖の中で生きる世界の言語的マイノリティ」朝日新聞 2012 年 10 月 7 日朝刊（p13）

森岡孝二編（2012）『貧困社会ニッポンの断層』桜井書店

Ahern, L. M. (2012). *Living Language: An Introduction to Linguistic Anthropology*. MA, USA: Wiley-Blackwell

目　次

まえがき　3

第1部 ❖ 日本のなかの「言語と格差」

第1章　手話と格差——現状と今後にむけて ……………………… 12

コラム1
琉球側の視点から視る「琉球諸語」と「琉球の歴史」　29

コラム2
樺太アイヌ語の場合——絶滅言語研究者の立場から　34

第2章　日系ブラジル人
　　　　——時空を超えた言語・教育と格差の中で ………… 39

コラム3
中国から来日した女性たちの生活と言語の格差　61

第3章　外国人高齢者への言語サービス ……………………………… 64

コラム4
「英語格差（イングリッシュ・デバイド）」現象をめぐって　80

コラム5
今、帰国生に求められるもの　83

第2部 ◆ 世界における「言語と格差」

第4章 教育改革と言語的弱者
　　　──コモンコア（全米共通学力基準）・
　　　アメリカ教育改革の現状 ……………………… 88

第5章 アメリカにおける言語格差と
　　　双方向バイリンガル教育 …………………………… 105

第6章 ニュージーランドのマオリ語教育に関する考察
　　　──バイリンガル教育における文化的格差 ………… 119

第7章 カナダの少数派
　　　──フランス語系カナダ人と移民 ………………………… 137

コラム6
西欧語によって結ばれるアフリカ・分断されるアフリカ　155

第8章 アラブ首長国連邦（UAE）ドバイにおける
　　　英語と経済──UAE ナショナル／エミラティの
　　　女子大学生の意識調査に基づく報告 ………………… 159

コラム7
多言語国家パプアニューギニア独立国　175

第9章 インドにおける言語と学校教育
　　　──社会流動性と格差の再生産 ……………………… 179

コラム8
タイにおける少数派グループの教育と社会階層　202

コラム9
ベトナムの少数民族の教育と言語問題　207

第 10 章　香港とマカオにおける言語教育
　　　——旧宗主国の違いは言語格差をもたらすのか ……… 211

あとがき　229

第 1 部

❖

日本のなかの「言語と格差」

第1章

手話と格差
―― 現状と今後にむけて ――

佐々木　倫子

はじめに

　地球上のどの国・地域においても、まともな言語とみなされず、結果として、その話し手が抑圧されている言語がある。それは各地域の手話である。国連障害者権利条約には手話が言語である旨が明記され、言語学者は1960年のウィリアム・ストーキーの研究以来、手話が複雑な体系をそなえた自然言語であることを認識している。法的にも言語学的にも手話の位置づけは確立されているのだが、一般には「複雑なことは伝えられない、身振りのようなもの」という思い込みが一向に弱まらない。そこで本稿では聴覚障害者をとりまく言語間格差を取りあげる。現状とそれを招いた要因を整理し、今後の方向を考えるのが本章の目的である。

　本論に入る前に、これまで手話と聴覚障害者の世界に触れる機会のなかった読者のために、主要な用語の簡単な定義を挙げる。

　　手話――独自の構造を持つ視覚言語。視覚障害を持つ人を中心に受け継がれ
　　　てきた自然言語。

書記日本語——音声日本語に対照されるもので、読み書きの日本語。

人工内耳——内耳の蝸牛に電極を接触させ、聴覚を補助する器具。

聴覚口話法——残存聴力を最大限に活用し、話者の口のあけ方から話を理解する「読話」と、自ら声を出す「発語」から構成される教育方法。

デフファミリー——家族の皆が聴覚障害を持つ一家。一般的に家庭内言語は日本手話。デフファミリーに生まれる聴覚障害児は1割以下である。

日本語対応手話——日本語の語順に手話の単語をつけるもの。手指日本語ともいう。

日本手話——日本のろう者の第一言語である自然言語。米国にはASL（アメリカ手話）があり、英国にはBSL（イギリス手話）がある。それぞれ独自の構造を持つため、ASLとBSLは異なり、それらと日本手話も異なる。無論、手話言語と英語や日本語は、異なる構造を持つ。

ろう学校——聴覚障害の子どもたちが通う学校で、聴覚特別支援学校／聾学校／聴覚障害特別支援学校などと呼ばれる。

ろう者——日本手話を日常言語として用いる聴覚障害者。その年少のケースを「ろう児」とする。

1.「聴覚障害」をめぐる複雑さ

(1) 聴覚障害の見えにくさ

　2014年2月の新聞、週刊誌、テレビなどのメディアには、ある人物に関連するニュースがたびたび登場した。「全ろうの作曲家」、つまり、耳がまったく聞こえない作曲家として知られた人物が、実際は作曲をゴーストライターにしてもらい、耳も聞こえているらしいというものである。この人物は聴覚障害2級の障害者手帳を持っていたが、「3年くらい前から聴力が回復した」としており、この事件を契機として、改めて聴力検査や認定方法の見直しも始まった。「全ろうの作曲家」の聴覚障害の有無はその後の検査にゆだねるとして、本人の顔を見ているだけでは、この人が先天的聴覚障害者なのか、中途失聴者なのか、軽度の難聴者なのか、聴者なのかは、まったくわからない。見た目には違いが

ないからである。この見た目に違いがないという点に、聴覚障害の難しさがある。つまり、全盲の人にむかって「字を読みなさい」という人はいないが、全ろうの人にむかって「声を出しなさい」という人が後を絶たないのである。街で出会った見知らぬ人は無論のこと、ろう学校の先生、そして、一番の理解者であるはずの親も発声を期待することが多い。

(2) 聴覚障害の認識の難しさ

聴覚に障害を持った子どもは、およそ1,000人に1人の割合で生まれてくるとされる。2013年の日本の推計出生数は103万1,000人（厚生労働省「人口動態統計」）であるから、2013年だけでも、1,000人ぐらいの子どもに先天的聴覚障害があることになる。近年、新生児聴覚スクリーニングで赤ちゃんの聞こえの検査が普及してきており、聴覚障害の早期発見が進んでいる。ただし、最初の検査でリファー（要検査）となっても、かなりの子どもの聴覚は正常の範囲内におさまる。

では「聴覚障害」とはどの程度のものを指すのだろうか。両耳の聴力を音圧レベルのデシベル（dB）で示すと、70dB以上から身体障害者手帳の交付が受けられる。障害のわかりやすい記述はおおむね以下のとおりである。なお、聴覚障害のみの場合は、最も重度な者でも2級までとなる。

70dB	6級	40cm以上の距離で発声された会話を理解できない程度
90dB	3級	耳介に接しなければ大声の言葉を理解できない程度
100dB	2級	（両耳全ろう）耳元での叫び声が聞こえる程度

出典：「聴覚障害の基礎知識」

医療関係者は新生児聴覚スクリーニングで聴覚障害を発見すると、「治す」立場、つまり、聴児にできる限り近づけることを考える。聴覚障害児の親の90％は、聴者であり、親たちの思いも同じことが多い。そこで、補聴器が幼時からつけられ、その効果がみられなければ人工内耳手術の可能性が探られる。人工内耳手術は改善されつつあり、中途失聴の人が音を取り戻すことへの劇的効果は誰もが認めるところである。しかし、先天的な重度の聴覚障害児が言語音を捉えるためには、手術後の長期にわたる訓練が必要で、しかも、明瞭な発

音が獲得できるかどうかは個人差がある。手術によって 25dB 近くまで聴覚が補償されても、「多くは軽中度の難聴の人と同じような聞こえの不自由さを経験する」（棚田 2013：158）のである。厚生労働省（2008：25）の調査結果では、聴覚障害者のうち 69.2％ が補聴器や人工内耳等の補聴機器の装用者である。人工内耳手術をしたからといって、突然障害者手帳がいらなくなるほどまで聴力が回復するわけではないのである。

　以上のこともあってか、日本の現状では手術を避ける親子が欧米に比して多い。が、費用面での公的資金による援助もあり、今後、人工内耳手術は増加するだろう。結果として機器 1 つとっても、何も使わない聴覚障害者たちもいれば、補聴器使用の人たち、人工内耳装用の人たちと、多様な個々人が異なるレベルの異なる形の聴力を持ち、それぞれ言語と向き合うことになる。その点も聴覚障害の認識を一筋縄ではいかないものにしているのである。

　はっきりしていることは、先天的聴覚障害（および言語獲得前に重度の聴覚障害が起きた後天的聴覚障害）の子どもは、ふつうの距離では聴きとりができないことである。したがって、音声言語の自然習得はできない。日本に住む、重度の聴覚障害を持つ子が自然習得できる可能性があるのは、目の言葉である日本手話である。

（3）聴覚障害者手帳に関わるあいまいさ

　聴覚障害者手帳を持った人は、日本に何人ぐらいいるのだろうか。厚生労働省（2008）の調査結果をみると、2006 年に聴覚・言語障害者手帳を持つ人の数は 34 万 3,000 人となっている。日本の総人口の 1000 分の 1 程度なら、2006 年の総人口 1 億 2,777 万人（総務省統計局）から計算し、12 万 8,000 人前後となる。しかし、交付者数は上記のとおり 2 倍ほどである。それは、後天的な聴覚障害者が加わっていることを示唆する。さらに、数字外には、障害者手帳を交付されるほどではない、聞こえが 40dB、50dB の人々もおり、軽度難聴も入れれば聴覚障害者は 600 万人とも言われるのである。つまり、「聴者」と呼ばれる、25dB 以下の「正常」とされる人々と聴覚障害者との間には、きれいに線がひけるものではない。

　聴覚障害者手帳の不正受給の話は、冒頭の「作曲家」の例だけではない。近

年知られているのが、札幌市の耳鼻咽喉科医のケースである。2007年12月に発覚したそのケースでは、74歳の医師の関与した手帳取得者は、北海道内と青森県で880人、うち事件が報道されてからの返還者は845人に達したという（北海道新聞）。このような大規模なケースはめずらしいが、小さな不正はほかにもあることが推察される。また、聞こえには個人差があり、デシベルだけで判断できるものでもない。以上、聴覚障害の認識の難しさと聴覚障害者の多様性を述べた。

2. 聴覚障害児が育つ時

(1) 誕生時と言語

　先天的に重度の聴覚障害を持って生まれた子はどのように言語を獲得するのだろうか。鳥越（2008：232）の「手話の獲得」には、冒頭に以下の言及がある。

> 　いま、手話の研究が面白い。（中略）
> 　第1に、音声でなく「身振り」を使う言語だということである。いわゆる「非言語的」な身振りから言語的な身振り（＝手話）までを連続体に位置づけ、相互に比較する中で、それぞれの特徴を捉えることができる。（中略）
> 　第2に、親から子へという言語学習の経路が、手話話者の中では少数派であるということである。大多数のろう児たちは手話を知らない健聴の親のもとに生まれ、通常の言語獲得の時期に十分な言語（＝手話）の入力が与えられていない場合が多い。このような状況は獲得される言語にどのような影響を及ぼすのであろうか。
> 　第3に、さらに刺激的な研究の展開がある。このような言語入力が非常に乏しい環境下でも、手話にきわめて類似したホーム・サインという身振りコミュニケーションが生成するのである。（中略）手話の獲得研究が人間に普遍的な言語獲得の道筋とその振幅を浮き彫りにしてくれるかもしれない。

　以上は言語獲得を研究する立場からは当然の書きぶりかもしれない。事実、ろう学校にフィールドを求める大学院生・研究者が増えており、手話が刺激的

な研究テーマであるという認識が広がりつつあることをうかがわせる。しかし、突然、我が子に聴覚障害があると告げられた親は、上記をどう読むだろうか。

　手話は単なる身振りではなく複雑な構造を持った言語だと言われても、その複雑な構造を教えてくれる場が用意されていない。日本のろう者は日本手話が第一言語であると言われても、英語なら近くに英会話学校があり先生も見つかるのに、日本手話は学校も講習も先生も簡単には見つからない。頼りの医師も、まだ障害の程度は確定できないのだから、ともかく顔を見てたくさん話しかけて、笑顔を見せてあげてくださいというばかりである。同時期に生まれた他の子どもたちが言葉を発し始める中で、このような状況に置き去りにされた親の不安とあせりがどれほど大きいかは想像に難くない。聴覚に障害を持って生まれた子どもの言語環境は、デフファミリーを除き、貧しい状況に留めおかれることが多い。

(2) 乳幼児期と言語

　聴覚障害の有無にかかわらず、乳児の言語発達は初期の身振りから始まる。聴児は徐々に発声を始め、半年頃から喃語、1歳頃に単語、1歳半頃に二語文、2歳すぎには文法が発達する。こうして、日本語環境にいる聴児たちは流暢な日本語話者へと育っていく。一方、先天性の聴覚障害児は同様の道筋を、目でみる言葉でたどっていく。手話環境がないときは、身振りがコミュニケーションの主たる手段となって、独自のものを創りだす。Volterraほか(2006)によれば、その身振りは聴児のそれよりは精巧だが、手話の複雑さのレベルにははるかに及ばないという。それは独自のホームサインに発展する。

　このような研究結果を知るはずもなく、親はろう学校の乳幼児相談に駆け込む。そして、多くの場合、ともかく目を見て、大きな声ではっきり口をあけて、日本語で話しかけなさいと言われる。以下は、ろう学校の乳児相談を担当している教員の発言の骨子である。発言者自身は子どもに対して手話を用いるが、それは日本のろう学校全体から見れば例外的である。この教員が担当を始めたのは3年前であり、それ以前の相談室の姿は以下のようなものだったという。

　　そのろう学校の乳幼児相談室には本棚があり、絵本が何冊も並べてある。

しかし、つい3年前まで、そこでの絵本は読むものではなく、全部ひっぱり出して散らかすものだった。きれいに作って飾った凧やお雛様などの季節の掲示は、びりびり破くためのものだった。せっかくきれいに作った羽子板や凧の掲示を引っ張られ、破かれて、制作した教員は失望するわけだが、主任教員は「興味があるから引っ張るんだ」「掲示物が替わったことがわかるから破るんだ」と制作者に言っていた。しかし、現在は手話を使って掲示や蔵書を入れ替えたことを伝え、掲示物の名前を教えている。子どもたちも新しい掲示を指して手話で「何？」と聞く。
　3年前までは、上記のような状況で紙をやぶくことを許容していたため、相談室の紙の消費量は膨大だった。
（2014年1月25日インタビュー）

　笑い話ではない。言葉でコミュニケーションを持てなかった2歳児、3歳児の苛立ちが伝わってくるようなエピソードである。現在は手話での対話が成り立つようになって紙の消費量も落ちついたわけだが、ろう学校全体を見れば、手話を活用する学校はきわめて限られている。この教員の勤務校でも、主流は口話クラスである。
　普通、聴者の親の手話学習の機会と言えば、地域の手話サークルやテレビ講座で手指単語を覚える程度である。その程度の手話能力では、わが子の言語発達が始まってもできることには限界がある。やがてろう学校の幼稚部に入り、同年齢やちょっと上の年齢の友だちができて、ホームサインが日本手話へと発達しはじめても、親はそれを読み取ることさえ十分にはできない。勢い、大切な情報は日本語の口型や指文字、書いた文字でなんとか伝えようとすることになる。ろう学校が圧倒的に日本語優位の世界であるばかりでなく、家庭内においても、大切な情報伝達は日本語で行い、感情のやりとりは手話まがいの身振りで行うというふうに、言語格差が広がっていく。

（3）小学校就学後と言語
　日本の公立ろう学校でも、近隣の学校でも、手話能力にも日本語能力にも制限を持つ子どもたちが多く生み出されている事実は、関係者間で広く共有され

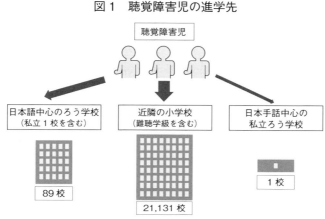

図1　聴覚障害児の進学先

出典：平成25年度「学校基本調査」より筆者作成

ている（上農2003、金澤2001、全国ろう児を持つ親の会2003）。

図1は2013年度の聴覚障害児の進学先である。

21世紀に入っても大多数のろう学校（図1の左側）における教育の主流は聴覚口話法であり、聴覚障害児たちの言語能力と学力の伸びは芳しくない。多くの公立ろう学校では、近年、移動が多く、何も知らない教員が公立ろう学校に赴任して、あわてて手話の勉強を始めることも多い。しかもその「手話」とは、多くの場合「日本語対応手話」を意味する。なぜろう児が自然習得し、生徒間で自由闊達に運用する、ろうの生徒にとってもっとも意思伝達がしやすい第一言語である日本手話が教授言語にならないのだろうか。そこには、「日本語―上位、日本手話―下位」の格差が存在する。

3. 言語格差とろう教育

(1) 日本手話と日本語の格差

ここで簡単に、日本のろう教育の流れを振り返る。1878年に京都で始まったろう教育は当初は手勢法、つまり、手話も用いて行われた。しかし、口話法の流れが起こり、1933年の時の文部大臣の訓話によって決定的な流れとなる。補聴器の導入とともに聴覚口話法となり、1990年代から徐々に手話の導入で

手指単語を添えるようになっても、21世紀の今も基本は口話にある。口話で教科を教えること、口話を教えることが、勉強の中心なのである。そのため、ろう教育の現場からは、日本語の発音はもとより、文字、語彙、文法の定着関係の教材・教授法研究はあっても、生徒の第一言語である手話能力の育成についての教材はほぼないに等しい。つまり、日本語はろう学校の表舞台の言語だが、手話は表舞台で認められた言語ではないのである。教師からは見えないところで生徒同士がやり取りをするための言語という位置づけが色濃く残る手話が、整備され、標準化され、公立学校での教授／学習言語として採用される方向に進むことは考えにくい。そして、学校の外でも、各地に多くの手話サークルがあるが、日本語対応手話中心で、日常会話レベルにとどまり、養成された人々が熱心に研鑽を積んでもボランティア通訳にとどまることが多い。手話は格の低い言語なのである。

　しかし、日本政府は、障害者差別解消法の成立に伴い、2014年1月に障害者権利条約を批准した。また、手話言語条例を通す鳥取県のような動きが全国に広がる可能性もある。まさに、日本手話を言語として名実ともに位置づけられるかどうかの正念場に差しかかっている。図1の右側の日本手話を基盤とする私立学校のように、特区申請をおこない、現行の学習指導要領の中の、「国語」を「手話」、「音楽」を「日本語」で読み替え、理科や社会などの教科を、日本手話で教えていく方法もある。

　しかし、教育現場が一向に変わらない。その要因はどこにあるのだろうか。

(2) 日本語対応手話と日本手話の格差

　ここで、「手話」をもう少し厳密に見たい。「手話」と聞くと、一般的にすぐ手の形を思い浮かべるが、手話の文法には、手の形だけでなく、手の位置も動きも含まれる。たとえば、岡・赤堀（2011）には、手の形と動きは同一でも、位置が異なると意味がまったく違ってくる語が載っている。さらに、表情、視線やうなずき、口型などの非手指要素が細かい意味の違いを伝える。表情の1つに、疑問文を示す、眉を上へあげる動きがあるが、眉あげの開始が文頭か文末かは、各手話言語の文法の1つである。その複雑さは音声言語同様で、音声言語に慣れた人間に、そのような文法を読み取る力は簡単にはつかない。一方、

日本語対応手話は、手指単語さえ覚えれば、助詞などを声か口型でおぎなう形で済むので、聴者には早く学べる。日本語は音声で示すことも、書記日本語として文字で示すことも、点字で示すこともできるが、日本語対応手話では手指単語で示すわけである。これなら、教員が忙しい業務のあいまの学習で身につけていかれる。しかし、ろう者が日本語対応手話を読みとるときには、日本手話から日本語の頭に切り替えて、足りない部分を多分あの意味だろうと補いつつ読みとることになる。そこで、意味がよく伝わらないという問題が発生する。

　2011年の東日本大震災のあとの政府の公式記者会見に手話通訳が導入されたことをご記憶だろうか。情報格差をなくす第1歩として、大いに意味があった。ところが、せっかくの手話通訳が、ろう者には不評だった。日本語対応手話が使われ、また、通訳の画面が小さかったため、きわめてわかりにくかったからである。日本語対応手話が使用される理由は、聴者や中途失聴者にとって習得しやすく通訳の数も多いからだけではない。そこには言語の格差が絡まってくる。日本語対応手話は、日本語に近いものであり、公的な場で使われるのにふさわしい公的な言語という見方があるのである。公的な政府見解ともなれば、日本語対応手話が言語手段としてふさわしいというわけである。ろう学校でも聴覚障害関係の集会でも、日本語対応手話は立派な言語だが日本手話は仲間内でしか使わない言語だという、誤った格差の付与が見られることがある。

(3) 小学部が示す言語格差

　以下は金澤（2013）に見られる、公立ろう学校の手話容認派の教員の発言である。この教員は今までのろう学校で、声を出すことを強要してきた事実を述べ、続いて、以下のように語っている。

　　子どもの気持ちは無視して、まず言葉（筆者注：日本語）ありきで。で、言葉がない子は全然ダメみたいな感覚でしょ。（中略）W（筆者注：比較的聞こえのいい生徒）みたいなのが、きれいにペラペラしゃべっちゃうと、「おお、あの子は頭がいい！」みたいに思っちゃうのが聾学校なんだよね。だけどよく見たらさ、口話が下手なUのほうがずっと頭よかったりするわけ。そういう誤解はよくある。（中略）もっと子どもの中身を育ててやらない

とね。何でもいいんだよ、身ぶりでも絵でも。自由に自分のいいたいことを言えるようにしてやんないと（金澤 2013：146-147）。

さらに、この教員は言葉を続ける。

ベテランの先生なんかも、「手話とか指文字をやるから考える力が伸びないんだよ」って。（中略）両親聾の家庭の子のほうが言語力としては豊かだしね。逆に健聴の両親の子は、なーんか考える力がないし、行動力ないし、おかしいなって。それをいつもいつも思っていて（金澤 2013：147）。

この教員は手話をやるから考える力が伸びないというベテラン教師の言葉には納得せず、デフファミリーで手話で育った子のほうが言語力が豊かだと感じている。しかし、生徒には手話を自由に使わせてはいるが、自身はあまり使わない。特に「授業研究で他校の先生がくるときは『今日は口話でやろうな』って（笑）」（147）という発言個所がある。つまり、手話は表舞台では見せてはいけない言語なのである。口話のできる子は優秀、手話の子は劣等という誤りの評価が連綿として続いており、手話派の教員でもそこを打破できない。

以下は筆者自身が聞いた、公立ろう学校の手話派の教員の言葉である。

「手話じゃ授業ができない。たとえば、理科を教えようと思っても『触媒』という言葉すらないんだから。日本語を使わざるを得ない」（2007 年 7 月　公立聾学校教員　聞き書きメモ）。

「触媒」にしても漢語であるし、英語からきた外来語も多数取りいれている日本語の使用者が手話の語彙借用を云々するのはおかしい。が、それにもまして留意すべき点は、この公立ろう学校で手話導入の先頭に立ったベテラン教員でも、手話は日常会話レベルと考えているという事実である。発言で露呈しているのは、手話辞典に「触媒」という項目がないこと、あるいは、この教員が「触媒」をどう手話で示すかを知らないという、聴者の教員自身の手話能力の限界であって、ろう者が触媒の概念を手話で示すことができないということではな

い。現にこれについては、筆者はろう者の教員に手話で表現できることを確かめた。しかし、教員の圧倒的多数が聴者である公立ろう学校で、高い手話能力を望むことはできない現状がある。

(4) ろう学校教員の言語観

　筆者はこれまでいくつかのろう学校を見学する機会を持ち、多くの教員が生徒の扱い方もうまく、生徒の成長を願っていることも感じた。生徒たちに日々接し、生徒たち同士のコミュニケーション手段が手話であることも認識している。そのような教育の専門家集団が、なぜ聞こえない耳を持つ子を相手に声をはりあげるのか。声出しを要求するのか。なぜ、わかる言葉である日本手話を無視し続け、現状を変えようとしないのか。以下の中島（2013）の分析は、その疑問に1つの答を提供している。

　中島（2013：105、109）は「近年は聾学校の人事異動が活発」であり、ろう児に接したことのない教師たちは「聾学校に対して少なからず『異世界』という感覚を持つであろう」ことを指摘する。新しくろう学校に着任した新人教員は「そこにある流れに従うしかない。むしろそこに疑問を抱くのも難しい」とするのである。そして、「『コミュニケーション弱者』である教師の手話能力がろう児の学習意欲を低めている」とし、「特に読み取る力の低さは教師によるろう児の質問への聞き返しを引き起こし、限られた授業時間を奪っていく。さらに、教師がろう児の発言を読み取れない場合には、その発言を意図的に「スルー（無視）」してしまうこともある」とする。「手話使用が当然とされる現在の聾学校にあって、手話をまったく知らないまま赴任させられる矛盾した状況に教師たちは最初からすでに翻弄され、自身の存在価値を確保するため『教師のストラテジー』（筆者注：目の前の困難がろう児の「障害」に起因しており、自身の責任範囲外のもの、自身の教師としての力量とは関係ないものであるとすることで教師としての存在価値を保つ方略）を使用するようになる」と指摘するのである。残念ながら筆者もこの指摘に同感せざるを得ない。そして、その戦略は教師集団に共有されるという。

　以下の金澤（2013：170）の言及も上記に呼応する。

幼稚部に対しては、小・中で共通して、子どもの「レベルの低さ」、発音の「悪さ」を問題にしながらも、それは環境の問題に帰因され、幼稚部の指導に対しては、中学部教員はコメントを避け、小学部教員からは弁護的な発言がなされた。

4. 今後にむけて

(1) あるろう児の母の言語観

　上述の教員同士のかばい合いが公立ろう学校を脱皮させないのは事実であろう。そして、これは個々の教員の資質の問題ではなく、教員の移動を頻繁に行う、聴者の教員に十分な手話講習を用意しない、ろう者の学力をあげて教員免許取得を可能にするシステムを作らない、教員養成の制度的問題である。「教師個人の資質に帰属させることは問題の本質から目を背け、解決から遠のく結果になる」という中島（2013：109）の指摘は正しい。筆者自身もろう学校で出会った、個々の教員について、その人格や資質を責める気にはならない。むしろ、ろう学校の教員から、多くのやさしさや手話を学ぼうとする誠実さを感じた。しかし、そのやさしさや誠実さは、ろう児の親から見れば、あまりにも生ぬるい、他人事の態度と感じられるものだろう。

　制度を批判するだけでは何も解決しない。聴覚障害児の発達を心から願うなら、親と連携して、制度を変える動きを始めるべきではないだろうか。以下に、ある母親の言葉を引用したい。彼女は聴者であり、16年前に誕生した我が子がろう児であったことで、初めてろう者と手話について知った。「聴者である母親自身にとって日本手話とは何か」という筆者の問いに対して、彼女は以下のように答えた。

　　私にとっての日本手話というのは、自分の息子の存在そのものです。だから、日本手話がなくなったり、否定されてしまうと、自分の子どもの存在がなくなったり、否定されてしまうのとまったく同じことなので、だからそれは、ものすごくやっぱり大事なものですね。

（2014年2月3日インタビューより）

まさに、手話は息子のアイデンティティであるだけでなく、母のアイデンティティにもなっている。我が子の第一言語とはそのような重みを持つものである。第一言語の重みを我が事ととらえ、親とともに事態の解決をはかろうとするろう学校教員が少なすぎるのではないか。教員自身は日本語という安定したマジョリティの第一言語の世界に生きてきたために、自身の言葉を奪われるつらさを想像することができていないのではないか。

(2) バイリンガルろう教育

　現代の日本で十全たる社会参加を果たすためには、聴覚障害があっても日本語の能力が必要となる。つまり、手話を第一言語、書記日本語を第二言語とするバイリンガルとなることは必須である。また、聴覚障害児にはこのほか軽度難聴で、補聴器などの助けによって音声言語が聞きとれる子も、言語獲得期以後に聴力を失った中途失聴の子もいる。その子たちの第一言語は日本語であり、そこに日本手話を第二言語として加えてバイリンガルとなれば、豊かな言語生活がおくれるだろう。

　日本のろう教育にとって、大きな意味を持つ学校が2008年に誕生した。バイリンガルろう教育の実践を目的とする私立ろう学校である（**図1**右側）。ここで、注目すべきことは、この学校がまず子どもたちの第一言語である日本手話を徹底的に重視していることである。無論、日本語を無視するということではない。第二言語は、重度の聴覚障害を持つ子にとっては書記日本語となるわけだが、日本手話の欠落している部分である記録性を埋めることができる。手話での話し合いをいざ記録するとなったときに、現状の情報機器を考えると、すぐに日本語でメモを取り始めるほうが現実的であろう。日本語は今住んでいる社会のマジョリティの言語である上に、表記の欠落を補うのである。しかも、書記システムは「いまここ」を離れて、分析的、抽象的なレベルの思考をより容易にするのであるから、第二言語である書記日本語の重要性は軽視されるべきではない。

(3) 言葉への気づき

　図2-1から**図2-3**は大津（2010：24）の「母語教育としての国語教育と外

国語教育としての英語教育が有機的に連携することが望ましい」とする主張を応用して作成した。大津（2010：25）は「外国語学習に先立つ、母語による『言葉への気づき』の育成」を重視し、直観のきく母語で、母音・子音などの音概念、名詞・動詞などの品詞概念などの「言葉への気づき」が育っていると、外国語学習に応用できると主張する。まさにそのとおりであるが、筆者はここでこの考え方が外国語学習だけではなく、第二言語学習にも通じることを主張したい。言葉が構造を持ち、それが意味を伝えることを、第一言語で体験して実感として持っていることの重要性は第二言語学習においても、外国語学習と同様に、該当する。第一言語の実感なしに、第二言語としての書記日本語をいくら学ばせようとしても、それは難しい。聴覚障害児が日本語と日本手話のふたつの言語を習得するためには、言葉への気づきが必要だ。教師が外から教え込む音韻や品詞の概念ではなく、実感としての気づきが育っていることが重要なのである。

　図2-1は、日本手話と日本語の順調な発達の略図である。図2-2は、両言語とも不十分な発達しかしていないケースを示す。そして、図2-3は、手話環境がなく、言葉というものがはっきりとはわからない中で、日本語の形の学習のみが強調され、日本語のみが限定的に発達している例を示す。

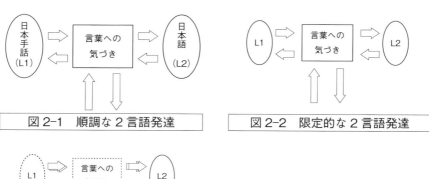

図2-1　順調な2言語発達

図2-2　限定的な2言語発達

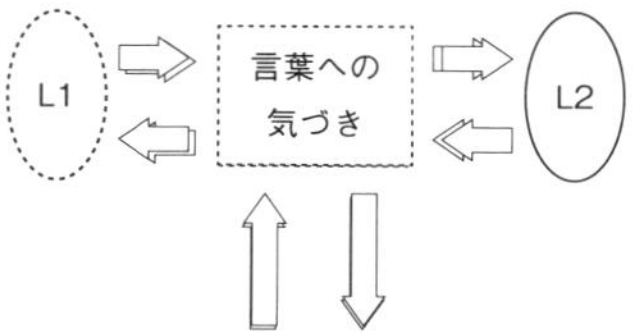

図2-3　限定的な1言語発達

出典：大津（2010：27）を参考に筆者作成

そこで、図2-2、図2-3が当てはまるろう学校の現状を変え、図2-1が示すような、順調な二言語の発達が実現するためには、何がなされるべきだろうか。以下の原則を挙げて、この章のまとめとしたい。

（a）第一言語の手話語り、手話ポエム、手話劇、そして、第二言語の漫画、児童書など、両言語ともに豊かな言語環境が用意されていること。
（b）両言語がともに日常生活は無論のこと、遜色のない形で授業・学習言語として運用されること。
（c）両言語ともに「国語の時間」に匹敵する「日本手話の時間」と「日本語の時間」が設けられ、文法（含む・語彙、表記）能力が、評価され、系統的に育成されること。

　私たちは日本手話というすばらしい視覚言語に消滅の道を歩ませるべきではない。ろう者というマイノリティ言語の話者のためだけでなく、日本語というマジョリティ言語の話者のためにも、日本手話の重要性が認識されるべきである。多様性は豊かさを生み、社会に新たな可能性をもたらすのであるから。

参考文献

上農正剛（2003）『たったひとりのクレオール――聴覚障害児教育における言語論と障害認識』ポット出版
大津由紀雄（2010）「言語教育の構想」『言語政策を問う！』ひつじ書房
金澤貴之（編著）（2001）『聾教育の脱構築』明石書店
金澤貴之（2013）『手話の社会学』生活書院
全国ろう児をもつ親の会（編）（2003）『ぼくたちの言葉を奪わないで！』明石書店
棚田茂（2013）「パターナリズムとしての聴覚障害補償」（『社会言語学』XIII「社会言語学」刊行会、155-174）
鳥越隆士（2008）「第9章　手話の獲得」（『新・子どもたちの言語獲得』大修館書店、231-258）
中島武史（2013）「聾学校におけるろう児と教師の関係性と低学力」（『社会言語学』XIII「社会言語学」刊行会、85-112）
Volterra, V., Iverson, Jana M., and Castrataro, M. 2006 "The Development of Gesture in Hearing and Deaf Children" In *Advances in the Sign Language Development of Deaf Children*, edited by Brenda Schick, Marc Marschark, & Patricia Elizabeth Spencer, 46-70.

Oxford university Press.

オンライン文献

学校基本調査「平成 25 年特別支援学校」、「平成 25 年学校調査・学校通信」http://www.e-stat.go.jp/SG1/estat/GL08020101.do?_toGL08020101_&tstatCode=000001011528&requestSender=dsearch http://www.e-stat.go.jp/SG1/estat/List.do?bid=000001051636&cycode=0

厚生労働省（2008）『平成 18 年身体障害児・者実態調査結果』http://www.mhlw.go.jp/toukei/saikin/hw/shintai/06/dl/01.pdf

厚生労働省「平成 25 年（2013）人口動態統計の年間推計」http://www.mhlw.go.jp/toukei/saikin/hw/jinkou/suikei13/dl/honbun.pdf

聴覚障害の基礎知識 http://www1.plala.or.jp/t_nishimura/tyoukaku.htm

総務省統計局「人口推計」http://www.e-stat.go.jp/SG1/estat/List.do?lid=000001010792

北海道新聞「聴覚障害事件の追及キャンペーン」http://www.hokkaido-np.co.jp/cont/choukakusyougai-gisou/50024.html

コラム 1

琉球側の視点から視る「琉球諸語」と「琉球の歴史」
比嘉　光龍

◆「琉球諸語」とは

　九州から台湾に連なる南西諸島中、奄美大島から与那国島間は 1609 年まで、琉球王国の最大版図であった。しかし、1609 年、薩摩は琉球を侵略し、現在の奄美群島地域を奪った。したがって奄美群島地域を除いた領土がそのまま現在の「沖縄県」となっている。けれども、薩摩は言語までは奪えなかった。現在の行政では沖縄県と鹿児島県をまたぐが、南西諸島中、奄美大島から与那国島間の言語は「琉 球 諸語」と言い、日本語ではなく別の独立した言語として世界的機関ユネスコ（国際連合教育科学文化機関）は扱う。ユネスコは 2009 年 2 月に琉球諸語には北から「『奄美語』『国頭語』『おきなわ語』『宮古語』『八重山語』『与那国語』の 6 つがあり、これらは消滅の危機にさらされ、日本では『方言』として扱われているが、国際的な基準に照らし合わせると独立した言語」と発表した。私はその琉球諸語中「うちなーぐち」の話者である。「うちなーぐち」とは「おきなわ語」のことで、「沖縄」という漢字は薩摩が最初に用いたようなので極力用いない。

　ここで、少しあいさつを紹介したい。「御総様、初みてぃ拝なびら、我んねー、比嘉んでぃ言ちょーいびー事、良たさる如、御願 さびら（皆様初めまして、私は比嘉と申しますので、よろしくお願いします）」。このあいさつをうちなーぐち話者以外は文字を見ず音だけを聞くと理解不能だろう。これを世界の言語学者達は「言語」として認めるが、日本では未だに「方言」扱いとされている。

◆琉球側から見れば琉球の歴史はこうなる

　現在の沖縄県は 1879 年 4 月 4 日に日本の侵略により強制設置された。琉球王国の始まりは、1187 年の舜天王即位年を嚆矢とすれば、1879 年まで 692 年間となる。けれども 1609 年、琉球王国は薩摩に侵略される。しかし、薩摩は琉球の中国との貿易の利益を裏から搾取するため、表面上は独立国の体裁を保たせた。表面上の独立とはいえ、琉球王国は 1854 年に米国、1855 年に仏国、1859 年に蘭国と、それぞれ修好条約を結ぶ。これは、琉球王国は国際法の主体としてそれぞれの条約を締結したとみなすことができるものである。国際社会は

独立国として認知しているにもかかわらず、1872年に明治政府は「琉球藩を設置する」という後の侵略行為の序章ともいえる文書を手渡し、通告する。領土として琉球王国を取り込もうとする日本に拒否の姿勢を貫く琉球に我慢できなくなった日本は7年後の1879年、警察、軍隊をあわせた約560人を那覇へ送り込む。3月27日には首里城に押し入り武力占拠し、時の琉球国王尚泰を拉致する。その後5月27日に尚泰王を東京へ強制連行する。この一連の事件にて舜天王即位の1187年より692年間続いた琉球王国は日本に占領され崩壊させられる。また、屋敷を与えられ軟禁状態にあった尚泰王は東京にて1901年に死去する。1879年からの日本の支配だが1945年の敗戦まで66年間続く。その後米国が27年間、日本に替り支配する。さらに琉球は1972年に再び強制的に日本国領土となされ、現在まで日本の占領は続いている。

◆高度な教育制度を持っていた琉球王国

　後に触れるが、「沖縄県」になってからは「学力最下位」、「失業率全国一位」などと、有難くないことが多いが、1879年以前の琉球王国時代には誇れることがたくさんある。ここでは特に教育についてのみ触れてみたい。

　琉球では1718年に「明倫堂(みーりんどー)」という琉球初の教育機関ができ、1798年には「国学(大学)」、「平等学校(ふいらがっこー)(中等教育)」が設立され、さらにその後「村学校(むらがっこー)(初等教育)」「筆算稽古所(ひっさんちーくじゅ)(学習塾)」などが創立された。また「揃座(すりーざ)(学問所、自習塾)」という若者達が勉学する場所があり琉球の士族、貴族はよく勉強をした。平民も「地頭代(じとうでー)(今の市町村区長代理のような役職)」という位が最高位だが、その位に上るためには士族同様、学問を修める必要があった。さらに中国の最高学府「国士監」へ1392年より留学生も送っており、また自費留学生もいたようである。琉球の学者として有名な「程順則(てぃーじゅんすく)」は自費にて中国の教訓書「六諭衍義(りくゆえんぎ)」を持ち帰り、琉球子弟の学問に役立てた。これは薩摩経由で幕府に献上され、寺子屋では教科書として使用され広く普及した。

　このように、琉球は小さな国だが、かなり高度な教育システムを構築していた。それが1879年の「沖縄県強制設置」により崩壊したのである。1880年には日本語学校を設立するが、これを琉球では「大和屋(やまとうやー)」といい日本化の拠点として捉え就学を拒否した。

◆「沖縄県」となりもたらされる負の遺産

　1879年以降日本語強制教育が始まると、日本の学者は我々の母語を日本語の

下の「琉球方言」と定義した。沖縄県は日本語が定着しない理由はこの劣った「琉球方言」故にと考え「方言札」なる罰札を学校内で使用した生徒の首に掛け劣等感を植えつけた。これは米国支配下の戦後まであったとの報告がある。さらに琉球の士族・貴族は舜天王以来 600 年以上も「欹髻（かたかしら）」という琉球独特の髪型を結っていた。これを断髪しろと「大和屋（やまとぅやー）」である日本語学校は強要した。明治の中期頃には現在では考えられない人権を無視した先生がたくさんいた。たとえば、修学旅行の際、教員が寝こみを襲い生徒の髪を無理やり断髪したり、学校の教頭が「欹髻（かたかしら）のようなだらしのない髪型は断髪しろ。そうでなければ学校をやめろ」と生徒たちを恫喝したり、1890 年には日本人教員が断髪を拒む児童二人に強要すると「一切り落さんとしたれば、急に両眼釣り上り歯を喰ひしばり余を睨みつめ発狂人の如くなり眼を瞋らして余が左の人指に喰ひ付き―」という虐待を教員が生徒に行った事例も報告されている。

1879 年以降日本語学校教育の場ではこういう虐待行為が問題視されずまかり通っていた。「方言札」にしかり、「断髪強要」にしかり、「洋装」の強要などもあった。さらに戦前県外に出た県民は言語や出自に関しての差別を受け、沖縄戦では 10 万人以上の民間人が亡くなり、戦後は 1972 年まで米国支配下に置かれ人権を無視されるという、いわれのない差別や苦しみを受け、我々のアイデンティティは滅茶苦茶に切り裂かれていったのである。

◆「沖縄県」は最下位が多いが、琉球諸語教育により最上になれる

「日本子ども家庭総合研究所」が子ども虐待によって生じる社会的な経費や損失が、2012 年度で日本国内では少なくとも年間 1 兆 6,000 億円にのぼるという試算を出した。

これは沖縄県が日本や米国から受けた虐待に等しい行為による損失結果とかなり似通っていると感じたのでここに例をあげ記したい。紙面の都合上、間接費用のみに絞る。

まず間接費用の損失には「学力低下による賃金への影響」がある。これを沖縄県で当てはめると、2013 年度の全国学力テストで県の中学は全 4 教科最下位との結果が出た。これは進学率の低下を招く。案の定「高等学校卒業者の大学等進学率」は全国最下位の 47 位となっている。学歴低下はすなわち低所得につながる。県民所得は全国最下位の 47 位である。また「生活保護受給費」も損失とあり、沖縄県の生活保護率は 2010 年度で全国 6 位だが、2011 年度の 65 歳以上の高齢者の受給率は全国 2 位となっている。もっと深刻な「貧困率」というものがあり、

これは 2007 年度の調査では全国 1 位となっている。他に「自殺による損失」もある。沖縄県の「死亡者 1 千人あたりの自殺者数」は、2009 年度では全国 1 位である。もっとあるが、もう書くのが嫌になる。これらの元凶はやはり 1609 年の薩摩侵略からだといえるだろう。400 年間の呪縛を紐解くのはそう簡単ではない。これらを改善するには気の遠くなるほどの時間が必要であろう。その一歩はやはり我々の母語、「琉球諸語」をきちんと教育で教えることだろう。格差の是正は自身の文化への「誇り」を持つことからだと私は信じている。

参考文献
伊波普猷（1993）『伊波普猷全集　第 1 巻』平凡社
沖縄大学地域研究所（2013）『琉球諸語の復興』芙蓉書房出版
沖縄大百科事典刊行事務局（1983）『沖縄大百科事典　上巻　中巻　下巻』沖縄タイムス社
近藤健一郎（1993）『学校が「大和屋」と呼ばれた頃：琉球処分直後の沖縄における学校』北海道大學教育學部紀要
新城俊昭（2010）『沖縄から見える歴史風景』編集工房 東洋企画
大学共同利用機関法人 人間文化研究機構国立国語研究所（2011）『文化庁委託事業 危機的な状況にある言語・方言の実態に関する調査研究事業 報告書』4.1.2 琉球方言の独自性 19 頁
比嘉春潮（1971）『比嘉春潮全集第 1 巻　歴史編Ⅰ　第 2 巻　歴史編Ⅱ　第 4 巻　評伝・自伝編』沖縄タイムス社

オンライン文献
朝日新聞（2009）『八丈語？　世界 2500 言語、消滅危機　日本は 8 語対象、方言も独立言語　ユネスコ』2 月 20 日夕刊 1 ページ 1 総合 http://www.asahi.com/shimbun/nie/kiji/kiji/20090302.html
朝日新聞（2013）『子ども虐待、社会的損失は年 1.6 兆円 家庭総研まとめ』http://www.asahi.com/articles/TKY201312070090.html
沖縄県企画部企画調整課（2013）『おきなわのすがた（県勢概要）平成 25 年 3 月版』http://www.pref.okinawa.jp/site/kikaku/chosei/keikaku/h24-okinawanosugata.html
沖縄県公文書館（2008）『3 月 27 日沖縄県の設置（1879 年）』http://www.archives.pref.okinawa.jp/publication/2013/03/130.html
沖縄タイムス（2014）『社説［生活保護率 2 位］高齢者の貧困は深刻だ』http://www.okinawatimes.co.jp/article.php?id=61871
国立公文書館（2007）『琉球藩ヲ廃シ沖縄県ヲ被置ノ件』http://www.archives.go.jp/ayumi/kobetsu/m12_1879_01.html
鈴木宗男（平成 18 年 11 月 15 日）『琉球王国の地位に関する第三回質問主意書』http://www.shugiin.go.jp/itdb_shitsumon.nsf/html/shitsumon/a165158.htm
琉球新報（2013）『沖縄貧困率 29％、全国最悪 07 年山形大調べ』http://ryukyushimpo.

jp/news/storyid-216676-storytopic-1.html
琉球新報 (2013)『全国学力テスト　沖縄県は中学で全4教科最下位』http://ryukyushimpo.jp/news/storyid-211677-storytopic-7.html
琉球大学付属図書館貴重書展 (2001)『五　明治政府と琉球処分』http://manwe.lib.u-ryukyu.ac.jp/library/digia/tenji/tenji2001/m05.html

コラム 2

樺太アイヌ語の場合
──絶滅言語研究者の立場から──

村崎 恭子

◆ B. ピウツキ顕彰事業 2013

　2013年10月のある日、北海道白老のポロトコタン（Porotokotan）にあるアイヌ民族博物館の片隅にポーランドの民族学者でサハリン原住民諸言語研究者であるブロニスラフ・ピウツキ（Bronislaw Pilsudski、1866–1918）のブロンズ胸像と英語・日本語・樺太アイヌ語・ポーランド語の4言語で刻まれた碑銘が建立され、その除幕式が、ポーランドから B. ズドロイェフスキ（Bogdan Zdrojewski）文化・国民遺産相や C. コザチェフスキ（Cyryl Kozaczewski）駐日ポーランド大使らが列席ししめやかに行われた（写真1・2）。翌日には北大の学術交流会館講堂で記念シンポジウム『ピウツキの仕事～白老における記念碑の除幕に寄せて』が北海道ポーランド文化協会・北大スラブ研究センターの主催、駐日ポーランド大使、木村和保（B. ピウツキの孫）、K. ヤラチェフスキ（Krzysztof Jaraczewski、ユゼフ・ピウツキの孫）、W. コヴァルスキ（Witord A. Kowalski、B. ピウツキの妹の孫）その他日本・ポーランドの研究者らが参加して終日行われた。この資料は北大 HP で公開中。http://eprints.lib.hokudai.ac.jp/journals/index.php?jname=381

◆ B. ピウツキの生涯とその遺児たち

　B. ピウツキは1866年ロシア帝国に併合されていたリトアニアでポーランド貴族の家系に生まれたが、サンクト・ペテルブルグ帝大1年生だった時ロシア皇帝暗殺未遂事件に連座してサハリン島へ流刑となり、以後19年間ロシア領極東で過ごすことを強いられた。その間アイヌその他北東アジア原住民研究に従事して先駆的な研究成果を残したが、1906年ヨーロッパ帰還後も不遇が続き膨大な研究資料の成果を整理・公刊することなく第1次世界大戦下のパリで客死する。彼の成果で唯一公刊されたのは『アイヌの言語・フォークロア研究資料』1912 クラクフ（以後 Materials と略す）で、これは今もなお前途未出の名著として世界的に評価されている。この資料の元になったと思われるエジソン式蠟管

写真1　ブロニスラフ・ピウスツキ記念碑の除幕式と参列者、白老　2013.10.19

蓄音機で録音された蠟管音声資料が1980年頃ポーランドのザコパネで発見され、その後紆余曲折を経て日本へ送られて、日本の先端科学技術を使って見事に蠟管レコードが再生され聴取可能になったことによって文字のないアイヌ語の言語研究が大きく前進した。正にこれはアイヌ語の最古の音声資料となった。また特記すべきは、ピウスツキが1903年9月東海岸のアイコタン（相浜）でアイヌ女性チュフサンマ（1898-1936）と結婚し、木村助造・大谷キヨの二児をもうけたことである。妻子は彼のヨーロッパ帰還後も樺太に留まり、遺児たちは太平洋戦争後に北海道へ移住した。今は孫や曾孫の世代になったとはいえ、ブロニスラフの末裔は全員が日本人として日本に在住する。前述の除幕式・シンポジウムに参加した木村和保氏は長男助造の長男で、当代ピウスツキ家の正当な当主である。氏は1999年のポーランド初訪問をきっかけにポーランド在住の親族と親戚付合いを始め家族ぐるみの往来を重ねている。

◆戦後北海道に移住した樺太アイヌたち

一方筆者村崎は、戦後故郷サハリンを追われて北海道に移住してきた樺太アイヌの古老たちから樺太アイヌ語を習い収録するという仕事に1960年から携わっていたが1974年にその中心的話者であった藤山ハルさん（1900-1974）が亡くなって万事休すと絶望して10年が過ぎた時、ピウスツキ蠟管再生のおかげでもう一人の隠れた話者、浅井タケさん（1902-1994）に巡り会い研究の展望が開けた。この詳しい経緯は、2011年9月11日龍谷大学で開かれたJASS28　日本社会言語科学会で『話者の絶えた樺太アイヌ語——その終焉と再生の可能性——』の題で講演させていただいたので『社会言語科学』第14巻第2号を参照されたい。

◆「言語と格差」について

話者が絶えてすでに20年が経つ樺太アイヌ語の場合、本書で与えられた課題「言語と格差」の答えは、初めからそこに住む原住民の民族的・個人的権利が外

写真2　ブロニスラフ・ピウスツキ胸像と4言語による碑銘、白老 2013.10.19

来の支配者たち（日本やロシア）によって奪われていき、ついには彼らに飲み込まれてしまったという歴史的事実を見つめることによって出てくると思う。つまり、土着言語の使用禁止条例によって徐々に言語を奪われ、ピウスツキがサハリンに運命の逗留をした時にはすでに格差が極点に達して、つまり言語の100パーセント喪失という社会状況だったのである。

　その悲惨な実態をピウスツキは1897年に強制労働の刑期を終えてアイヌたちに遭遇した時に目にする。つまり、アイヌたちは太古の昔からこの地を心から愛して住み続けているのに流刑植民地支配者たちにすべての権利を奪われて憎悪の的になっているという悲惨な状況に、流刑の身で望郷の念願もかなわず愛するすべてのものから引き裂かれている自分自身の境遇を重ね合わせてピウスツキはどんどんアイヌたちに魅せられていく。彼は突然のまったく異なる文化の侵入に戸惑う原住民の子どもたちのために学校を開設し、民族の権利が憎むべき破壊の中に飲み込まれてしまわないように必死の努力をする。その過程で彼が悟ったのは「人間の魂の命にとって民族の言語こそが最も大切なものである、それはちょうど生命体にとって太陽が不可欠なのと同じである（*Materials*）」というのである。以後、彼はアイヌの社会の中に深く関わるようになっていく。

　それから二度の世界大戦を経て半世紀が経った1960年代に、私が戦後北海道に移住した樺太アイヌと深く関わるようになった時の状況を以下に列挙すると、老人たちの間ではアイヌ語の会話が成立し、外部からの研究者の要求に充分応えられる話者が複数存在した、しかし老人たちは子どもたちが学校でいじめられるのを恐れて若者や子どもたちの前では決してアイヌ語を使おうとしなかった、戦後の日本全体の貧困の中でも彼らの経済的生活難は特に大きかった。また特記すべきは、北海道を故郷にする北海道アイヌと戦後の外来者である樺太アイヌの間で格差が生じたことである。北海道アイヌには「ウタリ協会（現アイヌ協会）」が組織されその会員たちにはある程度国からの支援があったが樺太アイヌはそれに歓迎されなかったし自らも参加しようとしなかった。この格差は「アイヌ新法1997」の執行後にも見られる。樺太アイヌは北海道アイヌと言語的にも文化的

にも大きく異なっているが同じアイヌ民族であることは疑いなく二者の間で価値の差はないはずである。

◆これから私たちに何ができるか、何をすべきか

　幸か不幸か私は支配者の側の日本人言語学者だから被支配者の立場には立てない。フィールドワークをどんなに重ねて感情移入してもアウトサイダーである。しかしピウスツキは、支配者ロシアに対抗したロシア語ができるポーランド人の流刑者で、原住民をとことん愛しアイヌ女性を娶り子孫を残した民族学者であった。同じアウトサイダーでも私の場合とは本質的な大差がある。しかし、日本にしかない日本先住民の言語、アイヌ語を飲み込んでしまった支配者、日本人の一人である私がすべき仕事はまだ残っている。藤山ハルさんを中心に1960年代、北海道の常呂で老人たちの間で会話が生きていた言語状況に立会い、生きた言語を収録することができた私は幸運であった。それに加えて、一世紀以上前のサハリンにおける樺太アイヌの言語文化、彼らがまだ独自の伝統的な生活様式や習慣、言語を堅持していた頃の民族資料がたまたま流刑地としてたどり着いたポーランド人のピウスツキによって詳細に採集、記録された膨大な未公開資料が、いま国の内外の多くの研究者たちによって整理、公刊されようとしている。また、ピウスツキの詳しい年譜などの研究によって *Materials* の話者と蠟管の話者、同時代に樺太で金田一京助が採録した話者との相関関係などが特定されたことによって古い時代のアイヌ語研究の具体的な道筋が開けてきた。過去の言語資料（書写および音声）の整理と公刊の作業と同時にこの言語を新たに学ぶ人のための教材も着々と準備できつつある。

　以上のような境遇にある私は、話者の絶えた文字のない、この貴重な言語を一人でも多くの人に学んでもらうことが私の使命と思い、入門セミナーを毎月1回（原則として第3土曜日午後、東京八重洲のアイヌ文化交流センターで、受講料なし）開いている。関心のある方はいつでも学べます（樺太アイヌ語入門セミナーポスター掲示）。

　いくら少数言語でたとえ話者が絶えたとし

「樺太アイヌ語入門会話セミナー」のチラシ

ても、それを受け継ぐ話者の末裔やその地に残された人々がその言語の価値を認めて学び継承していけば、かならずその言語の命は生き続けると私は確信する。

参考文献

井上紘一編（2013）『ピウスツキの仕事——白老における記念碑の除幕に寄せて』北海道ポーランド文化協会・北海道大学スラブ研究センター
村崎恭子（2013）『樺太アイヌ語例文集（1）』北海道大学アイヌ・先住民研究センター
村崎恭子（2009）『樺太アイヌ語入門会話』緑鯨社
Pilsudski.B.(1996) *Materials for the Study of the Ainu Language and Folklore, Cracow, in K.Refsing ed.Early European Writings on the Ainu Language, vol.10,* Curzon.

第2章

日系ブラジル人
──時空を超えた言語・教育と格差の中で──

杉野　俊子

はじめに

　　そこにいた男の子、あの子は日系で高校2年生なんだけど、ブラジルに帰りたい。日本語の勉強は5年生まで3年間勉強していた。会話がむつかしい。日本人と付き合うことがあまりない。日本にいるのに、日本人と付き合いがないとは不思議な気がする（2014年1月24日S校にて）。

　2014年7月に世界中のサッカーファンが沸き立ったブラジル開催のワールドカップが終わった。その主催国ブラジルと、2012年で約21万人いる日本在住の日系ブラジル人とすぐにむすびつけることができる人はそれほど多くないだろう。ましてや2008年に米国の金融危機に端を発した世界的経済不況が日系ブラジル人を直撃し、経済的困窮だけでなく、まるで社会から隔離あるいは排除されたエアーポケットのような空間が日本にあるということを想像するのは容易ではないだろう。

　2002年に筆者が浜松のブラジル人学校S校を訪問してからすでに12年が経つ。当時は、日本の公立の小中学校とは比較にならないものの、施設やカリキュ

ラムや教員の質はある程度保たれていて、100人ほどの子どもたちがポルトガル語でのびのびと勉強と運動を楽しんでいた。その後どのようにして疎外感を感じるエアーポケットのような空間ができたのだろうか。

本章では、ベフ（2006：28）の「グローバルに拡散する日本人・日系人を論じる時に、歴史的観点に欠け、通時的考察が欠けている論者が多い」という指摘を受けて、ブラジル性（ルゾ・ブラジル文化）の構築を含めて日系ブラジル人の「言語と教育」と「社会的格差」の関係を歴史的・包括的に見ていく。空間的には、大西洋をまたいでポルトガルからブラジルへ、太平洋を越えて日本からブラジルへ、ブラジルから日本へ、再び日本からブラジルへと、時空軸は15世紀から現在までの足跡をたどりながら、人種や言語などから出てくる格差に焦点を当てていく。

1. ポルトガルからブラジル性（ルゾ・ブラジル文化）の構築まで

日系ブラジル人を理解するために、ブラジルという国と文化、ブラジル性はどのようにして形成されたのかを以下概観していく。

(1) ポルトガルの大航海時代から奴隷制へ

ヨーロッパ人の大航海時代をつげる対外膨張は、「一国家一言語」国家のポルトガルによって、1415年の北アフリカのセウタ都市の攻略に始まるとされる（金七2010）。1500年にポルトガルの艦隊がブラジルを「発見」し、1822年の独立まで300年余り、ポルトガルは現地の利益を無視して本国に富をもたらす植民地主義をとった（金七2010）。その一例が15世紀半ばからの奴隷貿易で、「砂糖の時代」「金の時代」「コーヒーの時代」を経て、ブラジルの奴隷は1850年には約250万人にもなっていた（布留川2008）。

米国と同様に、ブラジルでも奴隷に対する暴力的な罰が法的に認められており、奴隷たちはそれに対し自らの共同体であるキロンボを形成したり、小規模な怠業、仮病、盗みなどをしたりして抵抗した（布留川2008：25）。最終的に1888年に奴隷制は廃止となり、その翌年軍部の無血クーデターで帝政は崩壊して共和制になった。ブラジルが「剝ぎ取られた森林と（搾取された労働者で

ある）奴隷の手」で開拓されていったといわれるゆえんである（布留川 2008；和田 2011）。

(2) ブラジル性の構築：人種民主主義と排除

　奴隷のほかに、19 世紀後半のコーヒー産業の発達を支えたのは異なった文化を持った移民だった。ヴァルガス時代（1930 - 45 年）は、独裁政治下だったが労働者や女性の地位の向上が見られ、国民共通の意識として「ブラジル的な民主主義」とサンバを国民音楽として広めた（住田 2009：73）。このような多人種・多文化融合社会を、「大邸宅と奴隷小屋」の著者であるジルベルト・フレイルは「人種民主主義」とよんだ（和田 2011：146）。

　政府は民衆を「ブラジル人」という 1 つの国に統合するため 3 つの「国民化教育」を試みてきた：1 つ目は「人種民主主義」という神話を広げること、2 つ目は、国家の方針であるブラジル性、つまりルゾ・ブラジル文化（Culturaluso-Burasileira）を国のアイデンティティとすること、3 つ目は、ポルトガル文化を継承したブラジル文化と価値観を身につけ、ポルトガル語を自由に操る能力をつけることである（田島 2010b：213）。ブラジルに住み、「正しいポルトガル語」を話せるならば、「ブラジル性」を身に着けた立派なブラジル人であるとされた。

　「人種民主主義」と同様に「社会的排除」がブラジル社会の特徴だと言われている。ブラジル人の 3 分の 1 が貧困状態にあり、その大多数が非白人であることがファヴェーラと呼ばれる貧困層の共同体に象徴される。元は奴隷解放後の解放奴隷や、パラグアイ戦争（1865 - 70）などで行き場を失った軍人やその家族らが形成したものである（住田 2009）。ゆえに、ブラジル人は、世界で最も混血が進んだ国であると同時に、世界で最も不平等な国の 1 つとして発展していった。

(3) 現代のブラジル国内の格差

　カルドーゾ元大統領は、ブラジルの貧富差を「ブラジルは、発展の途上にある国ではなく、不平等な国である」と称した（田村 2005）。堀坂（2012：110）も、国技のサッカーをはじめブラジル人として帰属意識は強いものの、ブラジルは長い間、富を独占したごく一部の上層階層とさまざまな機会から排除された物言わ

ぬ大衆層から成り立つ、「社会的排除」の際立った二極社会であると述べている。

　ブラジルは以下の3つの大きな格差を抱えている。1つは人種間格差である。2009年の非識字率を例にとると、白人とアジア系は7.7%だが、黒人と黒人との混血は16.6%となっている（杉野2011：214）。2つ目は地域格差である。北部と北東部は貧しく、初等教育の進級率は、サンパウロがある南東部がもっとも高く86.9%であるのに対し、北部は68.7%、北東部は68.4%と地域格差が如実に表れている（杉野2011）。3つ目は不平等な社会構造のため、10%の富裕層が47.6%の国の富を享受している一方、15%は1日に1米ドル以下で過ごしている極貧者である（Durão 2008）。そのようなブラジル人社会に日本人移民はどのように適応していったのだろうか。

2．日系人移民とブラジル性の構築

　2008年で100周年を迎えた日系人移民は、今日では、サンパウロ州とパラナ州を中心に約130万人の海外最大の日系人共同体を形成している（モリ2006）。はるばる日本からブラジルへ渡った政治的要因として、1924年に米国カリフォルニア州の移民法で日系移民が事実上締め出された結果、日本人移民がブラジル、ペルーなど南米へと向かったことが1つあげられる（今田2005）。2つ目は、1892年のブラジルの人口調査で、白人379万人に対し黒人が195万人にも上ったので、政府は「白人化」を目指して黒人（奴隷）の入国を禁止した。日本人は「アジアの西洋人」として1902年に一時的に移民が許されたという背景がある（堀坂2012）。その後、日本人総数は1908 – 1941年で19万人、移民全体の約30%を占めるようになった（テルズ2011：59）。生活は過酷だったが、コロニア（日本人生活共同体）で助け合い、日本の習慣や儀式などを通して日本人独特の考え方や価値観や日本語を維持していった。日本人は時として「黄禍論」の標的になったが、後には勤勉で信用がおけるという肯定的な評価を受け、ブラジル社会に受け入れられるようになった（田島2010b；テルズ2011）。

(1) 2つのナショナリズム、2つの言語

　移民当初の1930年代には日本語とポルトガル語の二言語教育が行われてい

た。それは、親世代の日本語の維持と移民先のポルトガル語習得の必要性により、両言語が並行的に教えられた結果生まれたものである（根川 2012）。当時は遠隔愛国主義の影響で日本語教育への傾斜が生まれたが、30 年代のヴァルガス政権の国家主義政策に基づく同化圧力によって、ポルトガル語が優勢言語となる傾向が強くなったので、日系の子どもたちはこうした 2 つの言語とナショナリズムのはざまで揺れ動いた（根川 2012：60）。

　第 2 次世界大戦中は、教育のために日本語を用いることは禁止されていたので、日系 1 世や 2 世も、家族間でも主としてポルトガル語を使用した（ミックメーヒル／村本 2012）。

(2) 日系人の「ブラジル性」の内面化

　このように、ブラジルに住み、「正しいポルトガル語」を話し、「ブラジル性」を身につければ立派なブラジル人になるというのが政府の意図だとしたら、日系ブラジル人も「日系」でありながら「ブラジル性」を内面化している者だと考えるのは自然であろう。日系人、特に 2 世以降は、日本人の親から教え込まれた「優れた日本文化・劣ったブラジル文化」という構図が、ブラジルの国民化教育で身に着けた「ブラジル性」と葛藤を起こしたが、最終的にはブラジル文化とブラジル性を内面化して「ブラジル人」としてのあり方を選択していった（田島 2010b）。

　カルドーゾ政権（1995-2002）、ルーラ政権（2003-2010）後、女性初の大統領であるルフセ大統領が 2011 年に就任した時点で、3,900 万人が貧困層にあり（1,300 万人が極貧層）貧富の格差は世界最悪と言われている（堀坂 2012）。特に 1980 年代の経済失速が日系人を再び日本に引き寄せた。

　ブラジルに渡った日本人移民が、国民化教育の一環としてポルトガル語を習得することで、ブラジル文化とブラジル性を内面化した「ブラジル人」となり、格差社会のブラジルを後にして日本に移住してきた点を、以下見ていく。

3．日系人移動の推移——ブラジル格差社会から日本へ

　日系ブラジル人が人類史上まれな 3.2 万キロ以上もの長距離移動をして日本

までデカセギとしてたどり着くというのは、モリ（2006）が述べているように世界的グローバル化の理由だけであろうか。

（1）ブラジルから国外移動の選択——日系人は日本へ

　ブラジルでは、1980年代の対外債務危機による「失われた10年」を経験し、多くの中間層が貧困化した結果、よりよい生活条件を求めて日本や米国や欧米への移動が顕著になった（田島2010a）。

　一方、日本では80年代の高度経済成長と少子化で単純労働者が不足し始めた。1990年の「出入国管理及び難民認定法」（入管法）の改訂によりバングラデシュ・パキスタン・イラン間のビザ免除協定を停止する一方、日系1世から3世とその配偶者と家族に在留資格を与えられた。

　1989年には外国人登録者、約100万人中1万4,528人だった日系ブラジル人は、2007年末には215万人中、配偶者を含めて31万6,916人とピークを迎えた。日系人の入国・在留は身分関係に基づくもので、本来は外国人労働者の需要を補うという目的ではなかったが、そのような役割を期待されたという通説がある（梶田2006：111）。米国に渡ったブラジル人は非正規滞在者が多い[1]のに、在日ブラジル人がほぼ100％正規滞在者であるという状況はきわめて例外的なことである（田島2010a）。

　こうして日系人が増えるにしたがって、日本では外国人労働者が社会問題になってきた。後手に回りがちな外国人施策に事実上積極的に取り組んだのは、浜松市のような外国籍住民を多く抱える自治体で、地域の町内会やボランティアが自治体の活動を支えてきた。

（2）非正規雇用者

　1980年代以降、デカセギのために来日したブラジル人は、経済格差や地域格差、人種の多様性を内包するブラジルから出自の複雑さをかかえて日本にやってきた（伊藤2008）。大半が仲介業者を通して、製造業の大企業の下請け・孫請け中小企業に雇用された。

　2008年のリーマンショック以前でも雇用の非正規化が進んでいたが、日本全体に影響を与えたこの世界的経済不況のせいで、派遣切りという形で多くの

日系ブラジル人が失業を余儀なくされた。2008年12月から約1年間で、失業後すぐに帰国した人を含めば、半数以上が解雇されたと考えられ、労働者の収入の減少と貧困化が短期間にこれほど進んだことはかつてなかったと言われている（樋口2011；森岡2012）。その対策として、厚生労働省は2009年3月31日から「日系外国人離職者に対する支援事業」を開始し、「排外的な『手切れ金制度』だ」という批判があったが、帰国費用など本人に30万円、扶養家族1人につき20万円を支給した（飯田／イシ2009）。

このような経済不況がポルトガル語で教育を受けることができるブラジル人学校にどのような影響を与えただろうか。その一例として、浜松市のブラジル人学校S校の推移を見ていく。

(3) ブラジル人学校S校（2002-2014）と経済的脆弱性の影響

2007年に約31万7,000人の日系ブラジル人の大多数が職を得やすい愛知県（豊橋市、豊田市）、群馬県、静岡県に集中し、特に筆者が調査対象にしている浜松市では、大手自動車や楽器メーカーの下請け工場が多く、気候が温暖で家賃が安価なため、2000年頃から日系ブラジル人が増え始め、一時は2万人を超えていた。2008年以前は市内にブラジル国旗を掲げたデカセギビジネスが多く見受けられたが、最近はあまり見かけなくなった。2013年4月1日HICE（浜松国際交流協会）の調査では、外国人総数：2万2,243人、ブラジル人は9,979人（浜松市総人口：812,762）となっている。

在日ブラジル人の人口増加に伴い、ブラジル人児童・生徒が増加したため、浜松市は取り出し授業に加え、独自の「言葉の教室」や「カナリーニョ教室[2]」などさまざまな教育支援や、HICEを中心に交流イベントを行ってきた。**表1**は2013年6月30日現在の浜松市の国籍別外国人生徒の人数を表している。

表2は、外国人生徒登録をしている児童生徒（6～15歳）が通っている学校を公立学校か外国人学校かに分けたものである。その差を不就学児童数とした。

日本の公立学校は二言語教育が制度化されていないので、日系ブラジル人の親は、子どもを公立学校かブラジル人学校へ行かせるか選択をせまられ、2008年以前は母語維持のためにブラジル人学校を選択する親が多かった（杉野2008）。ハヤシザキ他（2013）は、ブラジルに戻った親の中には、教育戦力の1

表1　浜松市の国籍別外国人の子どもの人数

	総数（人）	ブラジル	ペルー	ベトナム	フィリピン	中国	その他
小学校	909	515	119	80	113	34	48
中学校	417	209	65	40	61	29	13
幼稚園	72	44	7	5	6	0	10
計	1,398	768	191	125	180	63	71
割合（％）		57.7	12.8	8.4	11.7	4.2	4.7

出典：浜松市教育委員会指導課 2013（平成 25）年 6 月 30 日現在。幼稚園は 2013 年 4 月 8 日現在。

表2　外国人生徒登録者の学校別人数

年度	外国人児童生徒登録者数（6〜15歳）	公立学校	外国人学校	不就学児童（％）
2012	2,535*	1,447	361**	727（28.6）
2010	2,688	1,503	348	837（30.7）
2007	2,923	1,558	745	620（21.2）
2002	1,556	873	358	325（20.9）

Note: * 外国人登録制度は 2012 年 7 月で廃止。NPONetwork の情報と 2012 年の浜松市教育委員会からの児童数から割り出したもの。
**Hamamatsu NPO Network Center から

つとしてまず日本の公立学校へ通わせてから帰国前に授業料の高いブラジル人学校へ転向させるなど、日本に行ってすぐに帰国のための準備をしていたと報告している。以下は、筆者が長期的に調査対象にしてきた浜松市のブラジル人学校のS校について、その推移を述べる。

(a) ブラジル人学校S校（2002-2005）

　筆者が調査を開始した 2002 年当時、浜松市には会社形態のブラジル人学校が 7 校あり、周辺の市を含めると 15 校に達していた。そのうち、13 校がブラジル政府に公認されていたので、本国と同じ教育システムと教材を使っていた。当時の浜松市のブラジル人生徒数は 1,556 人で、そのうち 873 人は公立学校、358 人は主にブラジル人学校に通い、325 人（就学該当年齢児童数の 21％）が不登校児童であった。S校は、当時小高い丘の上にある古い社宅を改装した建物だったが、運動場や図書室など十分に学校として機能していく施設だった。送迎バスや給食や保育園を備えている反面、資金不足や高い月謝や不十分な設備など問題点もあった（杉野 2008）。

(b) ブラジル人学校S校（2006－2008）

　2006年には浜松市のブラジル人学校は6校になっていた。その内4校がブラジル教育省認可で、2校が日本の大学受験資格を得られるカリキュラムを有し、1校はスペイン語系学校だった。S校は立ち退き要請後に市の中心街に移動し、前校長が体調不良でブラジルに帰国後、副校長だったN氏が2006年12月から経営をひきついでいた。2007年6月にN氏は「ブラジル人学校が増えたため、競争が増して生徒が100人まで減ってしまった。運動場がないので公民館などを借りている。授業料は据え置きで、日本語は週1でNPOの先生がまだきてくれている」と言っていた。2008年5月には「生徒の数は少し減って90人になった。NPOの日本語の先生は心配していたけれど、日本語は普通の授業のように基本的に毎日1時間している」と答えた。

　S校をはじめ他のブラジル人学校も経済的脆弱性の影響を少しずつ受けながらも母語維持とブラジル性保持のために経営を続けていく様子が見えた。浜松市の母語教育の考え方も広まってきた時期でもある。

(c) ブラジル人学校S校（2010－2012）

　2010年10月にS校は浜松市の中心からまた郊外に引っ越していた。3階建ての古いビルの暗証番号つき玄関ドアを開けると、そこが事務室兼出入り口になっていて、上階には2～3教室があるだけだった。N氏は、「リーマンショック以降も経営状態は悪くなかったので、ブラジルに戻らなかった。現在の生徒数は20人程で、先生は、経営者夫婦とポルトガル語と地理を教えている日系の先生と浜松市派遣の日本語の先生だけである。このビルの所有者は信用して協力してくれる。残っている子どものために、授業料を以前の半分にし、早朝から送迎用のワゴン車で子どもたちを迎えにいき、赤字覚悟で経営している」と述べていた。

　N氏自身の子どもの教育に関して、2002年には「自分には7歳の子どもがいて、日本の保育園と幼稚園に行っていた。日本の小学校に行かせたい気もあるが、こっちを辞める気はない。高校にいく時が心配。ポルトガル語はどうしても覚えてもらいたい。ブラジルでは日本語ができても（就職に）あまり有利ではない」と言っていたが、2011年10月には、「長女は日本語ができないから高校にも専門学校にも入れないので、二女は日本の学校に入れるつもりだ」

という意見に変わっていた。

(d) ブラジル人学校S校（2013年5月10日）

2013年5月10日に、再び前述の場所にN氏をたずねた。浜松市の大手ブラジル人学校のピタゴラス校が廃業した頃である。N氏は、「今の生徒数は9人（0歳〜5歳が5人、11歳〜16歳が4人）でN氏夫妻だけ、浜松市から派遣される日本語の先生2人以外は英語の先生が1人いる。前にいた生徒のほとんどがブラジルへ帰ってしまった。この子たちのほとんどが浜松で生まれた。この学校で5歳まで勉強して、日本の小学校にいくことが多くなったので、今は読み書きより会話を中心にしている」と言っていた。

また、学校経営より大人を対象にした職業訓練校を始めたようだった。養成科の内容は、「4か月間の養成科（無料、労働局から援助が出る）に応募した者は、ポルトガル語と日本語のテストと面接を受けるが、日本語は自己紹介程度である。学科が30％で実技が70％だが日本語がわからなくても通訳がつく。12人中3〜4人は就職先があるが、3か月以内に35％が就職しないと労働局から指導が入る」というものだった。

前述の二女については、「（日本生まれの）下の娘は5年生になって、日本の学校に入れてみた。あんまり勉強が進歩していない。今年は楽しくやっている。ひらがな・カタカナの意味がわからなかった。日本の小学校は3年生ごろから急にむつかしくなるので、宿題を見てあげている」。

家賃が大きな負担になっているせいか、この日のインタビューも、前回と同様このビルの所有者に感謝の言葉を述べて終わった。

(e) ブラジル人学校S校（2014年1月24日）

当日S校を訪れた時、建物全体は静まりかえっていてまったく児童の声は聞こえなかった。常に前向きのN氏であるが、今回は様子が違うという印象を受けた。氏は、「去年から、職業訓練ができたので中学校は断っている。経済的には、日本だけでなく、個人的に困っている。残っている生徒は2人だけ。親は子どもの学校が変わるのを不安に思ってこちらを頼っている。小学校は5〜6年生だけ。先生は自分の奥さんと日本語の先生が2人」と答え、「来月から

夜間の託児所のようなものを始める。0〜5歳までの11人、夜に預かってほしいと両親から頼まれた。2〜3年前から法的に夜勤や残業が女性にもOKになったので、スナックに勤め始めた女性も今までは友だちの家とか親戚に預けていた。料金は月に3万円程度。フィリピンや日系ブラジル人などいろんな人がくる。日系人は数年前までは、スナック勤めは恥ずかしくて、（日系の仲間から）差別とかがあって勤めなかった。男性の給料の2〜3倍もらえるのでだんだん増えてきた」と付け加えた。

職業訓練養成科は2013年に2回で終わってしまった。「ネールアートもリラクゼーションも定員に満たなかった。（募集の）希望がないわけではなく、担当者の審査が厳しすぎた。ネールアートの条件の1つは日本語が話せないといけない。ハローワークに80人もきたのに、日本語がわからない人を全部切ってしまった」と述懐していた。

また、N氏の二女について、「(5年生から入学したが）今は6年生になって漢字が読めるようになった。会話が大変、恥ずかしさが出てくる年齢なので。ポルトガル語のほうはだいじょうぶ。土曜日にポルトガル語はしている。上の子は職業訓練に行っていて、日本語が上手になった」と話してくれた。

2008年以降の傾向として、以前はブラジル人学校に通っていた子たちも、今は日本の公立小中学校に通う子が多いが、家族からはコミュニケーションのためポルトガル語学習の要望が多々あるとN氏は言っていた。また、「（浜松に近い）磐田には生徒が1,000人くらいいる。他の学校が閉まってしまったのでその子たちの100人くらいがそのブラジル人学校にきている。磐田には（ブラジル政府から）許可されている学校は一校もない。どの学校も困っている。よい先生が帰ってしまった。残っている人はお金をたくさんもらえる工場で働いている。ブラジルのようによい先生が残っていない」と述べ、インタビューの最後に12年間で初めてブラジルに帰りたいとN氏が吐露したのは印象的だった。

4. 学校教育からの包括と排除

(1) 不就学ゼロ作戦の終了

浜松市と市周辺では、浜松市教委がNPO団体に業務委託している日本語学

習支援や多文化共生など、外国人児童に数々の支援を行ってきた。一例として、近隣の菊川市の外国人児童が全校の一割を占める小学校では、視覚的な"わかりやすさ"で学習を補うためタブレットを配布した（静岡新聞2014）。

浜松市の大きな取組みとして、市が2011年度から3年計画で進めてきた「不就学ゼロ作戦」がある。日本では義務教育は外国籍の子どもには適応しないものの、教育を受ける権利が子どもの権利条約で保障されているのに一部に不就学という実態が放置されてきたためである（静岡新聞2011）。**表2**のように、2012年時点で、外国人登録者2,535人から公立小中1,447人と外国人学校在籍者を除いた727人（登録者の28.6％）が「推定不就学児」とみなされた[3]。この「不就学ゼロ作戦」は、浜松多文化共生事業実行委員会で、学校や学習支援教室に在籍せず帰国の予定もない「完全不就学者」はゼロに達成したと報告し、2013年度で区切りを迎えた（静岡新聞2013e）。

一方、ブラジル人学校のN氏は、2014年1月24日のインタビューで、ブラジル人側の学童保育を作った理由を以下のように述べている。「2013年10月頃、ブラジル語ではCarenteという学童保育のようなことを始めた。これは、ブラジルの学校は半日しか学校に行かない上に離婚やシングルマザーが多くなって、子どもが家にほっておかれてぶらぶらしているので、将来的にどうなるのか心配になってCarenteを始めた。今日本に残っている子たちは、（悪い学校でも）学校に行っているだけでよい。親たちは送迎バスで学校に行っていると思っているが、実際は行っていない子もいる。それは（ブラジル人）学校の問題であって、意気込み次第でうまくいくと思う」。

「完全不就学者」はゼロに達成したと報告されたが、この数字の中には、認可外の学習施設の子どもや帰国日程が不確定な児童を含んでいないため、実例を見聞きしているN氏とのコメントに温度差が生じている原因にもなっている。

(2) 静岡県の「国語学力テスト騒動」と風評被害

2013年9月9日に、静岡県の川勝知事が、2013年度の文部科学省全国学力テストで静岡県の小学6年（公立）の国語Aの正答率が全国平均を下回ったことを深刻に受け止めて、下位百校の校長名を公表すると発言して物議をよんだ（中日新聞2013a）。その後、知事は方針を変え、全国平均正答率以上の成績の

上位 86 校の公立小学校長名を 50 音順で公表した（中日新聞 2013b）。10 月 3 日を皮切りに、静岡新聞は、国語の学力低下問題の要因解明や、学力テストの対処法や指導法の見直しに関する記事をほぼ連日報道した[4]。

　学力に関しての議論が沸くのは健全な反応であろう。しかし、この公表をきっかけに、今までは少なくとも新聞でここまで公にされたことはなかったであろう、格差と排除を助長する 2 つの記事が報道された。1 つは「静岡の学力、結果公表、その先に」の（中）で、「人気の小学校区から物件を探そう」という不動産業者の宣伝が、すでに始まっている学校の評判やブランドイメージに拍車をかけ、さらなる「学校の序列化を招く」のではないかと懸念する声を紹介したことだ（静岡新聞 2013c）。

　もう 1 つの報道は、「外国人児童に対する排除」に直結する風評被害である。それは、前述の記事「静岡の学力、結果公表、その先に」の（下）で報じられた内容である。

　　川勝知事による校長名公表の結果、小学 6 年国語 A（基礎問題）で全国平均以上の学校が一校だった湖西市。公表直後、市内では校長名が示された学校について「外国人児童がいない学校だから成績が良かった」という根拠のないうわさが流れた。ある校長は「外国人だからと言って、学力が低いとは言えない」と憤り、外国人児童に対し、取り返しのつかない偏見が広まると懸念を深めた（静岡新聞 2013d）。

　この風評は、外国人の子どもが多いところは、彼らの日本語能力が低いので学力テストの平均点が落ちてしまったと示唆しているかのようである。特に湖西市は日系ペルー人や日系ブラジル人の外国人児童が多いので、このような「風評被害」がでることは、9 月に「静岡県の学力テストが小学校国語全国平均を下回り、県の平均点が最下位になった」という記事が初めて出た時点で予想されることであった[5]。

（3）日本語習得の困難さ――高校進学時の障害

　日系ブラジル人の子どもたちの中には、学年が高くなると教科に困難を感じ、

成績不振から学習意欲を失う者も多い。現に公立の学校に通っていてブラジル人学校に転校してきた生徒の多くがそのような経験をしていた（杉野 2008）。さらに、伊藤（2008：237）は、成績のよいブラジル人の児童・生徒も中にはいるが、滞在が長期化して日常会話においてはまったく不自由を感じない子どもでも、教科の中で用いられる抽象性の高い言語を理解し駆使するのは容易ではないので、進学のための偏差値という基準で彼らを評価するならば、その多くは低位にあると述べている。

　樋口（2011）は、過去 20 年間に南米人の若者が経験してきたことは、30 ～ 35％というきわめて低い高校進学率で、その結果としておこることは「学校教育からの排除である」ではないかと指摘している。たとえば、N 氏の長女は、N 氏の経営するブラジル人学校に通ったせいで、日本で高校進学ができないでいる。「この学校でがんばった生徒の中には、ブラジルに戻って大学に通える学生もいるが、まれな例である（2002 年の時点で）。長女の日本語能力を心配していたが、結局ブラジル人学校を選んだ。高校進学の際に、高卒の免許状を出す服飾専門には日本語能力が足りなくて入れず、今は職業訓練をしている」。

　また、N 氏は 2013 年 5 月のインタビューで「今一番心配しているのは教育である。子どもたちの言葉がどっちつかず（セミ・リンガル）になっているからである。浜松にあるブラジル領事館のブラジル人職員に言ってもこの状況を信じてくれないのは、（浜松には）日本の（公立）学校もあるし、日本にずっと暮らすつもりなら、日本の学校に入れて日本語ができるようになっているはずだ、という理由からである」と答えてくれた。さらに、「中学に行っている子たちはほとんどが高校に行きたいと言っている。試験とかお金の問題がある。中学に行っている子たちで夜間の高校にいく子は少ない。ほとんど高校卒の証書をくれる服飾専門学校である。ただし、学校のほうがきちんとやってくれたらとてもよいが、自分が下見に行ったらブラジル人の生徒とわかると、月謝は同じなのに、校長先生は週に 1 - 2 回くればよいというので、しっかり勉強ができない」と、子どもたちの将来を心配していた。

（4）日本における疎外感とブラジル性の維持

　安田（2010：226）は、日系人はブラジル国内でも少数民族の 1 つではあった

けれど、決して孤立はしていなかったが、両親の祖父母の祖国の日本にきてみれば、多くの日系人が疎外感を感じていると述べている。疎外感は制度上からきたものもあり、日本人との交流の欠落や偏見から感じることがある。たとえば、帰国支援事業[6]に関して、「国は時には呼び、必要なくなると帰国を促す。日本人と同じように働き、税金も納めてきたが、危機が起こると、日本人と同じ扱いを受けていない」とか、「事業から3年たつのに、国が私たち日系人に何も説明しないのはなぜ」と不信感を表す者もいる（ウラノ 2011；高田 2013b）。

リーマンショックで他の日系人らとともに自動車部品工場を解雇されたパブロ氏は、「僕らは日本人と同じように日本で育った。社会貢献をしたいと思っているのに、『デカセギの子』と切り捨てられる。子どもらの将来が心配だ。関心を持ってほしい」と心情を吐露している（高田 2013a）。

ブラジルにもどってきた親をミックメーヒル／村本（2012）がインタビューしたところ、日本での教育に関して家族の直面したストレスが多く、ときにはがまんできない問題があることが判明した。日本語の勉強ができたのは良かったが、日本を去ったのは日本語能力の欠如ではなく、母語や親子のきずなを犠牲にして日本語を獲得することへの恐れや、いじめを許容する学校の態度や外国人生徒の国や文化を理解する努力が学校側に欠けていたことだと親たちは明らかにしている。

ブラジル性に関していうと、若い世代は、「ブラジル人」としてのアイデンティティを持つためには信仰が必要で、ブラジル社会の一員として社会上昇を果たすためにもカトリック教徒であることが望ましいと考えているので、浜松市のカトリック教会は2006年以降電子機器を駆使して、日本語、ポルトガル語、スペイン語、英語といった多言語でミサを執り行うという多言語体制を整えた（三田 2011）。

2008年以前は、日系ブラジル人社会がしっかり成り立っていたので、日本人社会からは「ブラジル人はいつも固まっている」と批判を受ける一方、ブラジルの文化やアイデンティティ、つまりブラジル性を引き継いでいく機能は果たしていた。日本の小中学校で疎外感を感じることはあっても、社会全体からの疎外感を感じることは少なかったはずである。しかし日系ブラジル人社会がぐらついている中、教会や前述の Carente のようなボランティア活動で「ぶら

ぶらしている子」を拾っていかなければ、「はじめに」で紹介した高校生のように「疎外感を感じる」例がますます増えていくのは必至である。

1990年代以降、ポルトガル語とブラジル性とブラジルの複雑な出自をかかえて日本にやってきた多くの日系ブラジル人は、リーマンショックやブラジルの景気回復などで再びブラジルへ帰っていった。

5. 再びブラジルへ──適応・不適応の要因

日本からブラジルへ、帰国支援事業を利用して帰った者も、他の理由で帰った者も、ブラジルでなんらかの失望を経験している。1つには、親の就職困難がある。たとえば、ブラジルに帰っても、専門技術を持っていなければ就職は難しい。仮に日本に戻ってきたくとも、現時点で帰国支援事業の利用者で1・2世以外は戻ってきにくい状況である。

親の経済状態が子どもの生活や教育に直接影響を与えるのは否めない。たとえば、ブラジルの経済成長によって、日本と変わらない生活ができることを肯定的にとらえる子たちがいる一方で、物価の上昇により生活の豊かさが失われ、日本以上の貧困状況におちいる子どもたちもいる（ハヤシザキ他2013）。親と違って多くの子どもにとって、「帰国」は母国へ戻るというより外国にいくようなものだから、日本を恋しがる子も多い（ミックメーヒル／村本2012）。

日本でポルトガル語を勉強してきた子どもたちは、日本と同じ学年にスライドできるとは限らないが、ブラジルの学校に適応するのは比較的容易である。しかし、日本の中学校の卒業証書があっても、自動的にブラジルの高校に入ることはできない。また、日本語しかわからずポルトガル語ができない場合は学校生活を営むこと自体が大変で、授業についていくことや友だちを作ることができず、補習授業を必要とするなどさまざまな困難を経験している（小山／品川2009）。逆に、日本社会でうまくいかず「不就学」状態にあった子どもたちが、ブラジル帰国後は日本で果たせなかった高校進学が可能になるなど、「適応できた」という実例がある（ハヤシザキ他2013：243）。

ミックメーヒル／村本（2012：122-123）がインタビューした親たちは、日本の公立学校で母語を保つためにポルトガル語の授業を受けさせるべきだと答

えたが、「同様に、ブラジルでもバイリンガル教育はフロンティア地域以外ブラジル教務省から認められていないので、日本からもどってきた日系人は、今のところ NPO や地方自治体やコミュニティの語学支援によってしかなされていない」と懸念を表していた。

このような状況を、ブラジル人学校のN氏は以下のように憂いていた。

> 一番心配なのは教育である。将来的に今残っているブラジル人の子どもが青少年になったらどんなになるのか。どうやって生きていくのか。ブラジルにもどって医科大を卒業した子もいるが、5～6年前にすでに戻っている子でも、ブラジルで大学に行けない子がいる。当時はきっちり（日本のブラジル人学校で）勉強していたのに、最近はブラジルに戻っても大学に行かない。将来的に暗い（2014年1月24日インタビューより）。

おわりに

本論では、日本在住の日系ブラジル人の言語と格差に焦点をあててきた。

もともと日本にきた日系ブラジル人は、ブラジルという格差社会で格差の中で生き、格差のせいで日本にきたわけである。そうでなければ、いわゆる「デカセギ」として日本にくることはないので、まずそこに焦点をあてたかった。

次に、言語が格差を生み出すかどうかであるが、日系ブラジル人はポルトガル語あるいは日本語を強制されたわけではない。しかし、ブラジルでは国民教育の一環として立派なポルトガル語を話すことがブラジル化の一環であれば、彼らはそのようにしてきた。同時に「ブラジル性」も身に着けてきた。一方、日本では、ブラジル人生徒が日本の公立学校に通って日本語の勉強はできるが、それによって、母語であるポルトガル語の維持が困難になる。つまり英語のように言語価値が高いとされる言語以外を話す者は、移住先で話されている言語ができないと不利になることから、言語が格差の一因になっていることがわかる。

最後に、日系人のブラジルと日本における言語と教育・社会性・経済力の共通項から問題点をさらに浮きぼりにし、その解決方法を示唆する。

1. ポルトガル語はブラジル性の一環であり、日本語は「国語」として同様の性質を持つ。
2. ブラジル移民当初は、日本人／日系人は「黄禍論」の的になったり同化しないと見られたりした。日本でも、住民の否定的な感情や偏見を増長する対象となってきた。
3. ブラジル移民当初は、ブラジルの格差社会で「労働」を強いられ、日本へ来ても「外国人労働者」として、社会的にも雇用面でも社会的排除の対象となっている。
4. 英語のような欧米語と比較すると、日本ではポルトガル語の言語価値は低く、ブラジルでは同様に日本語の価値は高くない。
5. ブラジルでも日本でも、二言語教育を公的に行っていない。言語支援は自治体や地域の NPO やボランティアに頼っている場合が多い。
6. 子どもたちの言語が、日本語もポルトガル語も読み書きが中途半端のセミ・リンガルになっている場合が多い。
7. 親の経済力のせいで教育が中断させられるので、大学などに進学しにくくなる。進学希望もなくあきらめてしまう傾向にある。
8. 日本でもブラジルでも教育を十分に受けられなければ、専門職に就くことができず、負のスパイラルに陥りがちである。

それでは解決方法は示唆できるのか。

1. 日本側の理解：（イシカワ 2011：86）の述べているように、今後日本での永住を前提とする日系ブラジル人が増える中で、国籍による差別を経験することなく、ポルトガル語の能力や困難を克服してきた努力を認められるような方向に持っていくことが望ましい。
2. 国連の「国際移住に関するグローバル委員会」の最終報告書（GCIM2005）は、永住的な移民プログラムは送出国の損失が大きく、しかも受入国での政治的な緊張をもたらすという限界があるので、一時的移民・循環移民のための政策やプログラムを国家や国際機関が整備することを提唱している（ハヤシザキ他 2013）。杉野も第 12 回 OECD/Japan セミナー（2008）

で移民の言語教育に関して、世界的な規模の対策が必要ではないかと提案したが、本章でも改めてそれを提案したい。
3. 言語に関しては、選択ではなく、2つの言語をうまく「制度的に」両立できることが重要である。しかし、両方の言語の読み書きができるようになるのは並大抵のことではないので、少なくとも、どちらかの言語に基盤をおいて、もう1つの言語は社会生活が円滑にいくように、話し言葉だけでも使えるようにしていくことが急務である。

　従来の杉野の研究は、ブラジルと日本のどちらかに軸足を置いて、日系ブラジル人の言語と教育を歴史的・経済的・社会的・心理的側面から問題点を模索してきた。しかし、本章では、軸足を両国におきながら、さまざまな側面から考察を試みた。そうすることで、従来は見えなかった「ブラジル性」などブラジル人としてのアイデンティティを含む複雑な出自がさらに明らかになったと思う。本章で、そのような点を読者と共有できたら幸いである。

注

1 2007年の米国におけるブラジル人人口は、米国側の推計では約3万5,000人とされるが、ブラジルの外務省の推計では124万人とされている。
　米国へのブラジル人の移動も当初の経済的な原因によるものから、家族の呼寄せや知人・友人のつながりを頼った移住へと性格を変えた。米国のブラジル人は初期の目的である貯金して帰国するという一時的な滞在者としての意識を持ち続け、コミュニティ的な組織を作ることもないという（田島 2010a：205）。
2 前者は外国人児童を対象に行う日本語指導、後者は2002年に設立された不就学児童をさがしてきて、公立小学校に通うまでの期間、日本語とポルトガル語の二言語で指導を行うことを目的としたが、予算がかかるという理由もあって、2008年に浜松市はこれまでの「カナリーニョ教室」「言葉の教室」「就学サポーターの派遣」を教育委員会の管轄として再構築し、主に学習言語としての日本語を確実に習得するための支援授業を充実させた。
3 静岡新聞（2011）12月10日朝刊では、この数字は外国人登録者2,579人から公立小中、私立中、外国人学校の在籍者を除いた727人が「推定不就学」とみなされるとあるが、登録者は月ごとに変わることと、帰国予定者なども入っているので、あくまでも「推定」となる。
4 静岡新聞には、時には朝刊・夕刊と同日に報じられた（静岡新聞2013年10月3日、中、10月4日、10月6日下）。その後10月18日、21日（朝刊、夕刊）10月22日、23日、

24日、25日(社会面)、11月21日、23日。
5 「静岡県のブラジル人比率番付」http://area-nfo.jpn.org/BrasPerPop220001.html と、「「褒めるため」知事、86校長名を公表　学テ問題」静岡新聞SBS www.at-s com/news/detail/775164074.html から、ブラジル人が多く住んでいる学区の校長名も発表されていることから、データを比較する限り「風評被害」と言える。
6 帰国支援事業の利用者の再入国を政府が事実上拒否していた問題で、内閣府は1年以上雇用期間がある雇用契約書の写しの提出を条件に、10月15日から再入国を認めると発表したが、雇用契約書の条件は期限限定ではなく、「無期限」としていることから(静岡新聞2013年10月1日)、この条件を満たすことはこれからの課題となるに違いない。

参考文献

Durão, F. A.(2008). Brazil. In R. Juang, & N. Morrissette(Eds.)Africa and the Americas: Culture, politics, and history(pp.188-191). Santa Barbara:ABC-CLIO Inc.
Sugino, T(2008). Linguistic Challenges and Possibilities of Immigrants: In Case of Nikkei Brazilians in Japan、第12回OECD/Japanセミナーハンドブック(全8ページ)、2008年10月
飯田俊郎／イシ、アンジェロ(2009)「ブラジルから見たデカセギの動向」『ブラジルにおけるデカセギの影響』小内透(編)3‐30、御茶の水書房
イシカワ　エウニセ　アケミ(2011)「家族は子どもの教育にどうかかわるか」『外国人の子どもと日本の教育――不就学問題と多文化共生の課題』(宮島喬、太田晴雄編)77‐96、東京大学出版
伊藤秋仁(2008)「在日ブラジル人の定住の現状と課題」『グローバル化時代のブラジルの実像と未来』(富野幹雄編)229‐251、行路社
今田栄一(2005)『コロラド日本人物語――日系アメリカ人と戦争、60年後の真実』星雲社
ウラノ、エジソン(2011)「経済危機とブラジル人移住者の雇用」『移住労働と世界的経済危機』101‐106、駒井洋(監修)、明石純一(編著)、明石書店
梶田孝道(2006)「国民国家の境界と日系人カテゴリーの形成」『顔の見えない定住化、日系ブラジル人と国家・市場・移民ネットワーク』(第2版)名古屋大学出版
金七紀男(2010)『ポルトガル史――新増補21世紀のポルトガル』彩流社
小山透／品川ひろみ(2009)「帰国児童の現状と日系人のデカセギ意識」『ブラジルにおけるデカセギの影響』小内透(編)131‐164、御茶の水書房
佐久間孝正(2011)『外国人の子どもの教育問題――政府内懇談会における提言』勁草書房
静岡新聞(2011)「県内外国籍の子全員を学校へ――浜松市が不就学ゼロ作戦」2011年12月10日朝刊
　(2013a)「国「再入国認める」15日から帰国支援の日系人」平成25年10月1日朝刊
　(2013b)「静岡の学力――小6最下位の衝撃、単元テストが映すもの(上)」平成25年10月4日朝刊
　(2013c)「結果公表、その先に(中)――静岡の学力　小6最下位の衝撃、生活改善あってのこと」平成25年11月24日朝刊
　(2013d)「結果公表、その先に(下)――静岡の学力　小6最下位の衝撃、不安風評

解消手探り」平成 25 年 11 月 25 日朝刊
　（2013e）「浜松市の「不就学ゼロ作戦」区切りへ——外国人児童支援なお課題」平成 25 年 12 月 10 日夕刊
　（2014）「ICT 導入図る菊川の小学校、タブレットで"見える授業"、外国人児童の理解助ける」平成 26 年 1 月 8 日朝刊
杉野俊子（2008）『Nikkei Brazilians at a Brazilian School in Japan: Factors affecting language decisions and education』慶應義塾大学出版会
　（2009）「太平洋を渡った日本人、帰ってきた日系人：グローバリゼーションの落とし子は故郷に錦を飾れたか？」『グローバリゼーションとアメリカ・アジア太平洋地域』杉田米行（編者）30–57、大学教育出版
　（2011）「格差社会における教育改革」『南アメリカ：ブラジルの言語教育政策（JACET50 周年記念刊行——英語教育学体系第 2 巻）』199–214、大修館書店
　（2012）「「故郷に錦」が貧困に変わった時－在日ブラジル時の場合」松原好次／山本忠行（編者）『言語と貧困—負の連鎖の中で生きる世界の言語的マイノリティ』明石書店、178–198
　（2013）「アメリカの教育：教育格差を助長する学区制」杉田米行（編著）『アメリカを知るための 18 章：超大国を読み解く』大学教育出版、174–184
住田育法（2009）「ブラジルの都市形成と土地占有の歴史——旧都リオデジャネイロを中心として」『ブラジルの都市問題』住田育法（監修）49–51、春風社
高田誠（2013a）「帰る母、残る母——浜松の若者、記録映画制作」『朝日新聞』平成 25 年 5 月 21 日
　（2013b）「出稼ぎに日系人、一度帰国すると戻るのは大変」『朝日新聞』平成 25 年 8 月 23 日朝刊
田島久歳（2010a）「ブラジル人ディアスポラ概観——国内・隣国・その他の地域への人口移動の変遷」『ラテンアメリカン・ディアスポラ』駒井洋（監修）196–211、明石書店
　（2010b）「日系ブラジル人ディアスポラの精神史」『ラテンアメリカン・ディアスポラ』駒井洋（監修）212–223、明石書店
田村梨花（2005）「教育開発と社会の変化：格差是正への取り組み」『ブラジル新時代』堀坂浩太郎（編著）139–160、勁草書房
中日新聞（2013a）『校長名公表　深まる溝』平成 25 年 9 月 19 日朝刊
　（2013b）『学力テスト——上位 86 校の校長名公表——平均点以上 50 音順で——知事が方針転換』平成 25 年 9 月 21 日朝刊
テルズ、エドワード（2011）『ブラジルの人種的不平等』伊藤秋仁、富野幹雄（訳）、明石書店
根川幸男（2012）「戦前期ブラジル日系移民子弟教育の先進的側面と問題点」『トランスナショナルな「日系人」の教育・言語・文化』（森本豊富、根川幸男編著）54–75、明石書店
ハヤシザキ、カズヒコ・山ノ内裕子・山本晃輔（2013）「トランスマイグラントとしての日系ブラジル人——ブラジルに戻った人々の教育戦略に着目して」『往還する人々の教育戦略』志水宏吉、山本ベバリーアン他（編著）、206–267、明石書店
ベフ、ハルミ（2006）「グローバルに拡散する日本人・日系人の歴史とその多様性」『日系人

とグローバリゼーション』28‐55、人文書院
樋口直人（2011）「貧困層へと転落する在日南米人」『日本で暮らす移住者の貧困』移住労働者と連帯する全国ネットワーク（編）18‐25、現代人文社・大学図書
布留川正博（2008）「奴隷制と奴隷貿易からみたブラジル」『グローバル化時代のブラジルの実像と未来』（富野幹雄編）行路社、10‐31
堀坂浩太郎（2012）『ブラジル——跳躍の軌跡』岩波書店
三田千代子（2011）「到来したブラジルの宗教」『グローバル化の中で生きるとは』三田千代子（編著）223‐229、上智大学
ミックメーヒル、カイラン／村本エリカ（2012）「日本における言語教育環境の移民への影響——日系人帰国生家族の経験から」『トランスナショナルな「日系人」の教育・言語・文化』森本豊富／根川幸男（編著）118‐135、明石書店
モリ、エジソン（2006）「日系ブラジル人のデカセギ現象——経済学的視点から」『日系人とグローバリゼーション』259‐372、人文書院
森岡孝二（2012）『貧困社会ニッポンの断層』森岡孝二（編）、桜井書店
安田浩一（2010）『ルポ——差別と貧困の外国人労働者』光文社新書
読売新聞（2009）「南米系外国人学校の子どもに教科書代補助——浜松市」2009年2月16日夕刊
和田昌親（2011）『ブラジルの流儀』中公新書

オンライン文献
HICE 浜松国際交流協会（2013）http://www.hi-hice.jp/index.php

コラム 3

中国から来日した女性たちの生活と言語の格差
近藤 功

　中国からは多くの女性たちが長期の滞在目的で来日する。いわゆる「アジアからの花嫁」として日本人男性との結婚のために来日した人や、最初は留学が目的だったが、そのまま日本で就職し長期滞在となった人もいる。ここでは、主に2人の中国出身の女性を取り上げ、その生活ぶりと言語について触れてみたい。その2人の中国出身女性のうち1人は、1990年代前半に日本人男性との結婚のため来日し、仕事の面ではその能力を発揮し、日本で活躍しているが、結婚して十数年後、家庭内暴力（DV）などが原因で離婚した。2人目の女性は2000年代前半に来日し、最初は留学目的だったが、その後日本の企業に勤め、独身のままその語学力を駆使し活躍している。この2人の中国出身女性が、どのように格差などを乗り越えてきたのか触れてみたい。

　来日した中国人女性たちは、社会的格差などを乗り越えることができたり、できなかったりする。その原因は嫁ぎ先、学歴、本人の努力、生まれ育った環境など多くの要素がある。前述の1人目のAさんは現在40代。中国の大学を卒業した後、地元の企業で働き、1990年代前半日本人の男性との結婚のため中国から来日した。結婚の仲介をした業者の話によると、嫁ぎ先はかなり裕福だと聞かされていたが、実際の収入はその半分以下だった。姑は夫側につき、来日当初は日本人から差別され辛い思いをしたようだ。

　しかし、離婚して中国に帰っても自分は"負け犬"になってしまうと思い、Aさんは、一生懸命日本語の勉強をし、最初はスーパーの従業員から始め、その後外国人たちを手助けする公的な部署に勤めるようになった。しかし、その待遇は、2～3年の不安定な雇用契約で、何度か契約は更新されたが、数年前ついに契約は更新されず、その後は貿易会社に入社した。会社側も最初はAさんが外国出身ということで、あまり期待していなかったようで、伝票整理などの単純な作業をさせていた。取引先との電話でのやりとりも、発音面やイントネーションなどで外国人であるとわかったようで、取引先からは「なぜ外国人を雇っているのか」との声もあったようだ。しかし、会社側がAさんに色々な仕事をさせてみると、パソコンの操作は他人の倍以上の速さで、伝票の処理スピードも速く、中国語、

英語、日本語の能力も素晴らしい。英語は大学時代に習得していたため問題はない。日本語も来日当初から数年間、日本語ボランティア教室に通うほか、毎日独学で数時間勉強して日本語を習得してきた。

　仕事の面では努力と才能と豊富な知識で乗り越えてきたが、結婚は十数年後破局を迎えた。原因は夫の DV である。夫としては従順な妻を求めていたのかもしれないが、それは夫の幻想だったようで、「日本国内でも、海外でも国際結婚家庭で DV が発生しやすい要因はヤマトナデシコ幻想のような「アジアの女性は従順で男性に尽くすものである」というジェンダー観にあります」（嘉本 2008：82）とあるが、A さんはそのような"従順な"女性ではない。夫が間違っていると思えば当然言い返してくる。夫は言い返されると逆上し、理屈では負けてしまうので、DV に走ったのであろう。A さんは DV に耐え切れず、子どもたちと家を出て、今は別の所で暮らしている。

　2 人目の B さんは 30 代。中国の大学を卒業した後、2000 年代前半に留学のため来日し、日本の大学院を修了した。B さんの祖父母は朝鮮半島から中国の東北部に移り住み、両親も中国の東北部で暮らしていた。家庭の中では朝鮮語を話し、一歩外に出れば中国語が溢れている環境で、朝鮮語と中国語は自由に話すことができた。日本には 10 年以上住み、日本語も自由に操ることができる。就職先は引く手あまたで、ある 2 つの企業に履歴書を送って、面接を受けたところ、同時に 2 つの企業から「明日にでもきてください」との返事。中国語、朝鮮語、日本語を自由自在に操り、あとは英語の問題もあるが、何とか英語は乗り切っているが、これで英語も自由自在に操ることができたならば「鬼に金棒」である。仕事の面では順調であるが、結婚の面ではなかなかよい伴侶がみつからない。夫となる人には自分なりの条件や理想があり、「ハイガミー（上昇婚）とは、女性を中心とした概念で、女性は結婚する際、自分の父親と同等かそれよりも若干上の社会層に属する男性と結婚する傾向があるということです」（嘉本 2008：26）のように、B さんの夫となる人はかなりの収入と学歴と容姿が必要のようである。

　確かに、今後の日本を展望すると、観光立国などを目指すのであれば、多くの言語を話せる人は非常に重要である。たとえば語学が堪能な人は、観光案内所、旅行代理店、通訳、貿易会社などでは重要な存在であろう。しかし、その語学力が問題で、職種によっては「聞く」「話す」「読む」「書く」の 4 技能が求められる。たとえば、旅行代理店などでは、電話での旅行の申し込み、メールでの申し込みなどに対応するには 4 技能は必須である。その申し込みの中にはトラブルの処理で内容が難しいものも当然出てくる。そうすると、かなりの語学力が求められる。

Bさんぐらいの語学力が必要である。

　しかし、なぜBさんは母国を離れたのであろうか。それは母国では自分の存在が「周辺化」してしまうことである。高い語学力があってもそれを活かす道が少なく、戸籍の問題もあるようで、「(中国国内の格差は)都市住民の医療、福祉などにおけるメリットを、都市戸籍をもたない農村戸籍の持ち主は享受し得ないという実態が端的に示されていよう。このように、制度によって経済的な国内格差を維持し、人為的に国民を二分することが、彼女たちを中国社会で「周辺化」すると考えられる」(賽 2011：118)とあるように、Bさんが中国を去ったのも農村戸籍が原因の1つであったようである。Bさんのように、両親が農家の場合は農村戸籍しかない。中国では活躍の場が限られているのである。Bさんたちのような留学生がそのまま日本に残り活躍してくれることはとても有益であり、「移住者の持ち込んだ言葉は国の財産であり、その言葉を保持し、育てることは国がそれだけ豊かになるという見方である」(中島 2002：153)とあるように、移住者の言語は重要であり、その移住者の文化も日本の多様性を育てるには貴重である。

　このように外国から日本にきた人たちの中には、二言語や多言語話者たちが多くいる。AさんやBさんが格差を乗り越えてこられたのは、その努力と才能、そしてその語学力などである。日本の言語政策の面では、「望むらくは、国民全員がバイリンガルを目指し、異文化理解、異言語理解、異言語習得のための新しい教育方針を国が打ち出し、世界でも画期的な言語政策に切り替えることである。これこそインターネット時代に対応した国づくりであり、日本の国力を増し、国際社会における地位を高める近道である」(中島 2002：228)とあるが、国民全員は無理としても、AさんやBさんのように海外からきた外国出身者と国の協力も得て、日本人も言語面や文化面でもさらに学習し、国際化を進めて欲しい。貿易立国でもある日本には、AさんやBさんのような多言語を駆使できる人たちが今後も不可欠であり、今後もその活躍が期待される。

参考文献
嘉本伊都子(2008)『国際結婚論!?【現代編】』法律文化社
賽漢卓娜(2011)『国際移動時代の国際結婚——日本の農村に嫁いだ中国人女性』勁草書房
中島和子(2002)『バイリンガル教育の方法——12歳までに親と教師ができること』アルク

第3章

外国人高齢者への言語サービス

河原　俊昭

はじめに

　ニューカマー[1]と呼ばれる人々の存在が新聞などで話題にのぼり始めたのは1980年代からである。このニューカマーという名称からは「若さ」が連想される。事実、日本に住む外国人には高齢者が比較的少ない。2013年の時点で外国人の高齢者（65歳以上）数は、外国人全体の6.6％である（在留外国人統計）。日本人の高齢者の比率が24.1％であることと比較すれば、その「若さ」が目立つ。

　しかし、今後は、在住する期間が長くなるにつれて、「中年」そして「老年」にさしかかろうとする外国人も増えると思われる。これらの人々は「永住者」「日本人の配偶者」「永住者の配偶者」「定住者」となったり、あるいは帰化したりすることで法的な地位は確立されていく。しかし、経済的な基盤になると、まだまだ脆弱なのに、年齢ゆえに労働市場からの引退の時が近づいてくる。

　人は老年を迎えたときに、身体や知力の衰えをカバーして支えてくれるものとして、自らの財産、家族、地域社会あるいは国家がある。しかし、財産を持っていない人や身寄りがない人、さらには国民年金や生活保護のような形で国家からの支援も望めない人は、高齢者になってからは相当の生活難が予想される。

人は、まわりの人々の話や新聞やテレビの情報などから、自らの老年を迎える準備をする。しかし、外国人の中には、それらの情報に接することが難しかったか、あるいは情報を得ても何らかの理由で準備することができなかった人がいる。日本人であっても、高齢者になると生活にさまざまな困難が予想されるのだが、さらに、日本語の理解が不十分な外国人という条件が加われば、その生活は一層の困難さが待ち受けている。すでに存在している、日本人と外国人の間の格差は、高齢化という条件が加わることでより深刻化していく。経済的な基盤がないままに放置されていく高齢外国人の存在が今後は大きな社会問題になる。

　本稿では、これらの外国人たち、特に、高齢化へと進むニューカマーについて検討して、その支援について、どのようなことが可能か考えてみたい。そして、多文化多言語共生時代を日本人と外国人が格差なく生きていく条件を考察してみたいと思う。

　なお、考察にあたって、資料として、筆者が参加した大阪府の八尾市における外国人市民の実態調査（2008年）と金沢市での聞き取り調査（2012年）の一部を利用したい。

1. 日本に住む外国人

(1) その増加の実態

　日本に住む外国人の数は、2013年6月時点での204万9,123名である（在留外国人統計）。日本の総人口1億3,000万を考えると、外国人数が多いとは言えないが、長期的にはこの数字はますます増えていくと思われる。

　まだ日本語を十分には理解しないニューカマーへのサポートの1つとして、言語サービスが提唱されるようになったのは1990年代からである（平野圭介1996）。この頃から、学界でもこの問題の存在が意識されるようになった。平野（1996）では多言語サービスを提言しているが、従来の「外国人への言語サービスは英語を用いて行う」という認識を乗り越えた点で評価に値する論文である。その後、日本語も含めた言語サービスの必要性が提言された（河原2004、河原・野山2007）。

　これらの提言に共通する認識は、対象とするのは、比較的に若い世代とその

家族であった。そのために言語サービスも、就職先の見つけ方、労働条件の改善、緊急時の対応、日本語の学習、子どもの教育に関する情報提供が中心であった。しかし、今後は重点の置き方が変わってくる可能性がある。高齢の外国人を対象とした言語サービス、すなわち、年金、介護、生活保護などの社会福祉の視点からの言語サービスも必要となってくる。

（2）八尾市の例

　筆者は、2008年から2009年にかけて、大阪府の八尾市の外国人市民の言語サービスに関する調査に参加した。これは八尾市内に住む外国人市民にどうしたら満足すべき情報システムを提供できるかという問題意識から始まった調査であり、数多くのボランティア、市役所の職員、各種団体が関与した。

　その内容は、八尾市に在住する外国人市民、とりわけ中国、韓国・朝鮮、ベトナム、フィリピンなどからきた人々がどのような問題に直面しているか聞き取り調査を行い、そのかかえている問題を解決するために、八尾市が、どのような施策が可能かを考えることであった。その活動は『八尾市外国人市民情報提供システム調査報告書』（2009年）に報告されている。

　聞き取りの対象となったのは、八尾市の外国人市民の人々である。対象者は、外国人支援団体などの紹介で依頼して、103名が聞き取り調査に応じてくれた（対象者は18歳以上に限定）。サンプルの選び方が厳密でない点やその数が少ないという問題があるが、この報告は、日本に住む外国人の動向をある程度は示していると考えられる。

（3）就職先や医療に関する聞き取り調査

　回答者103名の年齢構成は、20代が14.6％、30代は29.1％、40代は22.3％、50代は22.3％、60代は11.7％であった。この調査が行われたのは、2008年であり、その時点で60歳以上は約1割という比率であった。

　聞き取り調査で、現在の職種を聞いたところ、「パート・臨時雇用・アルバイト」と回答した人が一番多かった（32.0％）。次に多いのは「無職」と回答した人であった（18.4％）。このことから、八尾市在住の外国人の雇用形態は不安定であることがわかる。働いている人たちに職種を訊ねると、「生産工程・現業員」

と回答した人が70.4％であった。

　これらから、八尾市に住む外国人の典型として、「工場で臨時雇用という形で働いている」姿が浮かび上がる。さらには、決して高いとは言えない収入に頼りながらの生活が想像される。

　自由回答の欄では、医療と子育てに関する情報の不足に関する懸念が多くを占めていて、この分野での言語サービスが最も強く求められていた。一方、介護や年金などに関する情報はさほど強くは求められていなかった。回答者が比較的若い年代の人であることが理由であろう。

（4）年金・介護に関する聞き取り調査

　年金・介護については、まだ強い関心は示されていない。調査の結果は以下のようである。公的年金への加入の有無を20歳から59歳までの回答者に尋ねたところ、「加入している」が41.5％、「加入していない」が48.9％であった。また「よくわからない」と回答した人も9.6％あった。年金制度に加入していない人が約半数だが、「将来は母国に帰る予定である」、「年金保険料を納める余裕がない」、「老後は預金で対処する」などが、加入していない理由と考えられる。

　ここで「よくわからない」と回答した人が1割前後いることに注目したい。加入しているのかどうか自体がわからないのであり、勤務先がその点に関する情報を十分に伝えていなかったと考えられる。

　さらに、この調査では、60歳以上の回答者に公的年金の受給を尋ねているが、「受給している」が62.5％、「受給していない」が25.0％、「よくわからない」が12.5％であった。年金を受給していない人は4割（37.5％）である。いずれにせよ、国民年金の金額は決して高いわけではないが、それでも支給されているならば、大きな助けになる。さらには厚生年金も支給されるならば一層の助けとなる。ただし、回答者の半数は自分の職種の形態は「臨時雇用」と「無職」と答えていた点からは、厚生年金の加入者は少ないと考えられる。

　介護保険制度に関しても同調査はいろいろと質問をしている。介護保険制度自体を知っているかの質問に対して、「知っている」が31.1％、「知らない」が68.0％であった。介護保険制度自体が比較的近年（2000年4月）導入されたものであり、認知度が少ないのはやむを得ないかもしれない。今後は行政から外

国人に周知徹底すべきであろう。外国人の出身国ではまだ介護制度が未整備のために外国人は漠然とした理解しかできないかもしれないが、この制度は、高齢者を介護するときに、大きな助けとなるものであり、是非とも外国人にも利用してもらいたい制度である。

(5) 金沢市の例

　2012年の6月に筆者は金沢の教会にくる外国人を中心に聞き取り調査を行った。対象者数は13名と少ないが、外国人の動向はある程度は見えると思われる。対象者は、20代が4名（30.8％）、30代は4名（30.8％）、40代は3名（23.1％）、50代は0名（0％）、60代は1名（7.7％）である。この中で、永住権を持っていたのは、半数の6名であった。ここで日本人男性と結婚したフィリピン人女性3名（JSさん、Eさん、JUさん）から詳しく話を聞くことができたので本稿で紹介したいと思う。

　まずJSさんだが、彼女は日本にすでに26年ほど在住している。JSさんは、ある程度は日本語が話せるが、強いなまりが目立つ。彼女は日本語の読み書きはできない。一般に外国人が長期滞在すれば、日本語を話し聞くことは次第に慣れてくるが、非漢字圏の出身者には日本語の読み書きは難しい。彼女は日本語の書記体系の難解さに驚いて、最初から習得を断念したようである。次のEさんは、24年在住している。Eさんは、かなり上手に日本語を話す。日本語の読み書きも、ひらがな、カタカナと簡単な漢字は理解できるが、日常のさまざまな書類のやりとりは難しい。最後のJUさんは18年在住している。この人も日本語の読み書きに関しては問題を抱えている。

　3人に、読み書きの問題に直面したらどうするかと質問したところ、全員が夫や知人の日本人から言語のサポートを得るか、市役所でわかるまで何回も尋ねるとのことである。一般に、市役所の担当者は親切でわかるまで丁寧に教えてくれるとの話であった。

　3人の年金の支給状況であるが、JSさんは、現在、国民年金を受給している。夫は厚生年金と国民年金を受給しているので、その合算額で生活をしている。決して裕福ではないが、一応、自宅もあり生活には困らない。Eさんに関しては、ずっと国民年金の保険料は払っておらず、老後のことは、現時点では

考えていないようだ。本当は貯金をして老後に備えたいが、日々の生活が苦しくてなかなか貯金もできずに、老後に関しては見通しがつかないとの話である。JUさんに関しては、やはり保険料は払っていない。パートを転々としてきたので、厚生年金にも、もちろん加入していない。しかし、子どもが4人いるので、この子どもたちに将来頼りたいようである。しかし、「母国の文化では、老親の面倒をみるのは当然だが、日本文化に染まった子どもたちは老親を無視する傾向にあるので、その点が心配である」とのことである。

このように、年金無加入の外国人がかなり見られる。EさんとJUさんは夫との離別後に生活保護を受けていた時期もあるのだが、仕事が見つかり、現在は受給していない。しかし、このままでは働けなくなったら再び生活保護に頼る生活にならざるを得ない。EさんとJUさんに関しては、老後の生活の備えに関する情報を十分に得てこなかった、同時に行政からも彼女たちに十分な情報を提供してこなかったという印象を受けた。

2. 高齢者がかかえる問題点

(1) 現状の問題点

高齢になると、経済的、肉体的、そして精神的な面で問題を抱えることになる。経済的な面では、雇用、年金、雇用保険などの問題と関係する。肉体的な面では、健康保険、介護の問題と関係する。精神的な側面では、仕事を引退した後や子どもが独立した後の空虚感と関係する。これらの問題は日本人にも大きな問題であるが、外国人には深刻さがより一層増すのである。

(2) 高齢者の生計

高齢者になるにつれて生計が難しくなってくる。単純肉体労働で賃金を得ることができるのは健康で若い時代だけである。もしも、専門的な技能があり日本語を十分に理解するのならば、非肉体的労働（専門的・技術的・管理的・事務的労働）で、もう少し働く期間を延長できうる。しかし、単純肉体労働だけに従事していた外国人は50歳を過ぎると早期に労働ができる限界に達してしまう。老後の準備を含めた一生のキャリアプランが必要である。

日本には、生活を保障する制度として数々の保険制度がある。高齢の外国人に関係する事項として、①雇用、②雇用保険、③国民年金・厚生年金、④生活保護、⑤健康保険、⑥介護保険、⑦精神的な支え、という順で考えてみたい。

(3) 雇用

　外国人の間で雇用の紹介のための同国人同士の間では緊密なネットワークがある。しかし、それには限界があるし、公共の職業安定所のほうが幅広く雇用先を紹介できる。ハローワークの中には、外国人のために雇用の斡旋を行っていて、通訳を確保している所もある。その場合でも、英語か中国語での通訳がほとんどで、多言語での通訳はあまりない。ただ、実際にはハローワークに置いてあるのは日本語の資料ばかりで、パソコンの画面を見ながらの求職も日本語に熟達していないと難しい。

　京都市の事例を挙げるならば、京都市にはいくつかのハローワークが存在する。京都駅の近くのハローワークが一番規模も大きくて利用する人が多い。ハローワークには求人情報が週ごとに提示されていて求職者はこれを参考にして求職する。販売・サービス職だと、商品の営業、訪問入浴スタッフ、看護助手、ホテルのフロントなどがある。生産工程・労務職だと、洋服の寸法直し、和菓子の製造、アルミ材の切断、金属プレス、製本オペレーターがある。事務職であると、総務事務、商品管理、医療事務、営業発注がある。ただし、多くは年齢に関して30歳以下、あるいは35歳以下との制限を設けていて、まれに上限が59歳以下との記載がある。これらの求人情報を見ていくと高齢の外国人が仕事を見つけるのはかなり難しいことがわかる。

　対策としては、行政のほうからの指導で、企業には一定の数の高齢者、外国人の雇用を奨励することである。現在、民間企業、国、地方公共団体は「障害者の雇用の促進等に関する法律」に基づき、それぞれ一定割合（法定雇用率）に相当する数以上の障がい者の雇用が義務づけられている。社会的弱者となる外国人の高齢者にも同様の法的措置が今後は望ましい。

(4) 雇用保険

　失業給付金は、雇用保険に加入していれば、日本人であれ外国人であれ、受

けることができる。ただし、65歳以上の高齢者ならば、一時金として高年齢休職者給付金を受けるだけである。しかし、外国人は雇用保険に加入していないために、失業給付金も高年齢休職者給付金も受け取れない例が多い。何とか外国人に周知徹底させるべきだが、現状では、外国人向けの英文のホームページさえもないようである。

(5) 国民年金、厚生年金

　外国人についても、勤務する事業所に常用雇用される場合は、厚生年金保険が適用になる。また、常用雇用関係にない外国人についても、外国人登録を行っている者は国民年金保険が適用になる。年金保険制度に加入することにより、自分が老齢になったり障害死亡したりした場合には、年金や手当金が支給される。しかし、外国人が働くのは零細企業が多くて、企業自体が厚生年金に加入していない場合が多い。あるいは、パートという雇用形態のために厚生年金への加入者は少ないようだ。

　国民年金だが、日本に住む外国人は、1982年1月より加入が義務づけられるようになった。65歳から満額で年77万8,500円の支給を受ける（2014年1月時点）。支給の条件として、保険料納付済期間と保険料免除期間の合計が25年以上であることだが、滞在期間がこの数字に満たない外国人が多い。保険料の免除を申請すれば負担の軽減が可能だが、免除という概念がわからない、さらには免除の申請の仕方がわからないことがある。

　年金の受給の条件は25年以上保険料の払い込みをする点だが、25年以上日本に滞在することを予想できない外国人が多い。帰国する可能性を考えると毎月の保険料を払うことをためらうのは理解できる。しかし、年金の保険料を払っていなければ無受給となり、老後は、子どもや親戚に頼るか、生活保護に頼ることになる。

　年金の問題を複雑にしているのは、現行（2013年の時点）の年金制度は受給者の増加という制度的な矛盾を抱えて、部分的な手直しを繰り返すことで何とか存続してきた点である。そのために、現行の年金制度はかなり複雑で日本人でさえも理解できにくい。ましてや、外国人には一層わかりにくい制度となっている。明快で体系的にすっきりとした制度になるのは難しいかもしれない。

しかし、それでも、その利点を外国人が理解できるのならば、少々複雑な制度でも外国人は喜んで加入しようとするであろう。年金制度の存在とその意義が外国人に十分に伝わっていない点が問題である。

なお、25年以上の加入という条件は外国人には厳しいと思われるので、外国人には年数の短縮を検討する必要があろう。なお、国民年金に外国人も制度上は強制加入となったが、この点はまだ徹底されていない。

(6) 生活保護

経済的な理由で生活が困難になった人に対して支給される生活保護費は、高齢の外国人に対しての社会的な保護制度である。従来は日本人だけに対する支給であったが、1954年の厚生省社会局長通知により、生活に困窮する外国人に対して当分の間、生活保護法を準用して保護費を支給することとなった。なお、1990年には、対象となる外国人を永住者、日本人の配偶者等、永住者の配偶者等、定住者、特別永住者、認定難民に限定するようになった。

厚労省の統計（2013年11月発表）では、全体の受給者の総数は216万人と過去最大となったと報道があった。外国人の生活保護者の数は7万3,000人であり、国別内訳は、韓国朝鮮で2万8,796人、フィリピンで4,902人、中国で4,443人となっている。生活保護を受けている外国人はオールドカマーが多くて、ニューカマーの受給者は現在のところ少ないが、今後は高齢化が進むにつれて数が増えていくと思われる。

なお、受給申請にはある程度の情報を事前に得ておくことが必要である。受給者を増やしたくない担当職員が申請者を「門前払い」する例も報告されている。日本語に堪能でない外国人が申請しやすくするように、申請者の言語が使える相談員がいる組織が何らかの形で支援すべきであろう。

(7) 健康保険

保険には、健康保険と国民健康保険がある。日本人・外国人を問わず、どちらかに加入することが必要である。適用事業所に常用雇用されている外国人には健康保険が適用され、これに加入する必要がある。一方、常用雇用関係にない外国人については国民健康保険が適用になる（条件としては、外国人登録を

行い1年以上日本に滞在することが見込まれること)。保険料は、健康保険の場合は、事業主が半分を負担してくれるが、国民健康保険では全額が本人負担となる。この点でパートなどの雇用形態で働くことの多い外国人には、不利な適用となる。

ただし、医療保険の大事さは外国人の間に認識されており、執筆者の知っている範囲でも、ほとんどが国民健康保険には加入しているようだ。高齢者ともなると保険はますます必要であるという点も認識されている。問題は、医療機関に関する情報の入手が難しい点であろう。必要とされるのは、どこにどのような病院があるのか、英語や中国語のわかるスタッフのいる病院はどこかなどといった実用的な情報である。

(8) 介護保険

介護保険制度とは日本が高齢化社会へ対応するために作られた制度である。それまでは年老いた親の介護は原則として自宅で行い、時々病院を利用しながら、親を看取るのが普通であった。しかし、この介護保険制度により、いろいろな施設を使い、また専門家のアドバイスを受けやすくなった。介護保険を利用することで、金銭的にも1割の負担で済むものが増えた。福祉用具貸与業者から電動ベッドや車椅子を借りる場合も、少ない負担金で済む。またこの制度のもとで新設されたケアマネージャー(介護支援専門員)にいろいろな相談をすることができる。

この制度では、65歳以上で要介護・要支援と認定された人が対象となっていて、本人は介護に関する費用の1割を負担するようになっている。高齢の外国人も介護保険の対象者である。ただし、在留資格があって、外国人登録をしていて、在留期間が1年以上ある外国人だけが対象となる。

前章での八尾市でのアンケート調査でわかったように、外国人の間には内容があまり知られていないという問題がある。この介護保険制度をどのように周知徹底して、高齢の外国人にも知ってもらうか大きな課題である。

(9) 精神的な支援

これまで、経済的・身体的な側面からの支援について述べてきたが、同時に精神的な面での支援も必要である。異国の地に住む外国人は、根無し草という

空虚感に包まれる危険性がある。母国でも自分の親戚・知人は物故して、そこでも自分の帰属する場所はない場合がある。このような老年を迎えた外国人に対して、何らかの精神的な支援が必要である。その場合には、「言葉掛け」が有効であると思われる。病院や介護施設で、外国人高齢者の言語文化を知った同国人、少なくともその言語を知った人による精神的な支援が必要である。具体的には、じっくりと話を聞いて励ましの言葉を掛けることであり、そのことで、異国の地で静かに最期を迎えることができる。

3. 外国人を介護すること

(1) 介護施設への入所

　高齢者は家族からの介護が難しくなったならば、施設に入所して、専門的な介護を受けることになる。しかし、介護施設への入所はいろいろな問題点がある。1つは待機する日数の長さである。比較的に費用のかからない特養（特別養護老人ホーム）は入所待ちの人々が、どこでも数百人もいて、入所に4〜5年待つ必要がある。有料の老人ホームならば、すぐに入所できることも多い。そこでは、高いレベルのサービスを受けられ、ヘルパーや利用者との間でのコミュニケーションも十分に取れていることが多い。しかし、有料の老人ホームは費用が高いという問題がある。

　ここで、外国人が施設に入ることが実際に可能かどうか考えてみたい。費用をどのように捻出するかという点が問題となる。安いところで月に10万円前後であり、有料の老人ホームになると20万円以上費用がかかる。国民年金を満額受けていたとしても、費用をすべてまかなうのは難しい。また保証人が必要であり、適格とされる人が見つかるかどうか問題である。この点は行政による何らかの保証制度が必要であろう。さらに、介護施設内で日本語によるコミュニケーションが難しいという問題点があると、施設側が受け入れに消極的になる。この点は施設側に理解をお願いすることになる。

　とにかく、外国人側に何年も前から関連の情報が十分に伝わっているならば、心理的・資金的な面でも準備ができよう。しかし、実際は、急に施設に入る必要性が出てくることが多くて、関係者も戸惑ってしまうのである。

（2）介護制度に関する情報の不足

　介護制度には、情報不足のために外国人には十分には利用できていないという現実がある。存在自体は知っていても、細かい情報は得ていない。「家庭で介護する場合はどの程度サポートを受けられるのか」、「デイサービスの場合の利用の仕方」などの情報が伝わっていない。入所になると一層の細かい情報が必要である。「どこにどのような種類の施設があるのか」、「いくらお金がかかるのか」、「保証人は必要か」、「病気が重くなったら退去しなければならないのか」、「寝たきりになっても面倒を見てもらえるのか」、「利用者を最期まで見てくれるのか」、「自立できる人だけ受け入れるのか」、「看護師は常駐しているのかどうか」「どれくらいの要介護度ならば受け入れてくれるのか」などである。パンフレットなどを見ても、外国人にはわかるようには記されていない。

　ショートスティやロングスティという形で時々施設を利用する場合でも言語は大きな問題となる。施設では、施設サービス計画書を定期的に作成して、本人か保証人の同意と捺印を必要とする。しかし、何ページの計画書を読んでその内容を理解して同意するにはある程度の日本語力が必要である。

　日本に滞在する外国人には流暢に話せる人も多いが、読み書くことになると苦手な人が多い。施設の中ではたくさんの書類のやり取りがある。高齢の外国人がデイサービスを利用したとしても、帰るときには施設の担当者は克明な日誌をつけてくれる。それらは「利用者は入浴をしたのかどうか」、「排便したかどうか」、「食事はすべて食べたかどうか」、「どの程度の介助があったのか」などである。日本語によって一日の動向が細かく記載される。それらを通訳するサポーターの存在が必要となってくる。

　このように色々と考えていくと、外国人の高齢者のためには、外国人による看護師や介護士が必要であることがわかる。そして、実は、現在その方向に進んでいる。外国人による看護師や介護士の導入は、日本人の介護のためという視点から図られたのであるが、これは外国人への介護という視点からも歓迎されることである。

4. 外国人の看護師と介護士

(1) 介護職と離職率

　介護はきわめて需要の高い仕事であるが、介護の業種における離職率の高さが問題となっている。就職難のこの時代であっても、介護の分野には、なかなか日本人の若者は応募しない。給与の低さと共に職種自体がかなりストレスを感じさせる仕事であることが不人気の理由であろう。

　日本は高齢化社会へと進みつつある。65歳以上の人が3,000万人以上もいるが、この高齢者の数はますます増えていく。介護や看護を担うには日本人の若者では支えきれなくなることが予想される。すると若い人の多い国、具体的にはフィリピンやインドネシアのような発展途上国の若者に頼ることになる。

　2008年から、「日・インドネシア経済連携協定」と「日・フィリピン経済連携協定」に基づき、インドネシアとフィリピンから看護師・介護福祉士候補者の受け入れが始まった。候補者の第1陣が、2008年8月にインドネシアから、2009年5月にフィリピンから来日した。その人たちは、自国で看護師の資格を持ち、実務体験が3年以上ある人の中から選ばれたのである。候補者たちは数年後、試験をうけて合格すれば、日本で長期に働くことが可能になる。そのためには、来日してから、看護師は3年以内、介護福祉士は4年以内に日本の国家試験を合格しなければならない。

(2) 試験の状況

　看護師や介護福祉士の国家試験だが、外国人の成績はあまり芳しくない。合格者は毎年ごく少数である。2013年の国家試験は、厚生労働省によれば、介護福祉士候補者322名が受験して128名が合格した。また、看護師の国家試験は311名が受験して、30名が合格している。

　特に、看護師の国家試験は数字が低迷している。2013年の合格率は9.6%であり、前年度の11.3%から1.7ポイント低下した。今までの合格率が低いので、その対策として、2013年の試験から、試験時間を1.3倍に延長し問題文のすべての漢字に振り仮名をつける、病名に英語を併記するなど、特例措置を設けた

が、効果はあまり見られなかったとのことである（医学書院 2013）。

　日本経済新聞によれば、合格率が低いのは日本語の習得が難しいのが1つの理由であるとしている。さらに、「漢字の存在が大きな問題と考えられていたが、受け入れ病院からは「漢字以前に日本語の理解に苦しむ候補者が多い」との声があがっているとも報じている（日本経済新聞 2013 年 3 月 25 日）。受験者にとって、日本語という言語の壁が厚いことがうかがえるのである。

　合格率の低さゆえに、色々な対策が講じられつつある。看護師候補者の滞在期間は 3 年間で、試験を受けられるのは 3 回であるが、政府は 2013 年の 2 月に、滞在期間を 1 年延長する特例措置を決めた。さらに、フィリピン人の候補者は 2013 年度から訪日前の日本語研修を 3 か月から半年に延長して日本語の習得に力を入れるようになった。

（3）日本語能力はどの程度必要か

　看護師という人の命を預かるからには、高い日本語能力が必要との声もあるが、外国人看護師に対して現状では必要以上の日本語能力を要求しているとの声もあがろう。いずれにせよ、日本語による国家試験が高い参入障壁となっている。考え方として、日本語の理解にはある程度の時間がかかるという前提で積極的に受け入れていくべきであろう。母国では看護師としての資格を持ち十分な実務経験があるのであるから、その専門知識を活かしてもらうことを主眼にして、日本語に関しては問題なく使うことができるようになるまで、気長に待ち、その間は通訳などのサポートで補うことは可能だろう。

　看護や介護の業務には日常的に書類作成の作業が含まれる。日本語が完璧ではない外国人に書類の作成が可能なのかという疑問がでよう。それらは、パソコンによる書類のフォーマット化や翻訳ソフトなどの利用で効率的に書類作成はできるだろう。とにかく、現在の 3 ～ 4 年という滞在期間内で日本語を習得すべきとの要求は厳しすぎる。

（4）看護や介護における格差

　外国からの看護師や介護福祉士の受け入れが、日本の医療・福祉の現場にどのような影響を与えるのか予測は難しい。1 つの懸念として格差の拡大につな

がることが考えられる。入居費の安い特別養護老人ホームでは、外国人の介護士や看護師が多く働き、入居費の高い有料老人ホームでは、日本人の介護士や看護師が多くなる可能性がある。外国人看護師や介護福祉士の増加は、高齢者の増加する社会にとって大きな助けとなるが、同時に、病院や介護施設でのコミュニケーションの容易さの違いから、格差の問題に結びつくかもしれないという矛盾がある。この点は承知しておき、行政は対策を考えておく必要がある。

　なお、高齢者のための病院や福祉施設が主に日本人を対象にするという考えは時代にそぐわない。現在の日本に住む200万人の外国人住民は、やがて年取れば介護制度の利用者になっていくのである。彼らには、外国人の介護士や看護師のほうが頼りになる。とりわけ精神的な支援の部分で同じ言語文化の人から支援される方が信頼できる。異文化の中での疎外感に苦しむ外国人高齢者にとって、心の安定につながるであろう。

まとめ

　外国人の高齢者の増加は今後顕著な社会現象になってくるだろう。日本社会では日本人の高齢者の増加に対応するだけで精一杯で、とても外国人の高齢者まで考慮する余裕はないというのが本音であろう。しかし、早めに準備しておくことは必要で、そのために必要な法整備や学問的な研究が必要である。

　本稿では、外国人の高齢者が経済的、身体的、精神的な面からの支援が必要であることを訴えた。日本人向けに作られた各種保険制度だが、外国人にも受けやすくなるように、行政は積極的にこの情報を提供すべきである。

　さらに、外国からの看護師や介護士の受け入れについて論じた。発展途上国から看護師や介護士を受け入れることは、それらの国へ医療や介護技術の移転とつながり、その国への富の移転にもなる。そして、それらの国を経済的に援助することになる。日本側にとっても、高齢化社会を乗り切るためには、医療制度や介護制度を担う人材の確保が重要である。相互にとって有益な制度である。ただ外国人への依存が必要となる場合に、どうしても言語の問題は避けて通れない。この問題に関する学問的な研究の積み重ねが必要であろう。

注

1 ニューカマーとは、1980年代以降に日本に移住してきた人々を称する。一方、オールドカマーとは戦前・戦中から日本に滞在している人やその子孫を称する。日本語能力に関しては、ニューカマーは日本語はまだ不自由な人が多いが、オールドカマーは概ね日本語は堪能である。

参考文献

河原俊昭（編）（2004）『自治体の言語サービス』春風社
河原俊昭・野山広（編）（2007）『外国人住民への言語サービス』明石書店
京都市介護保険課（2010）『介護保険事務所情報エリアマップ』
平野圭介（1996）「言語政策としての多言語サービス」『日本語学』第15巻第15号12月号　明治書院　pp.65-72
八尾市人権文化ふれあい部（2009）『八尾市外国人市民情報提供システム調査報告書』

オンライン文献

医学書院　http://www.igaku-shoin.co.jp/paperDetail.do?id=PA03024_02201（2013年11月5日閲覧）
厚生労働省非保護者統計 http://www.e-stat.go.jp/SG1/estat/GL08020103.do?_toGL08020103_&listID=000001107137&requestSender=search　（2013年10月3日閲覧）
日本経済新聞（2013年3月25日）http://www.nikkei.com/article/DGXNASGC2500W_V20C13A3PP8000/（2013年8月28日閲覧）
在留外国人統計（法務省）http://www.moj.go.jp/housei/toukei/toukei_ichiran_touroku.html（2014年1月28日閲覧）

コラム 4

「英語格差(イングリッシュ・デバイド)」現象をめぐって

岡戸 浩子

　近年、とかくメディアを通じて「英語格差(イングリッシュ・デバイド：English Divide)」が取り上げられるようになってきている。そもそも「格差」とはどのような意味なのであろうか。「格差」とは辞書(広辞苑、第5版)によれば、「商品の標準品に対する品位の差。また、価格・資格・等級などの差」を意味する。しかし、そもそも何をもって「英語格差」と呼ぶかについてはまだ明確ではないと思われる。「英語格差」は「経済」「教育」と関連付けてしばしば論じられているようである。そこで、「英語格差」に関する論評がどのようになされているかにまず目を向ける必要がある。

　「経済」の観点からの「英語格差」とは、主として英語ができるか、あるいはできないかによって、収入に差が生じるという経済的な面での格差を意味することが多いようである。たとえば、職場で英語を使用する人と使用しない人の平均年収では、英語を使用する人のほうが高くなるという類の論調が、メディア等ではよくみられる。また、ある国立大学の学部卒業生を対象とした「英語能力と所得の関係」に関する調査の分析結果から、概して、英語能力のない者よりも、かなりある者は昇進において優位にあり、高い所得を得ていると推測される(松繁, 2001)という研究報告の例などもある。そのような社会的な状況の変化もあり、自らの英語能力を向上させる方法や、英語に関する資格を取得すること等に関心を持つ人々がますます増えているようである。

　日本経済新聞社と日経HRが共同でビジネスパーソンを対象に行った、仕事に役立つ資格に関する調査の結果をみると、「仕事に役立っている資格ランキング」の1位は、中小企業診断士である。2位のプロジェクトマネジメント・プロフェッショナルに続き、3位にTOEFLテスト、そして4位にTOEICテストが挙げられている。その他にも、情報セキュリティスペシャリスト、衛生管理者、証券アナリスト、宅地建物取引主任者、中国語検定、危険物取扱者をはじめとする多種多様な資格がランキングに入っている。それぞれの資格を取得したことによる増加額については、年収ベースで「10万円未満」が50.8％、「10万から50万円未満」が22.6％、そして「200万円以上」が11.1％と続くという(日本経済新聞、

2014)。このように発信される情報は、日本人にこれからの時代を生き抜いていくためには高い英語能力が必要であるという意識をますます強めることに一役買っているようである。他方、上記の資格に関する調査結果は、就く職種によって、求められる高い能力は、実に多岐にわたることをも示している。すなわち、英語能力とはまったく関係がない、それ以外に関する能力を有する人材を求める分野がいくらでも存在しているということである。また、前述した英語能力と収入差に関しても、英語能力が高いから収入が高いのか、あるいは収入が高い仕事に就いている人の英語能力が高いのかの関連性も、ここからだけでは定かでない。

　次に、「教育」というキーワードから論じられる「英語格差」の場合を考えてみよう。文部科学省は 2013 年 12 月に「グローバル化に対応した英語教育改革実施計画」を発表し、そこでは、新たな英語教育として小学校の中学年（3～4 年生）から外国語活動を開始し、高学年（5～6 年生）では英語を教科化することと、中学校では英語で授業を行うこと、そして高等学校でも英語による発表や討論を重視することを考えているとした。「英語」に関して、教育面から考えると、家庭の経済状態（世帯収入等）によって教育環境が異なってくることは十分にあるだろう。幼稚園・小学校・中学校・高等学校・専門学校・大学などの教育機関以外に、英語の私塾（英会話教室等）に通うと相当の授業料が必要となる。同じアジア圏にある隣国の韓国に注目すると、日本よりも早く 1997 年に第 7 次教育課程により小学校 3 年生から英語が必修化されているが、このことは日本の早期英語教育の導入への焦りを増幅させる要因にもなっていると考えられる。その実情をみると、韓国日報の英語新聞である *The Korea Times*（2013）によれば、家庭の収入と地域の差によってイングリッシュ・デバイド（英語格差）が引き起こされており社会問題となっているという。仮に、富裕層に属するかそうでないかが、その後の学習者の英語能力の向上いかんに大きく関わってくるとすれば、人１人の人生に何らかの影響を及ぼすこともあり得ると言えるだろう。しかし、記事によれば、「英語」に費やされる、いわゆる教育にかける費用がいかに高くとも、それが必ずしも期待されるほどの高い英語能力となってあらわれるとは言えないと報告されているという。「教育」に関連させて論じられる「英語格差」は、結局のところ、保護者の「経済力」の有無の問題に置き換わってしまう側面を持つ。ところが、現在は、数十年前の英語学習環境とは異なり、学習者本人が英語を学びたいという強い意欲を持っていさえすれば、身近で手に入るテキストやCD・DVD などの語学教材を使用したり、また、インターネットや衛星放送を通じて英語に触れる等、あまり費用をかけることなく英語能力を向上させることがいく

らでも可能になってきている。したがって、英語教育にかける費用の高さいかんが、学習者の英語能力にどのような状況で、どの程度の影響を及ぼすかについてはさらなる検討の余地があると言えるだろう。

　以上から、「英語格差」という表現が、実際に意味するところはいささか曖昧であり、そのイメージ的な内容が先行してしまっていると言えるのではないだろうか。確かに、マス・メディアで取り上げられる企業内での英語の公用語化の傾向は認められるであろうが、日本内に存在する全体の企業数とその業務内容から考えると、英語がまったく必要とされない人々がかなりの数に上るという捉え方もできる。英語ができるかできないかは、本人の考えおよび必要性に依拠するところが大きい。また、人によって必要な資格はさまざまに異なってくるだろう。しかし、どうも多くの人々の関心は英語の必要性にますます集中して向かっているのが、日本社会の現在の状況である。その一方で、近年、若者の内向き志向、海外志向の二極化が問題として取り上げられている。今後の日本の将来についてそのことも含めて考えた場合、はたして「英語」という言語的側面だけの問題に目が奪われてしまってよいのであろうか。少なくとも、「英語格差」と呼ばれる「格差」問題には「差別」的意識・行動が生じないようにしていくことが重要である。

参考文献
日本経済新聞（2014）「仕事に役立つ資格　経営知識・英語 武器に」日本経済新聞 2014 年 1 月 7 日付朝刊

オンライン文献
松繁寿和（2001）「大学卒業生の英語能力と所得：日本社会にイングリッシュ・ディバイドは生じているか」"Discussion papers in economics and business", Graduate School of Economics and Osaka School of International Public Policy (OSIPP) Osaka University. http://www2.econ.osaka-u.ac.jp/library/global/dp/0118.pdf（2013 年 12 月 2 日閲覧）

文部科学省（2013）「グローバル化に対応した英語教育改革実施計画」http://www.mext.go.jp/b_menu/houdou/25/12/__icsFiles/afieldfile/2013/12/17/1342458_01_1.pdf（2013 年 12 月 27 日閲覧）

The Korea Times(2013) 'English divide　Time to take fundamental measures' http://www.koreatimes.co.kr/www/news/opinon/2013/01/202_112506.html（2013 年 2 月 21 日閲覧）

コラム 5

今、帰国生に求められるもの
井上　恵子

　1960年代からの日本経済の発展とともに帰国生を取り巻く事情も変わってきているが、特にバブル景気崩壊を境に彼らの渡航先や滞在期間も多様化してきている。以前は帰国生と言えばアメリカ帰りをイメージしたが、平成25年にアジアで就学する日本人児童数が2万7,586人であるのに対し、カナダやアメリカ等北米は2万5,540人とアジアのほうが多くなっている（外務省 海外在留邦人子女数統計2013年度）。こうした帰国生の赴任先の多様化にともなって、帰国生が英語に対して持っている意識も変わってきた。これまで、アメリカからの帰国生の多くはきれいな発音のアメリカ英語を身につける事を目指してきたが、アジアや他の地域からの帰国生は発音よりはコミュニケーションの道具としての役割をより大事にしている。

◆帰国生を取り巻く状況の変化
　では、帰国生を取り巻く事情は日本経済の発展とともにどのように変わってきたのだろうか。1960年代は少しずつ帰国生の存在が知られてきたが、彼らの帰国後の受入れは特別学級があるくらいであった。しかし、1970年代に入ると、学芸大学付属大泉校を始めとする帰国生受入れ校など日本の学校への受入れ制度が整い始めた。しかし依然として日本企業は日本の大学を卒業している事を条件として採用していたため帰国生が就職において特に優遇される事もなかった。
　1980年代に入ると、日本企業の海外進出にともない帰国生数も増えていった。受入れ校も整備され始め、文部科学省の国際理解教育の推進などにより、帰国生に注目が集まるようになった。また企業も帰国生を積極的に採用するようになり、帰国生は英語力を活かして就職し、海外で身につけた英語力が有利に働いた時代だった。何よりも英語ができるということで重宝がられ、北米からの帰国生は英語ができるので他の日本人学生に比べて採用が優遇されていた（帰国児童・生徒教育に関する総合的な調査研究より）。しかし、1990年頃にバブル経済が崩壊すると、不況がはじまり、就職氷河期の時代に入る。一方で、短期留学が手軽になったことから、留学から戻った日本人学生の数も多くなり、国内で高いレベルの英

語力を身につける学生も増えてきた。このように帰国生の強みであった英語の神通力が失われ、帰国生だからといって特に就職時に優遇される事は少なくなっていった。日本語力や、敬語の使い方などのコミュニケーション能力が不足している一部の帰国生は、英語以外にできる事は何なのかという点で評価されるようになった。その一方、経済不況の影響で人件費の削減等から企業も終身雇用制度の維持が困難になり、若者の就職に対する姿勢も少しずつ変化しはじめた。帰国生もこれにともない英語を活かして大企業に勤めるのではなく、医師や弁護士、公務員といった専門知識を活かす職業を選ぶものもではじめた。

　2000年代に入るとさらに経済状況が変わり、日本も経済のグローバル化の波にさらされるようになった。日本企業は中国やインドネシア、ベトナムやタイなどに工場の拠点を移しはじめ、それまでは欧米等に海外赴任するものが多かったが、渡航先がさらに多様化していく。外務省発表の在留邦人（学齢期）子女数（長期滞在者の小学生および中学生）によると2004年ではアジア地域の子女数が1万6,981人であるのに対し、カナダやアメリカ等北米の子女数が2万659人となっている。しかし、2013年には、アジア地域に滞在している子女数は2万7,586人、北米に2万5,540人とアジアが上回ったことがわかる。また、以前は親が大企業に勤めていて海外に行った帰国生が主流であった。しかし、在外企業協会「海外帰国子女教育に関するアンケート」調査結果2011年度版によると、進出企業の規模についても、一社あたりの派遣者数が大企業では少し減ったのに対し、中小企業では増加している。ここからも帰国生の多様化がわかる。

◆**帰国生の英語に対する認識の変化**

　近年、帰国生の渡航先の多様化に伴い、彼らの英語に対する意識も変わってきている。アメリカやカナダなど北米では多くの日本人児童の親たちが、子どもを現地校で学ばせる事を選ぶが、アジアでは日本人学校やインターナショナルスクールを選ぶ事が多い。非英語圏でのインターナショナルスクールからの帰国生と、アメリカからの帰国生では英語に対する認識がどのように違うのだろうか。筆者が所属する海外子女教育振興財団の渡航前準備教室では、これから海外にいく小学生の海外での学校生活に関する不安などに帰国生が次のように答えている。小学生の「英語の発音が下手でなまっているので心配です」という質問に、アメリカからの帰国生とアジアのインターナショナルスクールからの帰国生では回答の仕方に違いがみられる。アメリカで小学校、北京で中学校、ドイツで高校を過ごし、2012年に帰国した大学生が、「訛りがあっても皆どんどんしゃべってコ

ミュニケーションしているから全然心配ないよ。ドイツなんかも皆ドイツ語なまりだけど平気だったから、発音なんて心配しないでしゃべった方がいいよ」と答えた。これに対し、アメリカの小中学校に5年間通学して帰国した大学生は、「訛りがあっても心配ないですよ。半年もすればすぐにアメリカ人みたいにきれいな発音になるから大丈夫ですよ」と対照的な答えをしている。多くのアメリカからの帰国生はアメリカ英語のきれいな発音の習得に価値を置いているが、アジアのインターナショナルスクールからの帰国生は英語を多言語の環境の中でコミュニケーションをはかる単なる道具と考えているように思える。

◆これからの帰国生に求められること

　最近その数が増えた、アジアのインターナショナルスクールに通い日本に帰国した帰国生たちは、英語が話せることよりは、色々な国の友人ができたことを自分の財産としている。たとえば、筆者が行った渡航先での体験をたずねるアンケート調査によると、ベトナムやインドネシアで中学高校を過ごした帰国生は、「世界中にいる友だちが財産で、一生の宝物」だといっている。また近年、アメリカ以外の現地校、たとえば南米でポルトガル語の現地校や、タイでタイ語と英語のバイリンガル校にいく小学生等がわずかながら増えている。こうした事からみても英語はますます道具としてみられるようになっていくのではないか。

　英語をコミュニケーションの道具として考えると、英語ができるかではなく、英語で何ができるかに目がいくようになる。しかし、自分の英語力のみに頼った生き方をしていると、一部の北米からの帰国生のように、就職先も英語関連の仕事に限定されがちになる。今のように就職が大変な時代では、敬語や仕事に必要な日本語の表現力も問われる事になり、就職活動もうまく行かなかったり、就職できても会社に馴染めずにすぐ辞めてしまったりする事になる。現在の帰国生は、英語力に頼って帰国生であることを前面に出し優位性を保っていた80年代90年代とは異なり、英語力だけでは就職を突破できないと感じている。アジアからの帰国生は、「さまざまな国の人と自分の意見を交換し、自己主張できるようになる」「世界中の人々の価値観を理解できるようになった」という事を自分の財産としている。こうした彼らの声を聞いているとグローバル化された世界で生きていく上で、今までのように英語の習得という表面的な利点だけを追い求めるのではなく、渡航先で知り合ったいろいろな国の人とのネットワークや、世界の中の日本という広い視野を持つことがこれからの帰国生には求められるのではないかと思う。

参考文献

帰国児童・生徒教育の調査研究会(財団法人海外子女教育振興財団)『帰国児童・生徒教育に関する総合的な調査研究 (報告書の概要)』(2011年3月出版)

オンライン文献

一般社団法人在外企業協会『海外帰国子女教育に関するアンケート』(2011年) http://www.joea.or.jp/ 2014年1月16日アクセス

海外在留邦人子女数統計(長期滞在者)外務省 2013年度 http://www.mofa.go.jp/mofaj/toko/tokei/hojin_sj/ 2013年12月6日アクセス

長峰登記夫 『日本企業による海外帰国子女の採用と時代的変遷』 http://repo.lib.hosei.ac.jp/bitstream/10114/7161/1/12_nkr_12_2_nagamine.pdf 2013年12月6日アクセス

第2部

❖

世界における「言語と格差」

第4章

教育改革と言語的弱者
――コモンコア(全米共通学力基準)・アメリカ教育改革の現状――

波多野　一真

はじめに

　近年、教育改革が語られる時、グローバリゼーションという言葉を常に耳にするようになった。日本の教育は、グローバル化する世界の動きに対応すべきだという主張が、政府や経済界にとどまらず、一般市民の間にも呪文のように繰り返される。ことに、その改革の声は、英語教育に向けられることが多い。こうした中、文部科学省は、2003年に「『英語が使える日本人』の育成のための行動計画」を発表し、これまでの英語教育を根本的に変えていきたいという意気込みを見せた。2014年現在においても、その基本的な政策の方向性は変わらない。

　一方で、英語支配論（津田 2003）のように、政府、経済界、社会全般に至るまで、無批判に英語を受け入れている状況に危惧を抱く論調もある。多くの場合、世界の政治力、経済力の関係が変化するのに伴い、より強い国の言葉を政治・経済の媒介言語として使用するようになる。したがって、ある特定（たとえば英語）の言語使用者は得をし、そうでない者は損をするという構図が成り立ちうる。英語支配論では、世界において英語が圧倒的に使用されている現状の中で、英語を使用しない者が不利益を被るという構図に異議を唱える。

　グローバリゼーションによって英語教育が重要になるという主張も、英語に

よって格差が生まれる状況に異議を唱えるのも、英語習得の有無が、個人にも、社会全体にも、大きな影響を与えるという認識では一致している。相違するのは、前者が、格差を是認し、それを縮めるために英語教育を推進すべきだという視点を持つのに対し、後者は、その格差自体をよしとせず、すべての人が母語が少数派だからといって差別を受けてはならないという視点である。誤解を恐れずに言えば、前者は利を追求する視点、後者は善を追求する視点を持っているということができるかもしれない。

　どちらも、「個人や社会のため」という目的観を共有する限りにおいて大切な視点であり、お互いに補完されるべきものである。たとえば、格差社会の中でも言語的弱者の存在を忘れず、彼らに対する公平なまなざしを持てば、こうした差を生む社会構造がよくないと議論することもできる。個人の利益を追求する時、利益には代えられない善があるという規範を失えば、単なる利己主義に陥ってしまうかもしれないのだ。しかし、一方で、言語的弱者が将来のために英語を学んで、貧困から立ち上がり、利を追求しようという努力を阻止しようとする者も少ないであろう。利と善を求める視点のバランスは、「個人や社会のため」という目的観を根本に、時代や地域の文脈を考慮しながら、常に追求され続けなければならない。

　しかし、現実には、これらの視点のバランスを保つことは容易ではない。以下に紹介するアメリカ合衆国の教育改革の例では、グローバリゼーションを背景とした利を追求する視点と、言語的弱者のための善の視点がアンバランスに交差する状況を考察し、言語的弱者との格差拡大を引き起こす可能性とそのメカニズムについて論じていきたい。

1．近年のアメリカ教育改革

　近年、アメリカ合衆国の公教育、特に初等・中等教育では、経済的なグローバル競争で必要な学力・能力を十分に生徒が身に付けていないという批判にさらされてきた。1983年に発表された教育省長官の諮問機関による報告書（The National Commission on Excellence in Education 1983）では、世界の経済競争に勝つには、資源の多さだけではなく、知識、情報、高度な知能といった「これか

らの国際貿易の新しい原料」が必要になるとの認識を示し、国内の低い識字率、国際比較テスト結果の低迷などを理由に、現状を「国家の危機」と表現し、それを克服するための教育改革の必要性を訴えた。それから30年近くを経た2010年、オバマ大統領は「改革の青写真（A Blueprint for Reform: US Department of Education, 2010）」の中で、教育の低迷が、アメリカ合衆国の国際的な経済力の低下を招くとの見解を示した。1983年における認識と比較する限り、経済のグローバル化を背景にした教育の質向上に関する連邦政府の危機感は、過去30年間それほど変わっていないことがわかる。

　長期にわたり危機感を抱いてきた連邦政府は、その間、さまざまな試みを行なってきた。そうした試みのうち、教育現場にもっともインパクトを与え、連邦政府による直接的な州教育行政への介入として注目を浴びたのが、2001年の落ちこぼれ防止法（No Child Left Behind Act of 2001: Public Law 107–110, 2002）である。この法律は、低学力の多い貧困層や非白人の生徒たちの学力を押し上げ、人種・民族グループ間に存在する大きな学力差を縮小することを主な目的として制定された。これにより、各州は、連邦政府から財的教育支援を受けるために、初等・中等教育の学力基準を設定し、それに到達するための教育計画を提出しなければならなくなった。州統一テストの結果によってその達成度が測られ、州で設定した教育改善指標に達しない学校は、さらなる改善を強いられる。それでも基準に達しない場合、生徒がより成果のある学校へ転校することを認めなければならず、生徒を獲得できない学校は、最終的には閉校に追い込まれることになる。

　落ちこぼれ防止法は、連邦政府の財的教育支援と州の統一テストを手段として、基準以上の学力を確保しようとする制度だ。こうした仕組みのもとでは、テストで高得点を取ることが日々の授業の中心になりやすいため、学習内容の画一化が懸念され、多くの教師、研究者、保護者団体などから激しい批判を受けた（例：Apple 2008, Jennings 2003）。また、施行後、多くの学校で、統一テスト結果の改ざんなどが発生し、こうした教育制度の中では、学力基準到達への学校の努力が、歪んだ形で現れることを示した（The Washington Post 2013年4月1日）。また、2005年から2007年の間に、約3割の州（15州）で、学力基準自体を下げ、低い学力でも基準に「到達」したとみなす州があらわれるように

なった（Bandeira 2011, The New York Times 2009 年 10 月 29 日）。州で統一された基準によって一定以上の成績結果を求めるという教育制度の下で、学校と州はこのような苦肉の策で対応せざるを得なかったのである。

　このような事態を受け、オバマ政権は、先に紹介した「改革の青写真」の中で教育制度の改正を発表し、教育改善指標の廃止などを決定したが、毎年の成績評価の実施など、落ちこぼれ防止法の多くの規定は残ることになった（Michelman 2012）。さらに、同じくオバマ政権下の 2009 年、革新的な教育改革を行なった州に対して支払われる「レース・トゥー・ザ・トップ（Race to the Top: US Department of Education）」と呼ばれる競争的資金が設けられ、教育改革に、より大きな競争的要素が加わることとなった。ブッシュ政権下で誕生した落ちこぼれ防止法による教育改革の流れは、連邦政府による財的教育支援と統一テストによる成績評価を軸に、その後のオバマ政権下でも継続されてきた。次に紹介する「コモンコア（全米共通学力基準）」は、こうした文脈の中で議論されてきたものである。

2．コモンコア（全米共通学力基準）

（1）新しい学力基準と連邦政府の関与

　全米共通学力基準（the Common Core State Standards、以下コモンコア）とは、2009 年に全米州知事会（National Governors Association, NGA）と州教育局幹部評議会（Council of Chief State School Officers, CCSSO）により作成、発表された学力基準である。これは、幼稚園と初等・中等教育 12 学年を合わせた、いわゆる K-12 と呼ばれる義務教育課程を対象としている。従来よりも高い学力基準を設定し、K-12 の教育を受けるすべての生徒の学力を押し上げ、21 世紀のグローバル経済で成功するための教養ある人間を育てることを目的としている。大学での勉学や就労で必要となる学力・能力を養成するために、K-12 課程で身につけるべき学力基準を示したものだ。

　コモンコア公式サイト（National Governors Association Center for Best Practices, Council of Chief State Officers）によれば、2014 年現在、全米 45 州でこの基準が採用されている。落ちこぼれ防止法は、各州がそれぞれの学力基準を設定して、

その基準達成を約束させるものであったが、前述したような意図的な学力基準引き下げで、各州独自の学力基準の信用度が揺らいだ。それに対し、コモンコアは、全米共通の高い学力基準を設定する試みであり、信用を失った各州独自の学力基準を飛躍的に引き上げることができるとの期待がある（The New York Times 2011 年 4 月 24 日）。

　コモンコアの特徴は、1）学力基準の設定が多くの学術研究の成果に基づいて作られていること、2）大学や仕事で将来必要になるスキルに対応していること、3）非常に高い学力基準を設定していること、そして 4）国際基準に照らし合わせて設定されていることである。21 世紀のグローバル経済の中で勝ち抜くために必要な高い学力と優れた能力を共通の基準として、(国語としての)英語（English Language Arts、以下 ELA）と算数・数学における優れた教育を子どもたちに提供しようという試みである。しかし、コモンコアは、各学校が行なうカリキュラムの内容を指定しているのではなく、到達すべき学力基準を示しているにすぎない。カリキュラム自体は、各州・各学校が決定でき、ゆえに、教員は、独自の教育法と教材を用いることができるとしている。

　また、レース・トゥー・ザ・トップから資金源を勝ち取った 2 つの団体により、コモンコアに準拠した全米統一テストがそれぞれ作成されている。2014 年春から、多くの州で、2 つのうちどちらかの統一テストが開始された。問題作成の時間や経費を考えれば、今後も、さらに多くの州が、州独自の統一テストではなく、こうした全国的な統一テストを利用することになるだろう。州内の人種構成やそれに伴う教育レベルなどの差異にかかわらず、同じものさしで生徒の学力が測られることになる

　ここで重要なのは、コモンコアは、全米州知事会と州教育局幹部評議会（ともに連邦政府の機関ではない）が独自に作成・発表した学力基準であり、直接的に連邦政府が統括する政策ではないということである。したがって、州がコモンコアを採用するかどうかの決定には、連邦政府による強制力はない。各州がこの基準をモデルに独自の基準を設けることもできるし、まったく違う基準を設けることもできる。コモンコア公式サイトでは、あくまで「州主導」の学力基準改革であることを強調している。また、統一テストに関しても、先に紹介した 2 団体により運営されており、連邦政府の指示ではないのだ。

しかし、「改革の青写真」で示された連邦政府の教育改革の内容と比較すれば、コモンコアが目指すものと、連邦政府が目指すものはほぼ同じであることがわかる。たとえば、「州主導」で学力基準を設定することや、義務教育の目的を大学教育や就労への準備期間として捉えられていることなど、別々に教育改革の内容を計画したとはとても考えられない。さらに、連邦政府によるレース・トゥー・ザ・トップの導入が、各州のコモンコア採用を促進したとの見方もある。レース・トゥー・ザ・トップで競争的資金を獲得するためには、教育改革の内容を点数化したものを基準に、限られた資金のパイの一切れを狙って、他の州と競わなければならない（U.S. Department of Education: Race to the Top Fund）。しかし、コモンコアを採用すれば高い点数を得られるため、資金確保を狙って、多くの州がコモンコアの採用を選ぶ結果となった。また、同時に、連邦政府は、州が革新的な教育改革を推進することを条件に、落ちこぼれ防止法で規定された義務事項を免除するという柔軟的措置を行うことで、各州の教育改革を駆り立てた。コモンコア反対派の多くは、競争的資金と落ちこぼれ防止法の緩和という連邦政府の措置によって、多くの州がコモンコア採用へと誘導されたと見ている（例：Home School Legal Defense Association, HSLDA）。

　連邦政府は、州がコモンコアを採用するかどうかの決定には直接的な関与をしていない。しかし、上記のように、間接的な方法で、各州の教育改革を誘導しているのではないかという疑念は大きく、落ちこぼれ防止法がそうであったように、多くの学者、教育者、保護者団体から激しい批判を受けている。後にその批判の一部を紹介するが、それを理解するための土台として、コモンコアの基準内容にもう少し触れていきたい。

(2) ELA（英語教育）基準

　前述したように、コモンコアでは、ELA（英語教育）と算数・数学の二分野について学力基準を設定している。ここでは、言語的弱者への影響に関連して、ELAの学力基準に焦点をあてて説明をしていきたい。
　コモンコアで示すELAの基準（Common Core State Standards for English Language Arts & Literacy in History/Social Studies, Science, and Technical Subjects）は、リーディング、ライティング、スピーキング、リスニングに関して、大学教育

や仕事で必要な言語運用能力を培うことを最終目標とし、そこに至るまでの段階的到達レベルを学年毎に設定している。あくまで期待される学力の結果を示した基準であり、それを達成するための手段の基準ではないため、各科目のカリキュラムや指導方法を規定しているわけではない。しかし、授業で使用すべき文章の難易度も示されており、各学校・教員は、学年レベルに即した教科書や教材を使用することが期待される。

　また、大学での勉学や仕事で必要な言語能力を伸ばすためには、簡単な内容の文学的文章よりも、より複雑な説明的文章を用いることが大切だとし、学年が上がるにつれて、後者の文章ジャンルの割合が高くなるように設定されている。さらに、ELAの学力基準は、言語科目だけに適用されるわけではない。歴史、社会、科学、その他専門科目の理解に必要な言語能力の基準としても適用される。これらの科目で、コモンコアに沿った高度なレベルの文章を用いた授業が行われ、学力を測る統一テストにおいても、同じような高度な文章を用いた問題が出題される。

　ここで懸念されるのが、英語を第二言語として使用する生徒への対応である。ELAの基準は、ネイティブスピーカーか第二言語話者かにかかわらず、すべての生徒が、同じ英語力の基準に達することを期待している。一方で、第二言語話者の生徒に対する特別措置については、コモンコアでは規定しておらず、各州や学校での取り組みに任せるとしている。しかし、各学年には、渡米してわずかな第二言語話者の生徒もいる可能性があり、学力基準の緩和などの特別措置がなければ、高いELAの基準に到達できず、高校を卒業することすらできない場合が想定され、中退率の増加が懸念される。ELAの基準が第二言語話者生徒に及ぼす影響については、後に詳しく議論する。

(3) コモンコアに対する批判

　コモンコアに対する批判には、学力基準自体に関するものと、それが組み込まれるシステムや導入の過程に関するものがあり、両者は別々の問題として考えなければならない。なぜなら、いかに学力基準がよいものであっても、それがある特定の教育システムの中に組み込まれる、あるいは、ある特定の方法で導入されることで、生徒、保護者、学校、教員に与える影響が違うからである

（システムに関しては、後に議論する「新自由主義教育改革」を参照）。

　まず、コモンコアの学力基準自体に対する懸念で顕著なのは、その難易度である。コモンコアは、ほとんどの州にとって、いままで設定してきた基準よりもはるかに高い学力基準であるとされる（Shanahan 2013）。コモンコアで設定する学力にはとても追いつかないという焦燥感が、都市部の貧困層で低学力の生徒の多い学区で顕著にみられ、メディアでは教員、保護者の不安や反対の声を伝えている。また、コモンコアで指定する文章ジャンルに関する批判もある。2012 年にコモンコア適用を決定したワイオミング州では、州内のシンクタンクからの懸念として、ELA の基準のために、説明的文章の読解が中心になり、文学作品から生徒を遠ざけてしまうのではないかという指摘があった（The Wyoming Tribune 2013 年 8 月 29 日）。

　また、コモンコアが想定する 21 世紀に必要な能力・スキルの養成が、非常に狭い学力観であると指摘する声もある。コモンコアは、21 世紀のグローバル社会で必要なスキルや能力を高めるための学力基準であるとしているが、ティエンケンとオルリッチ（Tienken & Orlich 2013）は、21 世紀に必要な能力として、戦略技術、企業家精神、忍耐、共感力、社会的問題解決の意識、多文化間協働・協力、社会的好奇心、意欲、冒険心、現状を打破する能力などを指摘しており、コモンコアの学力基準とそれを測る統一テストでは、こうした能力は養成できないとしている。コモンコア賛成者の多くは、その高い学力基準に期待をしているが、それが、本当に 21 世紀の人材を育てるために妥当な学力基準なのかどうかを問う声があるのだ。

　学力基準自体ではなく、それが導入される過程に異議を唱える者もいる。先に述べたように、コモンコアは連邦政府による政策ではない。しかし、多くのコモンコア反対者は、これが連邦政府による教育介入であると主張している。とくに、保守政党を支持する国民の多くは、連邦政府による大きなコントロールを嫌う傾向があり、教育行政に関しても、こうした懸念が噴出してくるのだ。インディアナ州では、連邦政府による教育介入に懸念を示す声などにより、コモンコアの適用を一時凍結し、従来の州学力基準へ戻すことを決定した（Dresslar 2013）。その他、オクラホマ州やメイン州などでも、連邦政府の介入に反対するシンクタンクや市民団体の声があがっている（**World Publishing**

Company 2013 年 8 月 25 日／The Portland Press Herald 2013 年 8 月 22 日）。

　連邦政府が州の教育行政に介入しているという批判に対し、教育省長官のアーン・ダンカン（Arne Duncan）は、連邦政府がコモンコアを主導したという事実は一切ないといった談話を繰り返している（U.S. Department of Education 2013 年 6 月 25 日）。しかし、それでも批判が止まらないのは、前述のように、連邦政府が、上からの強制ではなく、逆に、学力基準やカリキュラム内容を選択できるという「自由」を州や学校に与え、競争的資金や落ちこぼれ防止法の緩和という餌で、その行動を間接的にコントロールしているという疑念を持っているからだ。

　また、多くの州がコモンコアを採用することを見込んだ教科書出版会社が、コモンコアに準拠した教科書や問題集をすでに出版しており、州や学校がコモンコアを採用しないという選択肢がとりづらくなっている（Tienken&Orlich 2013）。出版会社にとっても、州や学校にとっても、コモンコア採用が「自由」であるため、市場の原理によって行動が決まりやすい。「自由」であるがゆえに「不自由」になるという矛盾した結果をもたらしているのだ。

　コモンコア導入に関しては、教員への支援不足も指摘されている。コモンコア採用に伴い、各州・各学校では、大きなカリキュラム変更を余儀なくされているが、それに対する支援が足りないのだ。アーカンソー州では、教員の約半数が、カリキュラム変更に対する十分な援助がなされていないと感じている。とくに、より高度な学力を生徒に身に付けさせるために必要な教育機器の不足を、第 1 の懸念事項として挙げている。コモンコアによる変化に、州や学校の予算が追いついていないのである。また、ノースキャロライナ州では、教員の 45％が援助不足と感じている。とくに、コモンコアに準拠した学力評価の方法がわからないため、教員訓練の不足が大きな問題となっている。ユタ州でも、コモンコアに対応するための教員訓練の不足を第 1 の懸念として挙げている（Sheninger 2013）。

　上記のように、学力基準自体に対する批判や、それが導入される過程・システムに対する批判が多く存在するため、多くの州でコモンコアをカリキュラムに完全適用するかどうかの議論が続いている。事実、筆者の在住するニューヨーク州では、州教育局が、コモンコア完全適用まで 5 年間の猶予を与えたばかり

である (The Daily News 2014 年 2 月 10 日)。21 世紀のグローバル社会で成功するために、生徒の学力を飛躍的に伸ばそうという「利を追求する視点」で提案されたコモンコアは、まだ多くの人々に受け入れられていない。おそらく、今後数年にわたり、議論が続いていく州が多いだろう。

　コモンコアが、その批判に耐えうるような形に修正されず、本格的な実施が始まれば、生徒や教員に大きな負担を与える可能性がある。次に、そうした負担が一番大きく、格差拡大の可能性がある言語的弱者への影響について議論していきたい。

3.　コモンコアと言語的弱者

(1) 新自由主義教育改革

　言語的弱者について議論する前に、コモンコアを用いた教育改革は、いったいどのような性質を持ったシステムなのかについて先に触れておきたい。コモンコア導入で見られるような連邦政府による間接的なコントロールは、新自由主義教育改革（例：佐貫／世取山 2008）と呼ばれる一連の教育改革の 1 つとみることができるだろう。新自由主義教育改革の特徴は、教育システムを市場の原理に基づいて運営することであり、こうしたシステムの中では、教育内容や教育組織は、市場に流通する商品で、教育を受ける子どもやその保護者は、それを消費する顧客となる。人々はそれぞれの意志によって、市場に流通する商品の中から好きなものだけを消費する自由があり、そうした自由意志によって選ばれなかった商品は淘汰される。他の顧客の「評価」によって、その商品の良し悪しを判断することもできる。インターネットなどの技術革新により、その「評価」を広く世界中に「公表」することも可能となる。「公表」の範囲が広ければ広いほど、他の商品との「競争」は激しくなる。商品を作製・提供する者は、やはり自由意志によってそうするのであり、もし商品が淘汰されても、それは市場というシステムの責任ではなく、自由意志という「自己責任」によって、その結果を受け入れざるを得ないのだ。

　上記の議論をコモンコアに当てはめてみよう。同じ基準で学力を測ろうという統一ルールのなかで、生徒の学力が「評価」され、さらに、それに基づき州、

学校、教員が「評価」される。統一テストの結果は「公表」され、資金調達のために他の州と「競争」することになる。しかし、あくまで州主導の教育改革であるため、結果は州の「自己責任」である。連邦政府は責任を負うことなく教育改革を推し進めることができるのだ。

　また、このシステムでは、生徒は、教育の消費者であると同時に、学校という工場で生産され、グローバル社会に提供される商品でもある。統一テストという共通のものさしにより、学力が「評価」され、グローバル「競争」にさらされる。よりよい教育機会や条件に恵まれた生徒は、その競争に勝ちやすく、そうでないものは淘汰される。悪条件の生徒への特別な配慮がない限り、その格差は拡大するだろう。

　ここであえて新自由主義教育改革に触れたのは、コモンコアに基づく教育改革が市場原理に基づいた新自由主義教育改革であるがゆえに、言語的弱者に降りかかる格差が予想されるからだ。

(2) 言語的弱者のゆくえ

　では、以上紹介してきたコモンコアによる教育改革によって、言語的弱者にどのような影響を及ぼすのだろうか。本章で扱う言語的弱者とは、英語を第二言語として学習する生徒（English Language Learners、以下 ELL）を指す。多くの ELL は、第二言語として英語を学ぶ特別授業に参加しながら、他の生徒と一緒に通常授業を履修する。ELL の状況は多岐にわたり、米国滞在期間、渡米時の年齢、渡米までの英語学習経験、家庭での教育方針（家庭内で英語を使用するか母語を使用するかの方針など）によって彼らの英語運用能力には大きな差がある。また、ELL の家族は、そのほとんどが移民であるため、典型的に低所得世帯であり、費用のかかる補助的な教育を自費で受けることが難しい。ELL が置かれている状況は、単に言語だけの問題ではなく、貧困などの社会経済的な状況を含む複合的な問題なのである（Callahan 2013）。

　2010〜2011 年度の統計では、カリフォルニア州の 29％もの生徒が ELL であり、他の 8 州においても、10％以上の割合である。2002〜2003 年度の統計と比較すると、12 州で ELL の増加が見られ、特に、カンザス、サウスキャロライナ、ハワイ、ネバダの 4 州での増加が顕著である（4 ポイント増加）（National

Center for Education Statistics)。このような増加は、より多くのELLが将来の労働力として米経済を支えるということを意味する。したがって、ほぼ全米で行なわれようとしているコモンコアによる教育改革が、年々増加するELLにどのような影響をもたらすのかを考えることは、米国労働力の質向上のために非常に重要なのだ。

　各州による適用が開始され始めて間もない現時点で、コモンコアによる影響を論じることは難しい。しかし、上記で見てきたようなコモンコアの特徴を考察することで、ELLに及ぼす影響を予想することはできる。ここでは、「授業の変化」と「統一テストと卒業率」の2つに焦点をあててその影響を予想してみたい。

(a) コモンコア適用による授業の変化

　まず、コモンコアにより、授業が大きく変化する。これに関しては、リーディングに関するシャナハン（Shanahan 2013）の見解を紹介し、ELLへの影響を考えていきたい。シャナハンによれば、コモンコアにおけるELA（英語教育）の最大の特徴は、文章情報のみで読解することを奨励している点だ。コモンコア以前は、読書前の準備として、文章内容の背景を説明するなど教師の与える情報を助けに意味を理解させることが中心であった。しかし、コモンコアが目指すのは、そうした準備を極力少なくし、文章に書かれた情報のみから意味を生徒が理解できるようにすることである。教師による足場作りを最小限にし、今までよりも難しい文章を、こうした方法で生徒が取り組むことは、読解力を高めるうえで非常に効果的であるとシャナハンは主張している。

　しかし、一方で、ELLの中には、在籍する学年のレベルにはるかに及ばない英語力の生徒もいる。コモンコアでは、生徒の英語力にかかわらず、各学年に設定された難易度の文章を使用するため、ELLの生徒が英語力にまったく合わない文章を読解しなければならない可能性が高い。シャナハンは、こうした場合には、教師による足場作りが必要不可欠であると主張している。もし、それが適切に行なわれれば、ELLが受ける恩恵はコモンコア以前の授業よりも大きいが、問題なのは、何が適切な足場作りなのかを教師が理解し、実践できるかどうかである。シャナハンは、コモンコア導入によって授業の様相

が大きく変わってしまい、教師がその変化についていけないということを、政策決定者が理解しておらず、これにより大きな問題が起きうると指摘している（Shanahan on Literacy）。

　もし教師が適切な足場作りを十分に行なうことができなければ、コモンコアによる授業の変化は、ELLにとって大きな負担となり、基準が適用される多くの教科で学力が低下する恐れがある。コモンコアが、飛躍的に学力を上げる優れた学力基準であるのなら、その恩恵を受けることができる生徒と、大きな負担を背負うELLとの間に、大きな格差ができる可能性がある。前述したように、いかによい学力基準であろうとも、その導入のされ方によって、ELLのような特定グループの生徒にマイナスの影響を与えることもありうるのだ。

(b) 統一テストと卒業率

　授業の変化でELLへの負担が増すことに加え、コモンコアに準拠した統一テストが、高校卒業要件として導入されることで、大きな卒業率の低下を招く恐れもある。卒業要件の1つとしてコモンコア準拠の統一テストを用いるかどうかは、現在も多くの州で議論が進んでいる。2012年には、高校卒業要件として試験を課す26州のうち8州がすでにコモンコアやそれに近い試験を卒業試験として採用しており、さらにその他10州がその予定をしていたことからも、多くの州が採用を決定する可能性が高い。しかし、従来の卒業試験でさえ合格が難しい生徒は、コモンコア準拠の卒業試験で、その多くが不合格になるだろうと予想されており、英語を第一言語として話す生徒を含め、全体的な卒業率の低下が懸念されている（Center on Education Policy 2012年9月19日）。

　ここで、米国高校の卒業率に関する一般的な話をしてみたい。教育省の発表では、2005～2006年度の全国公立校卒業率は73.4％であったが、2009～2010年度では78.2％まで上昇しており、1974年以降で最も高い卒業率を達成した。また、2010年には、すべての少数グループ（アフリカ系、ヒスパニック系、アジア系、ネイティブアメリカン）で卒業率が増加したとしている（National Center for Education Statistics, The Official Blog of the U.S. Department of Education 2013年1月23日）。以上のデータから、2002年度から始まった落ちこぼれ防止法に基づく教育改革によって、人種・民族間の卒業率格差は縮小したとみることもできる

だろう。しかし、この格差縮小は、落ちこぼれ防止法に対処するために多くの州が行なった学力基準の引き下げで、より容易に卒業が可能だったという見方もできる。もしそうであるならば、コモンコア準拠のレベルの高い統一テストが卒業要件として導入された場合、逆に卒業率の低下を招くことは十分に考えられる。

　こうした状況の中、ELL に対する影響はさらに大きくなると予想される。ニューヨーク市では、2005 年から 2012 年にかけて、全体の高校卒業率が改善したとされるが、一方で、ELL が留年なしで卒業できる率は、同時期に 5 ポイント低下した（The New York City Department of Education）。このように、ELL 以外の生徒の卒業率が上昇していても、ELL の卒業が難しくなっている場合もある。また、2005 年度の全米高校卒業試験のデータでは、読解に関する部分の ELL のテストスコアが、他の生徒より 40％も低かった（National High School Center）。こうしたことからも、ELL が学力の点で大きな負担を強いられていることがわかるだろう。コモンコア準拠の統一テストが卒業要件として用いられた場合、まず始めに大きな影響を受けるのは ELL であり、中退者が今以上に増加する可能性があるのだ。

おわりに

　学力の飛躍的上昇を目指し、すべての生徒に一様に適用されるコモンコアは、年々増加する ELL にとって大きな足かせになるだろう。彼らへの配慮を欠けば、恩恵を受ける生徒との間に大きな格差が生まれる可能性がある。それは、元来同じではない生徒を、あえて 1 つのルールで教育しようという新自由主義教育改革に基づくシステムにこそ問題がある。こうしたシステムでは、個々の生徒、各学校・地域の状況を把握した上で、それぞれに応じた援助を与えることが重要だ。

　ELL に対する適切な足場作りと、そのための教員支援の必要性など、コモンコア完全適用までに解決されなければならない課題は多い。「利を追求する視点」で、すべての生徒の学力向上を目指すコモンコアによるアメリカ教育改革は、言語的弱者への適切な支援を訴える声や、地域の状況を無視した統一的

な教育システムに反対する声などの「善を追求する視点」とのバランスを失ってはならない。コモンコアの完全適用に関して各州で繰り広げられている議論、あるいは、全米で議論されるコモンコアの賛否は、まさに、この2つの視点が交差する場なのである。

参考文献

佐貫浩・世取山洋介（編集）（2008）「新自由主義教育改革――その理論・実態と対抗軸」大月書店

津田幸男（2003）『英語支配とは何か』明石書店

Apple, Michael W. (2008). Curriculum Planning: Content, Form, and the Politics of Accountability. In F. Michael Connelly, Ming Fang He, and JoAnn Phillion (Eds.), *The SAGE Handbook of Curriculum and Instruction* (pp. 25-44). Los Angeles: SAGE Publications.

Bandeira, de Mello, V. (2011). *Mapping State Proficiency Standards Onto the NAEP Scales: Variation and Change in State Standards for Reading and Mathematics,* 2005-2009 (NCES 2011-458). National Center for Education Statistics, Institute of Education Sciences, U.S. Department of Education, Washington, DC: Government Printing Office.

Callahan, Rebecca M. (2013). The English Learner Dropout Dilemma: Multiple Risks and Multiple Resources. *California Dropout Research Project Report #19*. Gevirtz Graduate School of Education, University of California, Santa Barbara.

Center on Education Policy. Press Release: As States Embrace Higher Standards on Exit Exams, Schools and Students Will Feel the Impact: More rigorous standards will pose challenges. September 19, 2012.

The Daily News. New York teachers get five years to fully enact Common Core. February 10, 2014.

Dresslar, David. (2013). Extremists hindering Common Core. *Indianapolis Business Journal, 34*. 11. p. 9.

Jennings, J. (2003). From the White House to the School House. In W. L. Boyd & D. Miretsky (Eds.), *American Educational Governance* (pp. 291-309). Chicago: University of Chicago Press.

Michelman, Barbara. (2012). The Never-Ending Story of ESEA Reauthorization. *Policy Priorities,* 18 (1). Spring 2012.

The National Commission on Excellence in Education. (1983). A Nation at Risk: The Imperative for Educational Reform. A Report to the Nation and the Secretary of Education, United States Department of Education. April, 1983.

The New York Times. A Trial Run for School Standards That Encourage Deeper Thought. April 24, 2011.

The New York Times. Federal Researchers Find Lower Standards in Schools. October 29, 2009.

The Portland Press Herald. Common Core standards misunderstood. August 22, 2013.
Public Law 107-110: The No Child Left Behind Act of 2001. 115 Stat. 1425; enacted January 8, 2002.
Shanahan, Timothy. (2013). Letting the Text Take Center Stage: How the Common Core State Standards Will Transform English Language Arts Instruction. *American Educator, Fall*, 4-12.
Sheninger, Eric. (2013). Shifts and issues associated with the common core. *Technology & Learning*. Jan. 2013: 30.
Tienken, Christopher H., Orlich, Donald C. (2013). Translating the common core state standards. *AASA Journal of Scholarship & Practice* 10.1 (2013): 3+.
US Department of Education. A Blueprint for Reform: The Reauthorization of the Elementary and Secondary Education Act. March, 2010.
The Washington Post. Atlanta Test Cheating: Tip of the Iceberg? April 1, 2013.
World Publishing Company. Common Core proponents grow. August 25, 2013.
The Wyoming Tribune. Common Core standards get scrutiny. August 29, 2013.

オンライン文献

文部科学省（2003）「英語が使える日本人」の育成のための行動計画 Retrieved 2014/02/03 from http://www.mext.go.jp/b_menu/shingi/chukyo/chukyo3/015/siryo/04042301/011.htm.
The Common Core State Standards. National Governors Association Center for Best Practices, Council of Chief State School Officers. Retrieved 2014/01/15 from http://www.corestandards.org/.
The Common Core State Standards for English Language Arts & Literacy in History/Social Studies, Science, and Technical Subjects. National Governors Association Center for Best Practices, Council of Chief State School Officers. Retrieved 2014/01/15 from http://www.corestandards.org/the-standards.
Home School Legal Defense Association. Common Core Issues: 3. How is the federal government involved in the Common Core? Retrieved 2014/02/02 from https://www.hslda.org/commoncore/topic3.aspx.
National Governors Association Center for Best Practices, Council of Chief State School Officers. Common Core State Standards Initiative. Retrieved 2014/02/10 from http://www.corestandards.org/.
National Center for Education Statistics. The Condition of Education: English Language Learners. Retrieved 2014/02/05 from https://nces.ed.gov/programs/coe/indicator_cgf.asp.
National Center for Education Statistics. Public School Graduates and Dropouts from the Common Core of Data: School Year 2009-2010. Retrieved 2014/01/20 from http://nces.ed.gov/pubsearch/pubsinfo.asp?pubid=2013309rev.
National High School Center. High Schools in the United States. Retrieved 2014/02/8

from http://www.betterhighschools.org/pubs/documents/NHSC_FactSheet_HighSchoolsInUS2012.pdf

The New York City Department of Education. Mayor Bloomberg and Schools Chancellor Walcott Outline New York City's Historic Education Gains and Announce 2012 Graduation Rates. June 17, 2013. Retrieved 2014/02/12 from http://schools.nyc.gov/Offices/mediarelations/NewsandSpeeches/2012-2013/Grad_Rates_2012_20130617.htm.

The Official Blog of the U.S. Department of Education. High School Graduation Rate at Highest Level in Three Decades. January 23, 2013. Retrieved 2014/01/21 from http://www.ed.gov/blog/2013/01/high-school-graduation-rate-at-highest-level-in-three-decades/.

Shanahan on Literacy. Retrieved 2014/01/16 from http://www.shanahanonliteracy.com/search/label/English%20Language%20Learners.

U.S. Department of Education. Duncan Pushes Back on Attacks on Common Core Standards: Arne Duncan Remarks at the American Society of News Editors Annual Convention, Capital Hilton, Washington, D.C. June 25, 2013. Retrieved 2014/01/23 from http://www.ed.gov/news/speeches/duncan-pushes-back-attacks-common-core-standards.

U.S. Department of Education. Race to the Top Fund. Retrieved 2014/01/20 from http://www2.ed.gov/programs/racetothetop/index.html.

第5章
アメリカにおける言語格差と双方向バイリンガル教育

カレイラ松崎　順子

はじめに

　アメリカには多くの移民が在住しており、彼らの多くはヒスパニック系と呼ばれるスペイン語を母国語とする中南米出身者やその子孫で、2010年度には約5,047万人のヒスパニック系の住民がカリフォルニア州、アリゾナ州、ニューメキシコ州、テキサス州といった南西部諸州に多く居住していた（U.S. Census Bureau 2012）。彼らの貧困率は高く、また、教育の現場においても中途退学率が高くさまざまな場面においてエスニシティ間の格差ということが問題になってきた。ところでこのような格差を生み出す1つの原因として言語の問題があげられる。多くのヒスパニック系の移民は大きなコミュニティを作って、母語のスペイン語で生活しているため、英語が十分に上達しないこともある。ゆえに、英語力不足から条件のよい定職につくのが困難であることは容易に予想できる。さらに、このようなコミュニティにある小学校や中学校には英語を十分に運用できない児童が入学していることが多い。ゆえに、アメリカの連邦政府は1968年に二言語使用教育法を可決し、少数派言語の母語から英語へ移行することを目標とし、最終的には母語を喪失していくことにつながる移行型バイリンガル教育を推進してきた（Baker1996；Crawford 1992）。
　一方で、増え続けるヒスパニック系やアジア系をはじめとする非英語系人口

の増加は、アメリカにおける英語教育の危機感を高めた。特に、1980年代のレーガン政権下では保守的な風潮が顕著となり、1968年以降全米で実施されてきた移行型バイリンガル教育に対する異論が当時の連邦教育省長官や大統領から出され、補助金が大幅に削減された。さらに、U.S. English という団体を中心に英語を唯一の国語として継承していこうとする英語公用語化運動が盛んになっていった（嶋田 2012）。U.S. English の英語公用語化運動を行う背景には、移民増加、とりわけ、大量のメキシコ系の移民の流入とスペイン語使用の拡大があったといわれている（牛田 2010）。

そのような中、言語を資産と考え、少数派・多数派言語母語話者に限らず、比較的貧しい家庭の児童に2つの言語を身につけさせるため、英語の母語話者と他の言語、多くの場合はスペイン語の母語話者が両言語で共に授業を受ける（Howard, Sugarman, & Christian 2003）双方向バイリンガル教育は着実にその数を増やしていった。つまり、アメリカでは英語を憲法によって公用語として定めるよう要求する英語公用語化運動が進む一方で、相反するように見える双方向バイリンガル教育のプログラムが年々増加した。

よって、本章ではこのようなアメリカの移民問題と言語の関係をより深く理解するため、アメリカにおけるエスニシティ間の格差や貧困の問題を概観し、アメリカがそれらの問題を解決するための手段の1つとして、どのような言語政策を行ってきたのか、具体的には移行型バイリンガル教育、英語公用語化運動、および双方向バイリンガル教育の観点から明らかにしていくことにした。

1. アメリカにおける移民と貧困

アメリカには多くの移民が在住しており、彼らの多くはヒスパニック系で、特に、南西部諸州に多く居住しており、カリフォルニア州では約37％がヒスパニック系であると報告されている（U.S. Census Bureau 2012）。

ところで、アメリカの2012年度の世論調査（Carmen, Bernadette, & Jessica 2013）の結果によれば、2000年度の貧困率は全人口の11〜12％程度であったが、2012年度には15％（約4,650万人）に上昇した。エスニシティ別にみていくと、2012年度の世論調査（Carmen et al. 2013）では白人の貧困率は9.7％で、黒人は

27.2％、アジア系が 11.7％、さらに、ヒスパニック系は 25.6％であり、黒人とヒスパニック系は 4 人に 1 人が貧困者であるといえる。1980 年代をピークに黒人とヒスパニック系の貧困率は減少していったが、黒人やヒスパニック系はパートタイムなどの不安定な職に従事している人が多いため、2000 年以降の不景気の影響を真っ先に受けた。そのために彼らの貧困率が高まったのではないかと予想できる（稲葉 2012）。

さらに、児童の貧困率も深刻であり、2000 年度には 18 歳以下の児童のうち約 16％が貧困層に属していたが、2012 年度には約 22％の児童が貧困層に属するようになった（Carmen et al. 2013）。エスニシティ別にみていくと、2012 年度における白人系とアジア系の 18 歳以下の貧困率が 10 ％台なのに対して、黒人とヒスパニック系の約 30％以上の児童が貧困層に属していた（Carmen et al. 2013）。

ところで、このようにヒスパニック系の貧困率が高いのはなぜであろうか。Sullivan & Ziegert（2008）はヒスパニック系の貧困率を高める原因は学歴の低さと英語力の低さであり、特に、メキシコ移民の高い貧困率は世帯主の学歴が低いことや子どもの数が多いこと、さらには英語力が低いことが関係していると述べている。

以上のことから、アメリカにおけるヒスパニック系の数は増え続けているが、依然として貧困の家庭が多く、このような問題を引き起こす原因の 1 つとして言語の問題があげられる。次では、アメリカが移民の言語問題をどのように扱ってきたのかを概観していく。

2. 移行型バイリンガル教育

アメリカでは、第 2 次世界大戦以降公民権運動などの影響で各民族集団がエスニシティを主張し始め、移民やその子どもたちのアイデンティティを形成させるため、彼らの文化や母語を尊重しながら、英語教育を推進しようとする English Plus を推進してきた（嶋田 2012）。1968 年には連邦議会で二言語使用教育法が可決され、移行型バイリンガル教育が始まった（Crawford 1992）。移行型バイリンガル教育のうちアメリカの連邦政府や州の教育政策で取り上げら

れたものは、後述するサブマージョン、特別補習クラス付きサブマージョン、および移行型の3つである（末藤 2002）。

　サブマージョンとは、英語以外を母語とする児童を対象に彼らを英語で行われている通常の授業に参加させて英語を習得させるものである（Baker 1996）。特別補習クラス付きサブマージョンというのは、英語を第二言語として教えるESL（English as Second language）プログラムなど少数派言語の児童に対して特別な補習クラスを準備して英語を教える方法である（Baker 1996）。Skutnabb-Kangas（1981）はよくわからない言語で何かを学ぶとき高度の集中力が必要となり授業の内容まで理解することは難しいため、ストレス・自信喪失・疎外感などが生じやすく、また、母語やそれを話す家族に対してもマイナスのイメージを持つようになると述べている。

　移行型はある程度の期間、少数派言語で授業を受けた後に、英語クラスに移るというもので、早期修了型という最長2年間の母語を使用するものと後期修了型の6年間母語を使用するものがある（Baker 1996）。早期修了型のバイリンガル教育を受け、1～2年で英語クラスに移された場合、友だちとの会話などは流暢に見えるが、実際の授業についていくだけの英語の能力が十分に発達していないことが多いため、当然授業にはついていくのが難しいなどの問題があげられている（Crawford 1992）。

3. 英語公用語化運動

　80年代のアメリカは財政赤字の増大に見舞われ、教育予算が大幅に削減された。1985年から3年間レーガン大統領政権の下で連邦教育長官を務めたベネットは移行型バイリンガル教育に対する反対派として知られており、英語以外を母語とする児童にはバイリンガル教育ではなく、英語教育を行うべきだと主張し、補助金を大幅に削減した（牛田 2010; 嶋田 2012）。

　一方で、U.S. English という団体を中心に英語を唯一の国語として継承していこうとする英語公用語化運動が盛んになっていった。U.S. English とは首都のワシントンに本拠を置く非営利団体で、カリフォルニア州選出の上院議員をつとめた S.I. ハヤカワにより 1983 年に設立された。U.S. English は もともと

は移民を排斥するために作られた組織であったが、1993年に代表に就任したムジーカは、移民排斥という本音を隠し、英語をアメリカの公用語にするという戦術に大きく転換した（末藤 2009）。

1998年にカリフォルニア州でバイリンガル教育を廃止する法案、提案227号が採択され（Crawford 1992; 松原 2002）、その後も英語を公用語とする法案が各州において次々と成立していった。現在（2014年2月）、全米で31州が英語公用語化宣言を行なっている（US States with Official English Laws 2014）。

4. 双方向バイリンガル教育

上述したように、移民の児童のために始まった移行型のバイリンガル教育はあまり芳しい結果が得られず、さまざまな批判を受け、アメリカ全土で英語公用語化が進んでいった。

一方で、2000年以降人種を問わず貧困層が増え続け、2012年度には約1割の白人が貧困層に属しており（Carmen et al. 2013）、貧困の問題はアメリカ社会全体の問題となっていった。ゆえに、移民の児童だけではなく白人系、すなわち多数派（英語）母語話者の児童も恩恵が受けられる双方向バイリンガル教育はアメリカ社会に受け入れられ、毎年増加していったのであろうと思われる。

双方向バイリンガル教育とは、英語の母語話者と他の言語、多くの場合はスペイン語の母語話者が両言語で共に授業を受けるものであり（Howard et al. 2003）、英語を母語とする児童にも少数派言語を母語とする児童にも有益なプログラムである。従来のバイリンガル教育では英語以外の言語は英語に移行するまでの暫定的な言語として位置付けていたものを双方向バイリンガル教育では英語以外の言語を資産として扱っている。双方向バイリンガル教育は、アメリカで1960年代にマイアミのデイド郡の公立小学校で始まった（Lessow-Hurley 2004）。双方向バイリンガル教育は、いろいろな名前で呼ばれており、bilingual immersion、two-way bilingual immersion、two-way immersion、two-way bilingual などがある（Lindholm-Leary 2001）。アメリカの応用言語学センターでは双方向バイリンガル教育を次のような基準で定義し、このような基準に当てはまる学校を双方向バイリンガル教育が行われている学校とみなしている

（Howard & Sugarman 2001）。

1） 少数派言語と多数派言語の児童が少なくともすべての学年で1日50％以上一緒に授業を受けている。
2） すべての児童に少数派言語と多数派言語の両方で授業を行う。
3） 少数派言語と多数派言語の児童数は均等になるようにし、それぞれの言語の児童数は全体の3分の1から3分の2を占めるようにする。

また、昼食が無料または割引になる資格を得ている家庭が双方向バイリンガル教育を行っているプログラムに入れる条件になっており、それらの資格は収入で決められているため比較的貧しく学力も低い児童が入ってくることが多い（Howard & Sugarman 2001）。すなわち、少数派言語母語話者の児童のみならず、多数派言語母語話者の児童においても比較的貧しい児童が双方向バイリンガル教育に入ってくることが多い。

双方向バイリンガル教育は大きく分けると二種類あり（Cloud, Genesee, & Hamayan 2000）、1つは90/10（ninety ten）と呼ばれるもので、最初は少数派言語の授業が80〜90％を占めており、その後、学年があがるにつれて英語を使用する授業を徐々に増やしていき、小学5・6年生になるまでに、2つの言語を使う割合を同じにしていく。もう1つのプログラムは最初から少数派言語と英語を使用する授業を同じ時間数だけ行うもので、50/50（fifty fifty）と呼ばれている。

双方向バイリンガル教育の目標には次の四つがあげられている（Howard et al. 2003）。

1. 少数派言語の児童は彼らのスペイン語などの母語を、多数派言語の児童つまり英語母語話者は英語を十分に発達させる。
2. すべての児童が第二言語を高いレベルに到達させる。双方向バイリンガル教育は少数派言語と多数派言語両方の児童が付加的バイリンガルとなることを目標とする。
3. 少数派言語と多数派言語の児童の教科の達成度が学年レベルまたはそれ

表1 双方向バイリンガル教育を行っているプログラム数の毎年の変化

年	新しいプログラム	合計	年	新しいプログラム	合計
1962	1	1	1991	7	39
1971	2	3	1992	14	53
1972	0	3	1993	12	65
1973	0	3	1994	9	74
1974	1	4	1995	19	93
1975	2	6	1996	26	119
1976	0	6	1997	23	142
1977	1	7	1998	27	169
1978	0	7	1999	28	197
1979	1	8	2000	33	230
1980	1	9	2001	27	257
1981	0	9	2002	17	274
1982	3	12	2003	19	293
1983	2	14	2004	23	316
1984	0	14	2005	15	331
1985	1	15	2006	22	353
1986	6	21	2007	17	370
1987	0	21	2008	9	379
1988	2	23	2009	19	398
1989	2	25	2010	16	414
1990	7	32	2011	8	422

出典：応用言語学センター、2014a: 2014年1月30日に参照

以上に到達することを目標とする。
4. 双方向バイリンガル教育のすべての児童は異文化に対して肯定的な態度と行動をとる。

1960年代初めにはじまって以来、最初の20年間は双方向バイリンガル教育を行う学校の数も少なく、資料もあまり残されていない（Howard & Sugarman 2001）。**表1**は双方向バイリンガル教育の毎年の増加率を表している。これは現在でも双方向バイリンガル教育のプログラムを行っている学校のみ記載しており、つまり、現在双方向バイリンガル教育のプログラムを行っていない学校はここには含まれていない。

表1からわかることは、1970年代には双方向バイリンガルを行っているプログラム数はほとんど変化しておらず、毎年多くても2校増加している程度で

表2　双方向バイリンガル教育を行っているプログラムの使用言語

使用言語	プログラム数
スペイン語／英語	394
中国語／英語	12
フランス語／英語	6
日本語／英語	6
韓国語／英語	6
ドイツ語／英語	2
イタリア語／英語	1
合計	427

出典：応用言語学センター、2014b: 2014 年 1 月 30 日に参照

あった。一方、1980 年代に入るとほぼ毎年 1 桁ずつ増加しはじめ、1990 年代に入ると双方向バイリンガル教育を行っているプログラム数が急激に増え、特に 1992 年以降、双方向バイリンガル教育を行っているプログラム数が毎年 2 桁代で増加しはじめた。これは 1990 年から 1996 年の間、連邦政府教育省の支援によりカリフォルニア大学サンタクルーズ校に National Center for Research on Culture Diversity and Second Language Learning（NCRCDSLL）が設立され、大学の研究者、地域の教育行政担当者や現場の教師が連携を取りながら双方向バイリンガル教育を推進するためにさまざまな研究や実践を行ったためであると思われる（奥田 1998）。その後も毎年 10 〜 20 校前後双方向バイリンガル教育を行っているプログラムは増加していった。

　応用言語学センター（2014b）によると、双方向バイリンガル教育を行っているプログラム数は全米で 427 あり、スペイン語と英語の双方向バイリンガル教育を行っているプログラム数が 394 と圧倒的に多く、ついで中国語と英語は 12、フランス語と英語は 6、日本語と英語は 6 であった（**表 2** を参照）。カレイラ（2008）と比較すると、2006 年度には広東語と英語のプログラム数が 4、韓国語と英語が 4、さらに日本語と英語が 1 のみであったことから、日本語、中国語、韓国語などアジア系の言語の双方向バイリンガル教育がここ数年増加していることがわかる。

　奥田（2003）はアリゾナ州にある英語とスペイン語の双方向バイリンガル教育を行っているホールドマン小学校の事例報告を行い、教師は以下のような授業ストラテジーを使用していたと述べている（奥田 2003、pp.88-89）。

（1） 子どもたちが気軽に発言し、言語の意味を把握しようと折衝することのできる雰囲気を作る。
（2） 子どもたちの個性や文化的な背景を生かし大切にする。
（3） 子どもたちの言語使用において、異なった文化的パターンがあることに配慮する。
（4） 多様性を重視して、できるだけ異なったアイディアを歓迎する。
（5） 子どもたちが積極的に挑戦してみたくなるような授業展開をする。
（6） 子どもたちの発言（貢献）は些細なことでも無視せずに、大切にする。
（7） 活発な話し合いを奨励する。
（8） 書き言葉を含む学習活動を重視する。
（9） 子どもたちが提供した情報を中心に扱う。
（10） 子どもたちが自主的に発表の順番を決め、全員が参加できるような授業にする。
（11） より複雑な言語・表現を引き出すように工夫する。
（12） 答えがわかっている質問は最小限に抑える。
（13） 先生は発言をできるだけ控えて、子どもたちの話したり発表したりする機会を増やす。
（14） 言語のインプットが理解可能であり、興味深く、適切な量であるように最善を尽くす。
（15） 既知の知識を活用する。
（16） テーマに関連のあるディスコースがより多く展開されるように支援する。
（17） 理解の共通基盤を育てる。
（18） 子どもたちが陳述、立場、論点の根拠をはっきり述べることができるように支援する。

ところで、双方向バイリンガル教育のプログラムに参加した児童は英語や少数派言語をどの程度習得できるのだろうか。Lindholm-Leary（2001）は英語母語話者であるなら英語が、スペイン語母語話者であるならスペイン語がかなり高いレベルにまで到達し、プログラムのタイプによる違いは英語母語話者には見られないが、スペイン語母語話者は90/10のプログラムを受けた児童のほう

が、50/50を受けた児童よりもスペイン語が堪能になっていたと報告している。Alanísa（2000）は最低3年間以上英語とスペイン語の双方向バイリンガル教育に参加した小学5年生を対象に彼らの言語力の調査を行った結果、双方向バイリンガル教育に参加したほとんどの児童の英語力は十分発達していたが、一方で、英語母語話者の児童のスペイン語はあまり発達していなかったことを報告している。López & Tashakkori（2004）は双方向バイリンガル教育のプログラムに参加した児童と英語のみで教授されるプログラムに参加した児童の英語の読み書きの能力を比較した結果、プレテストにおいては双方向バイリンガル教育に参加した児童の英語の読み書き能力は英語のみで教授されるプログラムに参加した児童よりも低かったが、ポストテストにおいては有意な差は見られなくなったと述べている。Lindholm-Learya & Block（2010）は双方向バイリンガル教育プログラムに参加したヒスパニック系の小学生と英語のみで教授されるプログラムに参加したヒスパニック系の小学生の英語力の比較を行った結果、双方向バイリンガル教育のプログラムに参加したヒスパニック系の小学生は英語のみで教授されるプログラムに参加したヒスパニック系の児童と比較して英語力が同等かそれ以上であったと報告している。

　一方、スペイン語と英語以外の双方向バイリンガル教育の調査もいくつか行われており、Bae & Bachman（1998）は韓国語と英語の双方向バイリンガル教育を調査した結果、英語母語話者の間では韓国語の読みがあまり伸びない傾向にあり、韓国語母語話者は、英語母語話者よりもバランスの取れたバイリンガルになっており、韓国語を書く能力においても英語母語話者より上回っていたと述べている。また、Bae（2007）は韓国語と英語の双方向バイリンガル教育を受けた児童は英語を書く能力において他のタイプのバイリンガル教育に参加している児童と比べて劣っていないことを示している。

　では、主要教科の成績はどうであろうか。Thomas & Collier（2002）は90/10の双方向バイリンガル教育に参加しているスペイン語母語話者の児童が他のタイプのバイリンガル教育に参加しているスペイン語母語話者の児童よりもよい成績を収めており、さらに、双方向バイリンガル教育のプログラムに参加した英語母語話者は彼らの母語である英語を維持しながら、第二言語としてのスペイン語を習得し、すべての教科において英語のみの学校に通っている同年代

の児童よりも同等かそれ以上の成績を収めており、また、中退する児童も明らかに少なかったと報告している。Alanísa（2000）は最低3年間以上英語とスペイン語の双方向バイリンガル教育に参加した小学5年生を対象に彼らの学力の調査を行った結果、双方向バイリンガル教育に参加した児童のほとんどは参加していない児童と同等かまたはそれ以上の学力を示していたことを証明している。さらに、Lindholm-Leary & Borsatoz（2005）は小学生の時から双方向バイリンガル教育のプログラムに参加している中高校生を対象に調査を行った結果、双方向バイリンガル教育のプログラムに参加したヒスパニック系の中高校生は、貧困で親の学歴が低い家庭の学生が多かったにもかかわらず、数学に対して肯定的な態度を持っており、平均か平均以上の数学の学力を持っていたと報告している。

　以上のことから双方向バイリンガル教育は、少数派言語母語話者の児童にも英語母語話者の児童にも有効なプログラムであり、英語に関していえば、英語母語話者はもちろん少数派言語話者もほとんど問題のない程度まで習得できる。少数派言語においても少数派言語母語話者の児童はかなりの程度まで自分たちの母語を習得できる。さらに、教科においても平均並みかそれ以上の成績を収めており、他のプログラムと比べて中退率も低いなど、さまざまな効果が期待できるといえるであろう。

　一方で、Crawford（2004）は双方向バイリンガル教育が無批判に支持されていることに対して批判を述べており、今まで行われてきた双方向バイリンガル教育の研究結果に対して方法やサンプルに問題があることを指摘している。たとえば、上記で述べたLindhom-Leary（2001）においては対照研究がなされていないことやThomas & Collier（2002）の研究においては実験群の児童がプログラム開始時にすでにきわめて高い第二言語の能力を示していたことを指摘している。さらに、Valdés（1997）は、双方向バイリンガル教育においては少数派言語母語話者のみならず英語母語話者の言語運用能力を高めることで、英語母語話者を経済的に優位に立たせ、その結果少数派言語母語話者の特権であった二言語使用能力において競争力を失うことになり、少数派言語母語話者の社会的地位を低めてしまうのではないかと危惧している。

　さらに、カリフォルニア州では双方向バイリンガル教育を行っている5校に

1校が州レベルの10段階評価で最低の1ランクに位置付けられており、これらの学校では児童は圧倒的多数をヒスパニック系の児童が占めている。つまり英語母語話者として双方向バイリンガル教育のプログラムに入ってきた児童のほとんどはヒスパニック系の児童であり、白人児童はごく少数に限られており、英語母語話者とスペイン語母語話者との間にエスニシティの違いがほとんど見られず、実質は主にヒスパニック系の児童のみのプログラムになっている（牛田2010）。

このように双方向バイリンガル教育に対するいくつかの批判はありながらも、英語公用語化が進むなか、双方向バイリンガル教育は毎年増え続けてきた。牛田（2010）は「バイリンガル教育廃止法案成立と双方向バイリンガル教育の発展は、アメリカ社会における主流言語とマイノリティ言語間の格差の反映である」（p.149）と述べている。一見すると英語公用語化と双方向バイリンガル教育の動きは相反するように見えるが、今日のように移民だけでなく、白人の中にも貧困層が増え続けている社会においては、少数派言語母語話者だけに利益のある移行型バイリンガル教育を継続していくことは困難なことなのであろう。よって、英語母語話者も恩恵を受ける双方向バイリンガル教育があまり批判を受けずに社会に受け入れられ、徐々にその数を伸ばしていったのだろうと推測できる。

おわりに

アメリカでは貧困層が増えるなか、1997年以降英語公用語化に社会が傾いている一方で、従来の移行型バイリンガル教育は減少傾向にありながらも、少数派言語話者のみならず多数派言語話者にも利益のある双方向バイリンガル教育は毎年増え続けてきた。これは貧困と格差がすすむアメリカ社会では移民のことだけを考えたバイリンガル教育に予算を投入することは難しいため、その折衷案として双方向バイリンガル教育を提供しているというのが本音であろう。しかし、エスニシティを問わず、比較的貧困層に属する児童に複数の言語や文化に精通させることにより、教育の現場における関係性の変革と平等を実現し、社会における格差を是正していこうとする双方向バイリンガル教育はグローバ

ル化が進み、格差が広がっている今日の日本においても注目すべきプログラムであるといえるであろう。

参考文献

稲葉美由紀（2012）「アメリカの拡大する貧困と格差——資産格差と医療費負担の視点から」『九州大学大学院言語文化研究院言語文化論究』第28号、87-104.
牛田千鶴（2010）『ラティーノのエスニシティとバイリンガル教育』明石書店.
奥田邦男（1998）「アメリカ合衆国における双方向バイリンガル教育——現状と将来の展望」『広島大学日本語教育学部紀要』第8号、1-9.
奥田久子（2003）「アメリカにおけるバイリンガル教育の動向：双方向バイリンガル教育を中心に」『人間環境学研究』第2号、77-91.
カレイラ松崎順子（2008）「双方向バイリンガル教育——日本の初等英語教育での実現可能性と示唆」『国際教育評論』第5号、63-76.
島田和幸（2012）「アメリカにおける学校アカウンタビリティと教育言語政策——アリゾナ州での移民児童生徒教育を中心に」『九州大学大学院教育学コース院生論文集』第12号、1-15.
末藤美津子（2002）『アメリカのバイリンガル教育——新しい社会の構築をめざして』東信堂.
末藤美津子（2009）「アリゾナ州における英語公用語化運動——少数言語者の言語権に注目して」『東京未来大学研究紀要』第2号、41-50.
松原好次（2002）「アメリカの公用語は英語？——多言語社会アメリカの言語論争」河原俊昭（編）『世界の言語政策——多言語社会と日本』くろしお出版、9-40.
Alanísa, I. (2000). A Texas two-way *bilingual program: Its effects on linguistic and academic achievement. Bilingual Research Journal 24*: 225-248.
Bae, J. and Bachman, L. F. (1998) A latent variable approach to listening and reading: Testing +factorial invariance across two groups of children in the Korean/English two-way immersion program. *Language Testing 15*: 380-414.
Bae, J. (2007) Development of English skills need not suffer as a result of immersion: Grades 1 and 2 writing assessment in a Korean/English two-way immersion program. *Language Learning 57*: 299-332.
Baker, C. (1996). *Foundations of Bilingual Education and Bilingualism* (2nd ed.). Clevedon: Multilingual Matters.
Carmen D-W, and Bernadette D. P, and Jessica C. S. (2013). Income, Poverty, and Health Insurance Coverage in the United States: 2012 Current Population Reports. *U.S. Department of Commerce Economics and Statistics Administration U.S. CENSUS BUREAU.* Retrieved 2014/04/02 from https://www.census.gov/prod/2013pubs/p60-245.pdf.
Crawford, J. (1992). *Hold Your Tongue*. Massachusetts: Addison-Wesly.
Crawford, J. (2004). Has two-way been oversold? *The Bilingual Family Newsletter 21*: 3.
Cloud, N., Genesee、F., and Hamayan, E. (2000). *Dual Language Instruction: A Handbook for*

Enriched Education. Boston: Thomson Heinle.
Center for Applied Linguistics.(2014a). *TWI Directory Tables Growth of TWI Programs, 1962-Present*. Retrieved 2014/04/02 from http://www.cal.org/twi/directory/growthtable.htm
Center for Applied Linguistics. (2014b). *TWI Directory Tables Languages of Instruction in TWI Programs, Aggregated*. Retrieved 2014/04/12 from http://www.cal.org/twi/directory/language.htm
Howard, E. R., and Sugarman, J. (2001). *Two-way Immersion Program: Features and Statistics Digest*. Retrieved 2014/04/12 from http://www.cal.org/resources/digest/0101twi.html
Howard, E. R., Sugarman, J., and Christian, D.(2003). Trends in two-way immersion education: A review of research. *Center for Applied Linguistics Report 63*. Retrieved 2014/04/012 from http://www.csos.jhu.edu/crespar/techReports/Report63.pdf.
Lessow-Hurley, J.(2004). *The Foundations of Dual Language Instruction (4th ed.)*. Boston: Pearson Education.
Lindholm-Leary, K. J. (2001). *Dual Language Education. Clevedon:* Multilingual Matters.
Lindholm-Leary, K., and Block, N. (2010). Achievement in predominantly low SES/Hispanic dual language schools. *International Journal of Bilingual Education and Bilingualism, 13*: 43–60.
Lindholm-Leary, K., and Borsato, G.(2005). Hispanic high schoolers and mathematics: Follow-up of students who had participated in two-way bilingual elementary programs. *Bilingual Research Journal 29*: 641-652.
López, M. G., and Tashakkori, A.(2004). Effects of a two-way bilingual program on the literacy development of students in kindergarten and first grade. *Bilingual Research Journal 28*: 19–34.
Skutnabb-Kangas, T. (1981). *Bilingualism or Not: The Education of Minorities. Clevedon*: Multilingual Matters.
Sullivan, D. H., and Ziegert, A. L. (2008). Hispanic immigrant poverty: Does ethnic origin matter? *Population Research and Policy Review 27*: 667-687.
Thomas, W. P., & Collier, V. P. (2002). *A National Study of School Effectiveness for Language Minority Students' Long-term Academic Achievement*. Retrieved 2014/04/02 from http://www.usc.edu/dept/education/CMMR/CollierThomasExReport.pdf
U.S.English. (2014). *U.S.States with Official English Laws*. Retrieved 2014/04/012 from http://www.us-english.org/view/13
U.S. Census Bureau. (2012). *Statistical Abstract of the United States* (131st Edition). Retrieved 2014/04/01 from http://www.census.gov/compendia/statab/.
Valdés G. (1997). Dual-Language Immersion Programs: A Cautionary Note Concerning the Education of Language-Minority Students. *Harvard Educational Review Fall:* 413–430.

第6章

ニュージーランドのマオリ語教育に関する考察
―― バイリンガル教育における文化的格差 ――

蒲原 順子

はじめに

　本稿は、ニュージーランド先住民マオリ族（Maori 以降マオリ）の言語政策について2つの視点から考える。1つはマオリの母語継承のための言語教育に関する視点、もう1つは、社会言語的・文化的格差の問題についての視点である。まず、現在のマオリの置かれている環境について概観した後、マオリの歴史と共にマオリに対する言語政策の変遷を把握する。続いて、近年見られる英語媒体の教育機関における英語とマオリ語（te reo Maori）のバイリンガル教育、マオリ語のみのイマージョン教育について、さらに、高等教育におけるマオリ語イマージョンについて、その成果や問題の報告などを参考に言語面、社会文化的な面から分析、考察を行なう。最後に、マオリ語の言語政策の背景にあるパケハ（白人）対マオリという構図から見える言語と文化の格差の問題から、その根本的な原因であるグローバリゼーションの問題を浮き彫りにしたい。

1. ニュージーランドマオリについて

(1) マオリの人口推移と使用言語
　ニュージーランド政府の2014年3月の国勢調査によれば、現在ニュージー

ランドに住むマオリの数は約60万人で、約450万人の全人口の14.9％を占め、22年前の人口と比べると40％ほど増えている。この国勢調査では、マオリの人口は2021年には現在よりも17万人増えると予想している。アオテアオラ ニュージーランド（Aoteaora Newzealand アオテアオラとは、マオリ語で「白く長い雲」を意味する）に白人が上陸した頃のマオリの人口は約20万人程度（Sinclair 1957）と推測されるが、その後減り続け、1896年には4万2,000人に減少しマオリの絶滅が危惧された時期があった（Durie 1998）。この推移を見れば、今日のマオリの人口と将来のマオリの予測人口は驚くべき数といえるであろう。

次に言語についてみると、ニュージーランドの公用語は、英語、マオリ語、ニュージーランド手話である。しかし、現実には英語が圧倒的に優勢で、ニュージーランドをモノリンガルの国と見なすひとは多い。マオリの約95％は英語を使用しており、マオリ語で会話をすることができるマオリの数はマオリ全体の21.3％（12万5,352人）で、その中で35歳から60歳までのグループが最も多く40％で次が15歳以下の26％である。

（2）マオリの歴史

マオリの祖先は、10世紀頃からニュージーランドに移住してきたポリネシア系民族で、14世紀半ばには、大船団（Great Fleet）でやってきたと伝えられている（伊藤2007；平松ほか2000）。1769年にイギリス人の海洋探検家キャプテン・クックが北島東部に上陸した時には、40以上の部族（iwi）が住んでいたが、部族の間に統一や国家という概念はなかった。それが、マオリという呼称（本来の意味は「普通」「正常」）で表されるようになったのは、白人と接触して1つの統一された集団としての呼称が必要になったからである（Durie 1998：53；Williams 1971：179；伊藤2007：37）。マオリの歴史の中で最も重大な出来事は、1840年にニュージーランド政府との間に交わした「ワイタンギ条約」によりマオリの土地の統治権をイギリス女王に譲渡したことだろう。このことは、その後のマオリの権利復興運動の中心的な問題となり、今もニュージーランド政府とマオリの間にしこりを残している（岡戸2004；平松 ほか2001）。そして、土地だけでなく、彼らの言語も一時は失われる寸前の段階まで達した。これは、1860年代以降のニュージーランド政府による「同化政策」によるところが多

い。「同化政策」は1960年代まで続いたが、次により強化された「統合政策」へと移行される。それが、「共生主義」政策へと路線を変えていったのは1970年代になってからである。そして、一時的な「同化政策」への揺り戻しがあったものの、1980年以降は「二文化主義」「共生主義」路線に転じ、マオリの自律、自治が公的に保証されるようになった。しかしながら、社会的、経済的に見れば、マオリは依然白人の傘の下にいるといえるだろう。

2. マオリに対する言語政策

(1) マオリに対する言語政策の歴史的推移

次に、マオリ語が白人の同化政策によって消滅の危機を経験したのち生き残り今に至るまでを歴史的に概観する。

1816年に白人が最初のミッション学校を設立したときにはマオリ語の読み書きが導入されており、ミッション校ではマオリ語による授業が行なわれたという（伊藤2007：74）。しかし、1840年代以降はニュージーランド政府のマオリに対する同化政策が行なわれる。1867年に原住民学校法（Native School Act）により原住民学校がつくられ、英語による授業に補助金を与えるという条件がつけられ（21条）、英語での授業が促進されていく。さらに、1877年の教育法（The Education Act 1877）の成立によって、「ニュージーランドにおける本流の学校教育からマオリ語が完全に閉め出されることになった」（松原2012：25）といわれる。そして、1886年の教育改正令（The Revised Code 1886）で生徒の言語力が教師の評価につながるようになってからは、ますますマオリ語の排斥に拍車がかかる。そしてついに、マオリ語はクラスの中だけでなく私語においても禁止され、マオリ語を話したものには厳しい体罰も与えられた（松原2012：26）。また、松原（2012：25）によれば、マオリ自身も母語を捨て去ろうとした向きもあったとして、1871年にマオリの国会議員たちが、マオリの子どもたちが英語のみの教育を受けることができるような措置を講じるように迫った事例や、1877年に「学校内ではマオリ語を一切禁止すべきである」という内容を含んだ請願をマオリ自身が国会に出したという事例を報告している。こうして、マオリ語は教育の場で使われなくなり、日常生活

においても次第に使われなくなっていった。デュリー（Durie 1998：60）によれば、1913 年には約 90％のマオリ小学校の子どもはマオリを話すことができたが、1953 年には 26％にまで下がり、1975 年には 5％にまでなった。これには、第 2 次世界大戦後の「マオリの都市化」が間接的に関係している。戦後職を求めて都市部に住むようになったマオリは、白人社会に入り込む必要があったが、教育的水準の低さが壁となった。1960 年に出されたハン報告書により学業不振の原因は英語力の不足にあると判断され、さらに強固な英語教育が推進されていった（岡戸 2004）。こうしてマオリは母語喪失の危機に瀕していくのであるが、この流れを食い止めようとする動きがマオリとニュージーランド政府の 2 方向から現われる。まずニュージーランド政府は 1970 年の「マオリ教育に関する諮問委員会」で、カリキュラムにマオリ語教育を含むことを勧告し（平松ほか 2000：189）マオリ語政策は「転換」の方向へ向かう。これにより、教員養成学校でのマオリ研究講座、小中学校でのマオリ語の授業、英語とマオリ語のバイリンガル学校の設立などのマオリ語政策が進められて行った。マオリ側からは、1980 年代に入ってマオリの指導者たちの「コハンガ・レオ」（Te Kohanga reo 言葉の巣）運動が起こり、その流れの中で 1982 年にマオリ幼稚園（コハンガ・レオ）が設立された。これは、0 歳から 6 歳までの子どもを対象としたトータル・イマージョン[1]である。さらに、1984 年には、このマオリ幼稚園で過ごした子どもたちの受け皿として、最初のトータル・イマージョン小学校であるマオリ語小学校（クラ＝カウパパ Kura Kaupapa Maori）が作られた。このような流れの中で 1987 年にマオリ言語法が成立しマオリ語は公用語となった。

（2）バイリンガル教育とイマージョン教育

　マオリ語のバイリンガル・イマージョン教育を考える前に、バイリンガル教育、イマージョン教育について、一般的な意味を確認しておきたい。バイリンガル教育とは、2 言語で学校教育を行なうものである（メイほか 2004）。目標とするのは、2 言語を同等に操ることができ、学業も 2 言語で成果を上げることにある。イマージョン教育は、バイリンガル教育の一形態であり、母語もしくは第一言語以外の言語（第二言語）で教科を学ぶことである。一般に最低 50％を対象言語で行なう場合をイマージョンという。これ以下の比率のイマージョンは

表1　ベーカー（2001:194）のバイリンガル教育プログラムタイプ（一部）

形態	プログラムタイプ	生徒のタイプ	教授言語	社会的教育的目標	目標とする言語的成果
弱い形態	サブマージョン（限定的イマージョン）	少数言語話者	多数言語	同化	モノリンガリズム
	移行型	少数言語話者	少数言語から多数言語へ移行	同化	相対的モノリンガリズム
	主流（外国語教授）	少数言語話者	多数言語をL2またはFLとして	限定的な言語強化（enrichment）	限定的バイリンガリズム
強い形態	イマージョン	多数言語話者	L2に重きを置いたバイリンガル	多文化主義と言語強化（enrichment）	バイリンガリズムとバイリテラシー
	維持／継承言語	少数言語話者	L1に重きを置いたバイリンガル	母語維持、多文化主義言語強化（enrichment）	バイリンガリズムとバイリテラシー
	双方向／二重言語	少数言語話者と多数言語話者の混合	少数言語と多数言語	母語維持、多文化主義言語強化（enrichment）	バイリンガリズムとバイリテラシー

出典：メイたち（May, Hill & Tiakiwa 2004）を参考に作成。（維持／継承言語プログラムにおける教授言語にL1とあるのは少数言語話者の母語と見なしてよい）

パーシャル・イマージョンと呼ばれる。バイリンガル教育では2言語の習得に同様な重きが置かれるが、イマージョン教育では第二言語を使った教授に重きが置かれる。イマージョン教育の場合は、母語または第一言語が家庭や地域で話されている環境が一般的であるので、よほどのことがない限り母語または第一言語を失うことはない。そして、第二言語でイマージョン教育を受けた生徒は、母語（または第一言語）での学業成績が母語のみで教科を学んだ生徒と同等かもしくはそれ以上であるといわれている（Genesee, 1987, 2004; Cloud ほか 2000; Lindholm-Leary 2001）。つまり、イマージョン教育では2言語の同等な発達が期待できるということである。マオリに対す言語政策をバイリンガリズムの観点から眺めるために、ベーカー（Baker 2011：194）のバイリンガル教育のモデルを参考としたい。**表1**はベーカー（2001：194）の作成したバイリンガルモデルの一部である。ベーカーは、バイリンガル教育を「弱い形態（weak form）」と「強い形態（strong form）」に大別している。「弱い形態」は、「同化」を目的とした第二言語習得で、第一言語を喪失するのでモノリンガリズムである。このような形態はマイナスのバイリンガリズムであるので、減算的（subtractive）

である。「強い形態」はバイリンガル、バイリテラシー（2つの言語で読み書きができること）を目標とし、言語を豊かに（強化）する（enrichment）ので加算的（additive）である。バイリンガル教育の目標は後者のほうが望ましいといえるだろう。

（3）バイリンガリズム的枠組みから見たマオリに対する言語政策の推移

次に、マオリに対する言語政策の変遷をバイリンガリズムの観点から俯瞰してみたい。**表2**は、1816年にマオリの子どもたちがミッション学校に通うようになってから1989年にマオリ語を教える教員養成のための大学が設立されるまでの間のマオリ語に関する学校の設立を軸にして作成したものである。**表2**の「教育言語」の項目で明示しているように、1867年の原住民学校の設立から100年あまりの間に英語とマオリ語の立場が逆転している。ミッションスクールと原住民学校ではマオリの子どもたちにとってマオリ語が第一言語[2]、英語が第二言語[3]であるが、マオリ幼稚園、マオリ小学校、マオリ中等学校では、英語が第一言語、マオリ語が第二言語である。初期のサブマージョンというのは、たとえば、日本人の子どもが親の転勤などで英語圏に住み現地の学校で教育を受けるというようなものである。この場合、「言語の理解のためのサポートは一切なく、母語の発達には注意が払われない」。マオリの子どもたちは、当時、英語メインストリーム校で英語を母語とする生徒の中に混じって授業を受けた。ただし、ミッション学校や初期の原住民学校については、マオリ語が部分的に授業に取り入れられていた（伊藤2007：74, 77）といわれているので、厳密に言えば、準サブマージョンといった方がより正確であろう。しかし、次第にミッションスクール、原住民学校ではマオリ語の使用を禁止し、言語的同化を目指すので「移行型」の減算的バイリンガリズムである。これとは逆に、1980年代以降設立されたマオリ語イマージョン幼稚園、マオリ語イマージョン小学校、英語とマオリ語のバイリンガル校の3者は、英語とマオリ語のどちらかを損なうことがない点で加算的バイリンガリズムである。家庭でも社会でも英語を第一言語として生活している子どもが教室の中だけ第二言語であるマオリ語を学ぶ。この点では、マオリ語イマージョンは、英語圏に住むカナダの子どもたちに対するフレンチ・イマージョンと似ている。ただし、マオリ語は

表2　バイリンガリズム的観点から見たマオリの子どもに対する学校教育の推移

年	学校	授業形態	教育言語	社会的・教育的目的	成果目標	マオリにとっての第一言語と第二言語	備考
1816	ミッション系学校	サブマージョン	英語	同化	モノリンガリズム	マオリ語＝L1／英語＝L2	初期にはマオリ語による授業が行われたが、1847年の教育条例の制定により英語による授業への補助金支給が始まり同化政策が推進されていく。
1867	原住民学校	イマージョン型	英語	同化	モノリンガリズム	マオリ語＝L1／英語＝L2	1867年原住民学校法（1968年廃止）
移行期 (マオリ語を話すマオリの子どもの比率：1913年には約90％、1953年には約26％、1975年には約5％)							
1977	バイリンガル校	イマージョン	英語とマオリ語	母語継承	バイリンガリズム	マオリ語＝L2／英語＝L1	
1982	コハンガ＝レオ（マオリ幼稚園）	イマージョン	マオリ語	母語継承	バイリンガリズム	マオリ語＝L2／英語＝L1	
1985	クラ＝カウパパ（マオリ小学校）	イマージョン	マオリ語	母語継承	バイリンガリズム	マオリ語＝L2／英語＝L1	1989年教育法によって認可される。

出典：伊藤（2007）；平松ほか（2000）などを参考に作成

世界的には少数言語でありフランス語は多数言語であるところが大きく異なる（Mayたち2004）。イマージョン教育の枠組みでいえば、マオリ語イマージョン教育は、母語継承イマージョン（Heritage Immersion）、または、先住民族語イマージョン教育（Indigenous Language Immersion）といえるだろう[4]。現在のマオリ語バイリンガル・イマージョン教育については次の章で述べる。

3. マオリ語バイリンガル・イマージョン教育

（1）マオリ語バイリンガル・イマージョン教育の設定

表3は、ニュージーランド教育省が提供している学校の形態区分を筆者がまとめたものである。イマージョンの比率が高いほうからLevel 1（80％〜100％）からLevel 6（歌、挨拶、日常会話など）に区切られている。イマージョンの定義からいえば、Level 1とLevel 2が本格的なイマージョン教育で、

表3　マオリ語バイリンガル・イマージョン教育の設定区分

イマージョンレベル	マオリ語比率	説明	言語設定
Level 1	81〜100%	カリキュラムを週20時間から25時間マオリ語で教授	マオリ語媒体校で残りの時間は英語媒体授業
Level 2	51〜80%	カリキュラムを週12.5時間から20時間マオリ語で教授	マオリ語媒体校で残りの時間は英語媒体授業
Level 3	31〜50%	カリキュラムを週7.5時間から12.5時間マオリ語で教授	英語媒体校においてマオリ語媒体授業
Level 4（a）	12〜30%	カリキュラムを週3時間から7.5時間マオリ語で教授	英語媒体校においてマオリ語媒体授業
Level 4（b）	最低週3時間	マオリ語を教科として学ぶ	英語媒体校においてマオリ語学習
Level 5	週3時間以内	マオリ語を教科として学ぶ	英語媒体校においてマオリ語学習
Level 6	—	Taha Maori：マオリ語の歌、挨拶、簡単な言葉を学ぶ	教育においてマオリ語学習をしない
マオリ語学習なし	—		教育においてマオリ語学習をしない
不明	—	マオリ語を学ぶには政府の補助金が出るが「不明」に該当する学校の場合は、マオリ語教育の申請をしていないので、マオリ語学習をしているかどうかは不明である。	

出典：Ministry of Education, Education Count: Statistics（2014）を参考に作成

　Level 3からLevel 4（a）までは、教科をマオリ語で教えている点でパーシャル・イマージョン、それ以下のレベルは外国語学習である。そしてLevel 1とLevel 2であっても学期の終わりには英語媒体の授業を組み込んでいる（メイたち2004）ので、Level 4（a）までは加算的バイリンガル教育であるといえるだろう。Level 4（b）からLevel 6までは外国語学習にあたるので、「弱い形」であるが「限定的な加算的バイリンガル教育」である。

　次に、マオリ語バイリンガル・イマージョン教育を実施している小学校と中学校の数と生徒数を表3で示した区分で比較する。表4は、ニュージーランドの学校（小・中等学校[5]）を教育の媒体言語（マオリ語、英語）を中心に分け学校数を示したものである。小学校と中学校を合わせて2,539校、その内マオリ語媒体のみの授業を行なっている学校の数は111校であり、全体からすると4.4％と少ない。但し、何らかの形で一部がマオリ語媒体、または、マオリ語の授業を導入している学校は全学校の53.4％（1,182校）であるので、ニュージーランドの生徒の2人に1人は、何らかの形でマオリ語を学んでいるということ

表4 ニュージーランドの学校における媒体言語を中心とした学校の種類と数

学校（言語媒体を中心として表記）	イマージョンレベル	2000	2013
マオリ語媒体学校	1～2	83	111
部分的マオリ語媒体学校	1～2（一部）	39	41
混合型：マオリ語媒体の授業／科目としてマオリ語の授業	1～2／3～5	112	89
一部混合型：マオリ語媒体の授業／科目としてマオリ語の授業／マオリ語を学ばない	1～2／3～5	80	42
英語媒体学校：科目としてマオリ語の授業がある	3～5	401	402
英語媒体学校：科目としてマオリ語の授業がある／マオリ語を学ばない	3～5	533	497
マオリ語を学ばない学校	―	1,474	1,357
該当しない学校		7	―
合計		2,729	2,539

出典：Ministry of Education, Education Count: Statistics（2014）を参考に作成

表5 マオリ語イマージョン教育におけるイマージョン比率、レベル、補助金

イマージョンレベル	プログラムの内容	政府補助金（1人当り）
Level 1: 81-100%	学校のカリキュラムをマオリ語で週20-25時間学ぶ	$902.65
Level 2: 51-80%	学校のカリキュラムをマオリ語で週12.5-20時間学ぶ	$451.22
Level 3: 31-50%	学校のカリキュラムをマオリ語で週7.5-12.5時間学ぶ	$222.66
Level 4（a）: 12-30%	学校のカリキュラムをマオリ語で週3-7.5時間学ぶ	$54.78
Level 4（b）: 最高3時間	科目としてマオリ語を週3時間まで学ぶ	$54.79
Level 5: 3時間以内	科目としてマオリ語を週3時間以内学ぶ	―
Level 6: Taha Maori	歌、挨拶、単語を学ぶ	―

出典：Ministry of Education Operational funding rates for 2014：Maori Language Programme Fundingを参考に作成

になる。

　ニュージーランド政府はイマージョン教育実施校には補助金を出している。表5は補助金をイマージョンの比率を段階的にレベルに区切って示したものである。イマージョン比率が高くなるほど生徒1人についての補助金が高くなっている。これは、1947年1958年の教育法で英語を授業で使うことに補助金を支給した政府の政策とは真逆の言語政策である。

　次に、イマージョン教育を受けているマオリ生徒の数がイマージョン比によってどう異なるのかを見てみよう。表6は、生徒の数（マオリのみ）をイマージョンレベルで分けたもので、小学校、中等学校で分類している。図1は表

表6　マオリ語イマージョンレベルに分けた生徒数（2013）

教育形態	マオリ語媒体教育		英語媒体校でマオリ語媒体教育			歌や挨拶		マオリ語なし／不明	合計
レベル	Level 1	Level 2	Level 3	Level 4(a)	Level 4(b)	Level 5	Level 6		
学校	81-100%	51-80%	31-49%	30%	最低3時間	最高3時間	タハ・マオリ		
小学校	9,981	4,054	3,711	2,592	4,820	27,608	61,003	2,349	116,118
中学校	1,946	887	549	1,429	8,532	3,432	2,953	39,351	59,079

出典：Ministry of Education Maori Language in Education: Student Numbers 2000-2013 を参考に作成

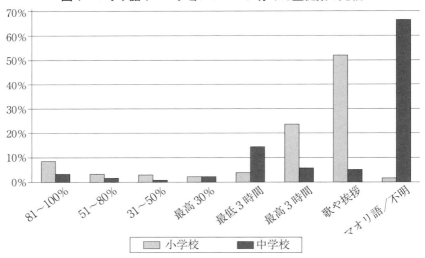

図1　マオリ語イマージョンレベルに分けた生徒数の比較

6を棒グラフで示している。生徒の数の分布は、**表4**の学校数の分布と合致する。**図1**を見るとイマージョンの比率が高くなるほど生徒の数が少ないことが明らかにわかる。最も割合が高いのは、小学校では「歌や挨拶」（53％）で、中学校では、「マオリ語を学ばない、または、不明」（67％）である。この最後の項目については、ニュージーランド教育省の提供する表では、2つに分けて掲載しているが、どちらもマオリとそれ以外の人種が混ざっている計算であるので、筆者が独自にマオリ全体の学生数から差し引いて計算をした。「不明」というのは、学校がマオリ語を教育媒体にするための申請（補助金が出る）をしていないので、その数が把握できないということである。したがって、「不明」に該当する学校で積極的にマオリ語媒体授業をしているかはわからない。

しかし、基の表では、「マオリ語を学習しない」数は、「不明」の倍であったので、全体の傾向としてはマオリ語を学習しない方向ではないかと推測される。全体として、小学校までは何らかの形で、マオリ語を学習する機会があるが、中学校からはマオリ語に触れる機会が激減するということがわかる。

(2) マオリ語バイリンガル・イマージョン教育に関する研究

　筆者の調べた限りでは、マオリ語教育についての調査、研究は、制度についてや意識調査などが多くマオリ語の発達に関連するものは少ない。その中で、メイたち (2004) のニュージーランド教育庁に提出したマオリ語バイリンガル・イマージョン教育に関する報告書は、学習者のマオリ語の発達や学習言語の発達についても意識を向けている点で興味深い。彼らは、報告書の中で8件のリサーチを紹介しているが、その中で注目される事例として、10％イマージョンの学校で生徒のマオリ語使用は、カラキア (karakia 祈り) やミヒ (mihi 挨拶)、音楽劇の時に限られていたが、マオリ生徒の自尊心と自信を高め文化的アイデンティティも高めたと報告している。これは文化的なアイデンティティを育成するためには、それほどの時間を要しないことを示唆している。また、政府の教育監視機関 NEMP (The National Education Monitoring Project) が、英語媒体学校とマオリ語媒体学校のマオリ生徒 (Year 8：7年生) の発話能力と読解力を比較調査した (2000年と2001年) ところ、マオリ語媒体学校の子どもたちは英語とマオリ語の両方で同じ成果を出せるという成果から、マオリ語媒体学校の子どもたちは教育的に有利であると結論している。その他の調査は主に教育設定の不備を取り上げているものが多く、教育現場が抱える問題として、1) マオリ語が話せる教師の不足とマオリ媒体学校の増加によるマオリ語教師の不足、2) カリキュラムの不備、3) マオリ語教材の不足、4) 小学校を終えた後の受け皿のマオリ語イマージョンの不足、5) マオリ語についての言語発達を測る指標がない、などが指摘されている。したがって、現場の教育環境を改善する具体的な対策が必要であり、一貫したカリキュラムや教材の開発、教師養成、言語発達の指標を測る共通のベンチマーク[6]の開発などの改善、試みが急務であることが提言されている。

　報告書の中で特に注目したいのはメイたちの提言と親の態度である。メイた

ちは学習言語育成のために長期間のバイリンガルプログラムを推薦しているのだが、親たちはある程度マオリ語が話せるようになると英語媒体の学校に子どもを移す傾向がある。学習言語について、カミンズ（Cummins 1979）は、日常言語（BICS：Basic Interpersonal Communication Skills）は1年か2年で習得できるが、学習言語（CALP：Cognitive Academic Language Skills）の習得には4年から5年はかかると主張している。バイリンガリズムの最終的な目的は学習言語を習得することにより、バイリンガル、バイリテラシーになることであるので、長期的なバイリンガルプログラムが望ましい。しかし、マオリ語が流暢になってくるにつれ、マオリ語の環境にいると英語が駄目になると親は心配するのである。マオリ語に触れ日常レベルで簡単な会話ができるまでで十分で、英語で高等教育を受けるほうが子どもの将来のためだという親心が英語媒体の中高等教育を選ばせる。そういった子どもたちの学習言語は育たないままに第一言語（英語）での教科学習へ移行してしまう。

　それでは、中高校レベルのマオリ語イマージョン教育では子どもたちは何を学ぶのかというと、マオリの伝統的な知に加え、分野的な専門用語をマオリ語で学ぶ。しかし、現状では、大学で専門分野をマオリ語で学ぶ制度はまだないので、学んだ知識を生かす場所がない。また、学習言語レベルのマオリ語を習得したとして、社会での受け皿は今のところない。

　以下は、上記の調査結果をもとに考察を加えたものである。

1）マオリ語バイリンガル・イマージョン教育は、マオリの子どもたちにとって教育的な効果がある可能性がある。カリキュラムや教材の開発、教師の育成などの環境的な設定が整えば、より効果がのぞめるのではないか。
2）学習言語の発達には長期間の学習を必要とする。マオリ語小学校のみでは日常言語は育つが学習言語は育ちにくい。
3）多くのマオリの親は子どものマオリ語習得は日常会話レベルまでで十分で、高等教育は英語媒体の学校へいかせたいと考えている。
4）今のところは、学習言語をマオリ語で学んだ後の社会的受け皿がほとんどない。

1）と2）はさまざまな形態や言語のイマージョン教育においても同様な結果がいわれている。バイリンガリズム的観点からいえば、政策側がバイリンガル・イマージョン教育が中等学校にも広まるようにしていくのが望ましい展望であると言えるだろう。3）と4）の要因は、マオリのニュージーランドにおける社会的な立場と、グローバル社会を形成している西洋的価値観の圧倒的な強さにあるといえるだろう。これはマオリに限らず、世界各地の先住民族とグローバル社会とのかかわり合い方という大きな課題へとつながる問題でもある。

4. マオリ語高等教育とグローバリズム

　これまで見てきたように、マオリ幼稚園、マオリ小学校を経てマオリ中高等学校へ進む生徒の数は少ない。より高度なマオリ語の習得は全体からすると一握りのマオリ生徒に限られる。大きな原因として、マオリ語を身につけても社会に出てマオリ語を使う機会は限られているという現状がある。

　しかし、限られてはいるが、大学のマオリ学部や、ワナンガ（Wananga）と呼ばれる部族ベースの教育機関は存在する。ワナンガは、現在ニュージーランドに3校あり、一般の大学、大学院と同等の教育機関として教育省に認可されている。したがって、ワナンガでは、学士、修士、博士の学位を取得することができる（1989年の教育法162条で規定）。コースの名称はさまざまであるがこれらのワナンガに共通してあるコースプログラムは、1）ビジネス、コンピューター技術、マオリアートなどの職業訓練的なコース、2）マオリ語コース、3）自分の部族（イウィ）や亜部族（ハプ hapu）をリサーチして自分の系譜（ファカパパ whakapapa）を調べるという研究コース、4）マオリの世界観（マオリ哲学、マオリの教義、マオリの知：Matauranga など）について学ぶコース、5）小学校、中高等学校の教員養成コースである。3）の部族、亜部族の調査は、部族の年長者や親族にインタビューをしたりしてリサーチを行なってデータ収集をするのである（伊藤 2007：186）。

　特筆すべきなのは、5）の教員養成では、教育においてマオリの世界観（マオリ哲学、マオリの教義、マオリの知：Matauranga）を教えることが重要視されて

いることである。マオリの世界観は西洋のそれとは違い、すべてのものには命があるという考えを土台にしている。そして、それは教育にもとり込まれている。たとえば、子どもに自然現象を生きたものとして教える。風をタフィリ（風の神）、雨をランギ（大空の女神）がパパ（大地の母神）のために泣いているというふうに教えるべきだとされる（伊藤 2007：107）。そういう授業を受けた子どもたちの知性はどういうものになるのだろうか。マオリの世界観を学んだマオリの子どもたちの知力は、西洋型のテストで測ることができるのだろうか。また、マオリ小学校、マオリ中高等学校で学んだ子どもが一般の英語媒体の大学で学ぶとすると、それまでに学んだ知識は役に立つのだろうか。伊藤（2007：141）は、マオリ中学校で理科を教える白人教師から聞いた話を紹介しており示唆的である。

> 「（略）13歳以上の中高生の生徒たちに科学とは何か、というのを書かせた。誰も書けなかった。たいていは、森について知ること、などと答える。（以下略）」

この話は、西洋文明が築き上げてきた科学的な知とマオリの継承してきた知との隔たりを示している。マオリ文化に根ざした教科（マオリの知）は西洋のコンテクストとは異なるものである。教育の最高目標を白人の文化に依拠するのかマオリの文化に依拠するのかはマオリの子どもの知的形成に大きくかかわってくる問題である。そして、ここに浮き彫りにされているのは、制度としてマオリの文化伝統を保証することと、社会の中でマオリの文化伝統の価値を真に受け入れることとの隔たりではないだろうか。

5. まとめと考察

本章は、マオリ語の言語政策をバイリンガリズム的観点と社会的文化的観点から考察を行なった。バイリンガル教育の成果をまとめると、1）マオリとしてのアイデンティティを育む、2）両言語における学業成績に効果が期待できる、3）高等教育まで進めば質の高いバイリンガルになることが期待できる、

といえるだろう。そして、今後教育的環境の質が改善されればその効果はさらに高くなると予想される。したがって、母語の継承、マオリ語と英語のバイリンガル、バイリテラシーを保証するものとして、マオリ語バイリンガル・イマージョン教育はより数を増やすべきであろうと思われる。しかし一方で、1）マオリ語の高等教育までを子どもにのぞむ親は少ない、2）高等教育レベルの学校数が少ない、3）高等教育を受けた先の社会の受け皿がない、などの問題がある。この根底には、ニュージーランド社会が英語を基盤として成り立っているという現実がある。それを熟知しているマオリの親たちは、自分の子どもによい職業、よい社会的な地位を得て欲しいと望み、多くの場合英語媒体の学校を選ぶ。この流れを止めるのは、単にマオリ語を大事にしたい、継承すべきだという気持ちだけでは難しいだろう。こういうジレンマに対して、フィッシュマン（2001）の分析は的を得ている。

　　わたしたちの生きている今日、汎西洋的な文化（特にその大衆消費文化）の地球化こそが、言語取り替えをもたらしている要因なのである。アメリカ主導のグローバル化こそは世界的な近代化と西洋化を押し進める主要な経済的、技術的、そして文化的な推進力に他ならない。それゆえ、危機に瀕する言語（そしてそれはつまり、それぞれの社会環境の中で弱小な言語ということである）を守ろうとする試みは、今日の世界における最も強力な過程と権力に対抗しようとする行為である。一言で表現すれば、危機に瀕する言語を救おうとすることが困難なのはそのためである（2001：10臼井訳）。

　マオリにとって、どういう方向に進むのがマオリ語とマオリ文化の真の復興になるのであろうか。政府のマオリ語政策（Maori Language Policy 2003）では、マオリがマオリ文化を継承しながらグローバル社会の一員としてあることであるとしている。デュリーは自著"Navigation Maori Future"（2011：95-96）の中で以下のように述べている。

　　テクノロジーの革新や科学の発見が前例を見ない速さで進行している世の中にあって、異なった知のシステムの価値を認めることは大変重要であ

る。均衡を保ちながら全体を見通す客観性を持って人類の進歩により近づけるかもしれないのだから。(中略) 多くの点において、2つの知の共生はすべての国々に大規模な社会的変化をもたらすことができるのである。

(筆者訳)

　筆者はこの考えに大いに共感するが、「2つの知の共生」を実現する困難さも感じる。そのためにはまず、双方の価値観（この場合はニュージーランドに住む白人とマオリ）を変えていく必要がある。子どもを英語媒体の学校へいかせる親がマオリ語媒体の学校を選ぶようになるためには、彼らが今現在持っている価値観を変える必要があるだろう。筆者は、最近ニュージーランドでマオリ男性と話をする機会があったが、彼は、「マオリ語で世界に発信してもだれも聞いてくれない」といっていた。これはある意味で本当だろう。しかし、この考えの元には、フィッシュマンのいう「汎西洋的文化」の持つ価値観を基準にしたものの見方があるのではないだろうか。彼にファカパパやマオリの知について聞いたところ、今はマオリの知は 200 年前に比べればとても小さい領域になっている、自分の系譜を何百年も遡って知るのは難しい、わからないので創作するマオリもいる、と今のマオリの状況を語ってくれた。マオリの今後の動向を見守っていきたい。

注

1 授業のすべてを目標言語で行なう。ただし、厳密に言えば、トータル・イマージョンは、最初は小学校を 100％イマージョンで開始し、2、3 年後に 80％に減らし、中学で約 50％を対象言語で行なう場合を言う（Baker 2011:239）。
2 L1 = First language 第一言語。子どもが最初に習得する言語。
3 L2 = Second language 第二言語。第一言語の次に学ぶ言語。
4 これは、先住民族が母語とは別の言語を第一言語（ここでは英語）として習得した後、学校教育において母語（第二言語）を通して教科学習をするものである。同様なものには、ハワイ語イマージョンや北米の先住民族のための母語継承イマージョン教育がある。
5 ニュージーランドの学校制度は複雑であるが、ここでは簡単に分けてわかりやすくした。ニュージーランドでは、学齢を Year で表し、1 は 5 歳から始める。Year 1-8 は小学校だが細かく分類すると Year 7-8 に中間学校制度をとるところもある。他に複合型（Year7-10;Year 1-15）などと多様であるが、Year1-13 までが義務教育である。
6 能力などを評価するための基準

参考文献

伊藤泰信(2007)『先住民の知識人類学——ニュージーランド＝マオリの知と社会に関するエスノグラフィ』世界思想社

岡戸浩子(2002)「ニュージーランドにおける多文化共生への模索」河原俊昭(『世界の言語政策』くろしお出版、145-159

岡戸浩子(2012)「第4章 ニュージーランドにおける言語の地位と格差問題」松原好次／山本忠行(編)『言語と貧困』明石書店、78-94

小林寿美恵(2007)「ニュージーランドのマオリ語媒体教育の役割」『愛知淑徳大学現代社会研究科研究報告』愛知淑徳大学現代社会研究科：93-106 Retrieved 2013/09/28 http://www2.aasa.ac.jp/graduate/gsscs/report01/

平松紘／甲恵丰／ジェラルド P. マクリン(2000)『ニュージーランド先住民マオリの人権と文化』明石書店

松原好次(2012)「第1章 土地と言語を奪われて」『言語と貧困』松原好次／山本忠行(編)明石書店、18-34

「危機に瀕した言語を救うのが困難なのは何故か」臼井裕之訳『ことばと社会』7号

Baker, C. 2011. *Foundation of Bilingual Education and Bilingualism* 5th edition. Toronto: Multilingual Matters.

Cummins, J. 1980. The Entry and Exit Fallacy in Bilingual Education. *An Introductory Reader to the Writing of Jim Cummins*, 110-138. Clevedon: Multilingual Matters.

Durie, M.H. 1998. Mana tupuna: Identity and Heritage. *Te Mana Te Kawanatanga: The Policies of Maori Self-Determination*, 52-84. Oxford: Oxford University Press.

Durie, M.H. 2011. *Nga Tini Whetu Navigating Maori Futures*. Wellington:Huia.

Fishman, J.A. 1990. What is Reversing Language Shift RLS and How Can It Succeed? *Journal of Multilingual and Multilingual Development. Vol. 11,* Nos.1&2:5-36.

Fishman, J.A. 2001. Why is it so Hard to Save a Threatened Language? *Can Threatened Language Be Saved? : Reversing language Shift, Revisited: A 21st Century Perspective.* Clevedon Multilingual Matters: 1-22.

Genesee, F. 1987. *Learning through Two Languages*. Cambridge: Newbury House.

Lyster, R. 2007. *Learning and Teaching Languages through Content: A Counterbalanced Approach*. Amsterdam: John Benjamins.

May, S. 2008. Bilingual/Immersion Education: What the Research Tells Us. *Encyclopedia of Language Education,* 2nd Edition, Volume 5: Bilingual Education, 9-34.

Sinclair, K. 1959. *History of New Zealand*. Auckland: Pelican books.

Statistics New Zealand. 2014. 2013 Census Quick Stats about Maori. Retrieved 2014/02/24 http://www.stats.govt.nz/

Statistics New Zealand 2014. Maori Language in Education 2004-2013. Retrieved 2014/02/27 http://www.stats.govt.nz/

Tedick, D. ed. 2011. *Immersion education: practices, policies, possibilities*. Clevedon: Multilingual matters.

オンライン文献

May, S., Hill, R., & Tiakiwai, S. 2003. *Bilingual/Immersion Education: Indicatorsof Good Practice* Final Report to the Ministry of Education. Wilf Malcolm Institute of Educational Research School of Education, University of Waikat0. Retrieved 2014/02/24 http://www.kns.ac.nz/files/6d9cf62d18e8824/ file_set_file/0000/0532/May,%20Hill,%20Tikiwai%20(2004)%20Education%20Counts.pdf.

第7章

カナダの少数派
―― フランス語系カナダ人と移民 ――

長谷川　瑞穂

はじめに

　カナダは建国の二民族と呼ばれる英語系とフランス語系、インディアンやイヌイットなどの先住民、それと世界各地からの移民からなる複合民族国家である。このうち先住民に関しては、「カナダの先住民の教育と貧困」（長谷川、2012）に詳しく述べたので、本稿では公用語少数派（Official Language Minority）と呼ばれるフランス語系カナダ人と移民に焦点をあて、彼らがカナダ社会でどのような立場にあるかを考察していく。英語が主流であるカナダ社会で彼らの言語問題はいかなるものであるか、またそのために不利な点はあるのかもできるだけ考察していきたい（図1）。

1. フランス語系カナダ人

(1) フランス語系カナダ人の現状

　カナダは英語、フランス語を公用語としているが、英語系、フランス語系、英語、フランス語以外の言語を母語とする民族から成り立っている。2011年の母語に関する国勢調査では、英語を母語としている比率は57.8％、フランス語を母語としている比率は21.7％、英語、フランス語以外を母語としている比率は

図1　カナダの地図

表1　フランス語系カナダ人の主な州別分布

州	フランス語話者の数（人）
ケベック州	7,028,740
オンタリオ州	1,426,535
ニュー・ブランズウィック州	383,825
ブリティッシュ・コロンビア州	297,715
アルバータ州	225,085

20.6％である。同じく2011年の言語に関する国勢調査ではケベック州に住むフランス語を母語としている人の割合は80％弱と多数である。カナダ全体のフランス語を母語としている人々の州別の主な分布は**表1**に示すとおりである。

　フランス語系はケベック州に圧倒的に多く、次いで隣のオンタリオ州に多い。また、ケベック州の東の大西洋に面した3州（ニュー・ブランズウイック、プリンス・エドワード島、ノヴァスコシア）には約35万人の土地の名前からアカディア人とよばれるフランス語系の住民が住んでいるが、数も少ないので、本稿では主にケベック州に住むフランス語系カナダ人を中心に歴史的考察も入れながら考察する。

図2 ケベックの州旗と紋章

州旗　　　　　　　　　　　　紋章

(2) ケベック州

　現在のケベック州について簡単に述べる。
　　　州都：ケベック市
　　　州最大都市：モントリオール市
　　　人口：7,815,955 人（2011 年現在）カナダ総人口の約 25％
　　　公用語：フランス語

　州旗（1948 年制定）は**図2**に見られるように青字に百合の花と初期のジャック・カルティエにちなんだ十字架をかたどったものであり、州の紋章はフランスを象徴する青字に白の百合、イギリスを象徴する赤字に金のライオン、カナダを象徴する黄地に緑色のカエデ、そして下には州の標語、je me souviens（私は忘れない）が記されている。

　ケベック州は、長い間英語系が主流であるカナダにおいて、必死に自らのフランス語、フランス文化を守りつつ生き残ってきた。1995 年にはケベック州の主権達成を問う州内選挙に於いて僅差で分離、独立は反対されたが、カナダ国内を震撼させた出来事であった。紋章にも書かれている"私は忘れない"の州のモットーは彼らがフランス語やフランス文化を忘れないという気持ちと同時にフランス語系こそがカナダの開拓者であるという自負もこめられている。

　ケベック州は、1960 年以前はカトリック教会を中心とし、農耕型社会が主流の権威主義的社会であり、経済、教育、社会保障などどれをとっても他の州より劣っていたが、「静かな革命」以降大変革を遂げ、現在では豊かな州に変

わった。これにはケベック州独自の「フランス語憲章」など言語政策の果たした役割が大きい。次にフランス語系を中心に歴史的に考察する。

（3）ヌーベル・フランスの時代

1534 年に、フランス王フランソワ一世の命でジャック・カルティエがガスペ半島先端の地に上陸し、「フランス国王万歳」と掘り込んだ十字架をたて、フランス領と宣言した時が、ヌーベル・フランスの始まりとされている。1608 年にフランス人の探検家サミュエル・ド・シャンプランを中心とした 27 名により、現在のケベック市が建設された。いうまでもなく、ケベック市は北米におけるフランス語圏の拠点として重要な役割を果たしていく。ヌーベル・フランス時代はまた、毛皮貿易全盛の時代でもあった。18 世紀前半には毛皮はヌーベル・フランスの輸出の 70％を占めていた。その後、フランス領は拡大し、18 世紀の最大時には北のラブラドールから南はアメリカのルイジアナにまで及んだ。しかしながら、この時期においても北米におけるフランス語系人口は少なく、7 ～ 8 万人で英語系人口の 1 ／ 20 であったといわれている。

また、ヌーベル・フランスの社会の中心はカトリック教会であり、宗教のみならず、教育他においても大きな役割を果たしていく。また、経済生活の基盤は農業であり、伝統を守る保守性、内面を重んじる静謐さ、農業生活からくる土地への愛着という特徴が北米フランス語系の精神的基盤を作っていく。当時のフランス語系の住民の教育レベルは低く識字率は 10％以下であり、政治的関心も低く、統治者に対して従順であった。一方、イギリスは 1583 年に豊かな鱈漁場としていたニューファンドランドの領有をイギリス女王の名のもとに宣言し、1630 年代には毛皮交易の拡大をめざした。1670 年にはハドソン湾会社を設立し、ハドソン湾周辺の毛皮を独占的に確保する計画を練っていく。当時の北米（現在のアメリカ）の 13 の植民地はヌーベル・フランスに対して南方から脅威を与えていたが、ハドソン湾会社設立で北方からも脅威を与えることとなった。北米での英仏対立はヨーロッパでの本国どうしの対立とあいまって激しさを増していく。

1754 年に始まったフレンチ・アンド・インディアン戦争はアカディアを壊滅させ、ヌーベル・フランスを終焉へと導くこととなった。1759 年にはケベッ

ク市が陥落し、翌 1760 年にはモントリオール市もイギリスの手におちる。フランスがイギリスに敗れた理由はいろいろ考えられるが、フランス本国がヨーロッパで自国を守るのに精いっぱいであり、ヌーベル・フランスへの関心はさほど高くなかったこと、英語系に比べてフランス語系の人口が少なかったことなどが挙げられる。

(4) イギリスの植民地の時代

　1763 年のパリ条約でフランスは北米の殆どの領土をイギリスに割譲することとなり、かつてのヌーベル・フランスは領土が縮小され、イギリスのケベック植民地となる。当然ながら本国からきていた支配者階級や富裕層のフランス人の殆どが帰国し、残ったフランス語系の人々は本国フランスから見捨てられたという思いで閉塞感に陥っていった。当初イギリスはケベック植民地にもイギリスの法、政治制度を導入し、同化政策を採ろうとしたが、英語系人口は増加せず、初代総督マレーは同化政策の非現実性をイギリス本国に提言した。これを受けて、イギリス政府は 1774 年に「ケベック法」を制定し、カトリック信仰の自由、フランス民法と領主制の存続、フランス語系の人々の言語や文化の順守、カトリック教会の税の徴収を保障し、ケベックのフランス語系の人々は英語系に同化されずに生き残ることができた。

　その後、1791 年の「カナダ法」でケベック植民地はフランス語系の多いロワー・カナダ（現在のケベック州）と英語系の多いアパー・カナダ（現在のオンタリオ州）に分割され、民族性の異なる 2 つの植民地となる。ロワー・カナダにはフランス語系が圧倒的に多く、ケベック法で保障された諸権利はそのまま認められたが、支配層は当然英語系であった。ロワー・カナダの主要産業は毛皮貿易と農業であったが、イギリスの支配のもと、この時代の毛皮貿易はかつてのフランス人の毛皮商人からイギリス人の毛皮商人の手に移っていった。フランス本国からの移民は殆ど途絶えたが、カトリック教の教えを守り、女性は多産で、フランス語系の人口は伸びたが、ロワー・カナダではこの人口を十分吸収できず、多くのフランス語系住民が紡績工場などでの職を求めてアメリカのニュー・イングランドに移住した。一方で、英語系支配に対する不満が噴出し愛国者パピノーを指導者として、1837 年に反乱がおきる。反乱は鎮圧され

たが、ケベック州におけるフランス語系のナショナリズムの先駆けとしての意味は大きい。1841年にフランス語系を同化させるべく2つの植民地は連合カナダ植民地として統合されたが、同化は進まなかった。

(5) 連邦結成

　1867年7月1日に「英領北アメリカ法」が発効し、オンタリオ、ケベック、ニュー・ブランズウィック、ノヴァスコシアの4州からなるイギリス帝国のカナダ自治領（Dominion of Canada）が誕生し、首都オタワの中央政府のもとに連邦体制が確立する。しかしながらケベック州では連邦制に対して根強い反対もあり、連邦結成をめぐる採決は僅差で決定された。

　1870年にハドソン湾会社が所有していた土地がカナダに売却されマニトバ州となり、1871年にブリティッシュ・コロンビア植民地が州として連邦に加盟、1873年にニューファンドランド州が連邦に加わる。西部開拓もすすみ1905年にはサスカチュワン、アルバータ両州が成立し、現在のカナダに近い形となる。

(6) ケベック社会

　ケベック州はヌーベル・フランスから連邦結成まで上記に述べたようにさまざまな政治的変化を遂げていくが、ケベック社会の体質にはあまり変化がなかった。カトリック教が価値観の中心であり、農村生活を営み、父親の権威の強い保守的な社会であった。女性は多くの子どもを産み、育てることがフランス語系カナダ人の生き残りにつながるとされた。カトリック教徒なので、離婚は禁じられていた。しかしながら、ケベック社会も次第に変化していく。19世紀末からケベック州においても産業化がすすんだが、それでも20世紀初頭の人口分布ではまだ農村人口が都市人口を上回っていた。しかし、第1次世界大戦後にさらに産業化が進み、都市人口が56％と農村人口を上回るようになる。第2次世界大戦時には女性の雇用も増え、従来の父親の権威の強い保守的な社会は変革を遂げていく。

(7) 静かな革命

　ケベック州に少しずつ近代化の波が押し寄せてはいたが、真の近代化は

1960年の「静かな革命」（Quiet Revolution）から始まる。本国フランスと豊かな北米英語圏のはざまで屈折しつつ、フランス文化、フランス語を守り、耐え忍んできた祖先を敬い、カトリック教にすがり、誠実に大地を耕してきたフランス語系の人々にとって、都市化、産業化は従来の農耕型社会の崩壊とイギリス社会への同化の危険性を意味した。彼らは新たなアイデンティティを模索し、自らをケベコワと呼ぶようになる。当時のケベック州は経済的にカナダの中で劣勢であり、1960年当時、ケベック州の個人の年間所得は豊かな隣りのオンタリオ州の60％程度であった。乳児の死亡率、結核による死亡率はカナダの中でも高く、大学進学率は低かった。たとえば、1961年のモントリオール市のフランス語系の平均収入は英語系の68％であった。彼らはいわゆる都市に住み、企業に就職している人が殆どであったが、大きな企業は英語系であり、英語で仕事をすることが上にいくほど求められ、管理職につくことは大変難しい状況であった。このように「静かな革命」以前は、ケベック州においても英語系が政治的、経済的実権を握っていた。しかし、1960年から始まった「静かな革命」でケベック州は急速な変革を遂げる。「静かな革命」とは政治、経済、宗教、文化、社会などにわたる急速な変革で、具体的にはフラン語系カナダ人の英語系と同等の権利実現、農耕型社会から産業型社会への変革、カトリック教会支配からの解放、教育改革、経済改革、社会保障制度の整備などであり、フランス語系カナダ人の意識改革、自立を促すものであった。さらに1977年の「フランス語憲章」の可決はケベック州のフランス語系の人々に大きな自信を与え、ケベック社会を大きく変えていく。

(8) ケベック州とフランス語

　長い間、フランス語系は数の上では多数派であったが、実質的に英語系に支配されるという状況に甘んじてきた。モントリオール市に移った元農民のフランス語系は英語系との格差に直面し、経済的な被征服者の立場であった。しかし、「静かな革命」以降ケベック州の中心はフランス語系であると確信し、フランス語こそがケベコワの新しい価値体系を形成する上で重要であると考えるようになる。当時のモントリオール市では英語が優勢であり、広告なども英語で書かれ、レストランやホテルでの接客なども殆ど英語で行われていた。これに対

し、ケベック州におけるフランス語の質と地位の向上を目的として、1969年にケベック州で「フランス語推進法」が制定された。ケベック州では、連邦政府の英仏語のバイリンガル政策ではなく、フランス語が優位であると宣言したものである。しかしながら、「フランス語推進法」は法的拘束力も弱かったため、1977年にケベック社会におけるフランス語の優位性を明確に規定した「フランス語憲章」が制定される。同法は214条項からなる綿密な法的拘束力の強いものであり、委員会を設け、同法をケベック社会に適用する徹底ぶりであった。以下に同法の一部を記す。

「前文」
　大多数がフランス語系である人々固有の言語であるフランス語は、ケベックの人々がそのアイデンテイテイを表現することを可能ならしめる。……
1. フランス語はケベックの公用語である。
　　第7条　フランス語はケベックにおける立法と司法の言語である。……
　　第15条　行政府は公用語のみで文書等を作成、印刷する。
　　第29条　交通標識はフランス語のみで表示される。
　　第58条　公共掲示物および商業用広告は公用語のみで表示されねばならない。
　　第72条　本節で規定する例外を除き、幼稚園、小学校、中等学校においては、教育はフランス語で行われなければならない。
　　第136条　社員数50人以上の企業は……フランス語局の発行するフランス語化証明書を取得しなければならない。

「フランス語憲章」がケベック社会に与えた影響と波紋はきわめて大きかった。特に、教育言語、商業用広告表示言語、企業内での言語については問題となることもしばしばあった。商業用広告表示言語に関しては、看板や交通標識などすべてがフランス語に書き換えられた。企業内での言語に関しては、一定の期間を経てフランス語が定着したことが認定され、フランス語化証明書を取得することが義務化された。このため、ケベック州内の多くの企業では企業内での言語はフランス語となり、管理職に就くフランス語系が大幅に増加した。

表2　職場での言語使用状況

職場での言語	カナダ全体		ケベック州		ケベック州以外	
	数	%	数	%	数	%
英語	14,717,005	76.9	531,660	12.0	14,185,346	96.5
フランス語	3,836,710	20.1	3,619,060	81.7	217,655	1.5
英語とフランス語	326,580	1.7	244,515	5.5	84,065	0.6
英仏語以外	251,015	1.3	31,755	0.7	219,265	1.5
合　計	19,133,310	100.0	4,426,990	100.0	14,706,330	100.0

出典：Statistics Canada: Language Use in the Workplace in Canada（2011）

表3　州別　週収入　　　　　　　　　（単位：ドル）

	2008年	2009年	2010年	2011年	2012年
カナダ全体	810.47	823.16	852.95	874.31	896.81
ニューファンドランド州	765.99	801.05	837.09	879.62	927.47
プリンス・エドワード州	661.39	690.50	708.43	721.78	742.10
ノヴァスコシア州	713.56	729.80	758.66	765.78	789.71
ニュー・ブランズウィック州	730.83	749.97	761.72	788.79	809.35
ケベック州	751.93	760.48	783.63	802.83	822.68
オンタリオ州	838.14	849.15	882.21	894.71	908.00
マニトバ州	749.23	770.87	785.92	807.46	829.50
サスカチュワン州	783.95	803.61	845.41	877.20	918.95
アルバータ州	922.56	948.98	991.96	1,035.75	1,072.98
ブリティッシュ・コロンビア州	788.55	795.15	819.11	841.74	866.31
ユーコン準州	856.60	891.97	919.32	960.42	981.95
北西準州	1,089.43	1,144.65	1,191.63	1,245.63	1,290.33
ヌナヴィット州	908.37	868.37	865.46	901.91	961.72

出典：Statistics Canada: Earnings, average weekly, by provinces and territory（2011）

表2に示すとおり、2011年には職場でのフランス語の使用はケベック州では81.7%となっている。

「フランス語憲章」はフランス語系の人々にとっては悲願の達成であったが、英語系の人々にとっては歓迎されざる衝撃であり、多くの英語系の人々、そして英語系の企業がケベック州を去った。特に打撃を受けたのは英語系企業の多かったモントリオール市であり、その後しばらく経済停滞に陥る。その後「フランス語憲章」は法的拘束力の強さと強引な施行のために、多くの批判を浴び、改訂を余儀なくされたが、それでもフランス語がケベック社会の公用語であり、共通語であるという認識を定着させ、フランス語系の人々特に経済人に自信を与え、ケベック州の産業をリードしていくこととなる。その後、1980年代の不況を乗り越え、ケベック社会、ケベック経済は着実な発展を遂げる。**表3**はケベッ

ク州の週平均収入を述べたものである。

　2012年現在、カナダ全体の896.81ドルに対して、822.68ドルとなっており、高くはないが、1960年当時はケベック州の平均収入がオンタリオ州の60%であったことを考えると、格段の進歩といえよう。またケベック州は、宇宙工学、IT、バイオテクノロジーなどの分野でリーダー的役割を果たしている。

(9) フランス語系カナダ人とバイリンガリズム

　カナダでは、1867年の英領北アメリカ法、1969年の公用語法、1982年憲法で英語とフランス語がカナダの公用語であることが謳われ、連邦レベルでの制度上のバイリンガリズムが確立しているが、個人としてのバイリンガル人口は必ずしも多くない。ケベック州のフランス語系は他州や政府機関などで活躍するためにも個人として英語とのバイリンガルを望んでいるが、**表4**に見られるようにカナダ全体のバイリンガル人口約580万人のうちケベック州が約330万人と圧倒的に多い。

　ケベック州についで多いのは隣のオンタリオ州であるが、バイリンガルの人の収入は平均よりも高いと報告されている。バイリンガル人口はフランス語系に多く、かって教育水準の低かったフランス語系にこのような傾向がみられるのは、彼らの成功の証しともいえよう。

　以上見てきたように、ケベック社会のフランス語系の人々は自らの多岐にわ

表4　州別　バイリンガル人口

	1961年		2001年		2011年	
	人口（単位：1000）	%	人口（単位：1000）	%	人口（単位：1000）	%
カナダ全体	2,231.2	12.2	5,231.6	17.7	5,795.6	17.5
ニューファンドランド州	5.3	1.2	20.9	4.1	23.5	4.6
プリンス・エドワード州	7.9	7.6	16.0	12.0	17.0	12.3
ノヴァスコシア州	45.0	6.1	90.3	10.1	93.4	10.3
ニュー・ブランズウィック州	113.5	19.0	245.9	34.2	245.9	33.2
ケベック州	1,338.9	25.5	2,907.7	40.8	3,328.7	42.6
オンタリオ州	493.3	7.9	1,319.7	11.7	1,395.8	11.0
マニトバ州	68.4	7.4	102.8	9.3	103.1	8.6
サスカチュワン州	42.1	4.5	49.0	5.1	46.6	4.6
アルバータ州	56.9	4.3	202.9	6.9	235.6	6.5
ブリティッシュ・コロンビア州	57.5	3.5	269.4	7.0	296.7	6.8

出典：Statistics Canada: The evolution of English-French bilingualism in Canada

たる改革、フランス語のみを州の公用語とする言語政策、また個人的には連邦の英仏二言語公用語政策に従いバイリンガルになることによって大きく飛躍した成功例といえる。

2. カナダの移民

(1) 移民の現状

　カナダは当初から移民の国であり、現在もオーストラリアについで移民の多い国である。2011年現在、外国生まれでカナダに移民してきた人はカナダ人口の20.6%にあたる。カナダの2006年現在の移民の出身地は**図3**のとおりである。

　図3でわかるとおり最近はアジア（中東を含む）からの移民が最も多く、ヨーロッパからの移民がこれに続いている。1967年の移民法の改正以来、ヨーロッパ系が減少し、アジア系が徐々に増えてきた（**図4**）。

　これは後に述べる移民政策と深く関連している。また、移民はカナダの三大都市、トロント、モントリオール、バンクーバーに集中している。特に、トロントは全人口の37.4%が移民であり、さまざまな民族のモザイクの都市である。

　2002年の移民法で、移民は技能や専門を重視した経済移民、家族の結合を目的とした家族移民、それに難民も含まれることになった。カナダ政府は人的

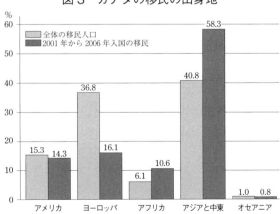

図3　カナダの移民の出身地

出典：Migration Information Source (2011)

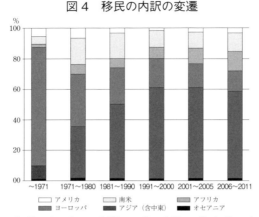

図4 移民の内訳の変遷

出典：Statistics Canada: Immigration and Ethnocultural Diversity in Canada（2011）

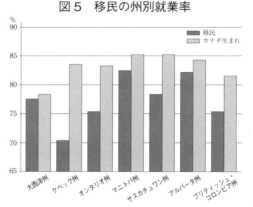

図5 移民の州別就業率

出典：Statistics Canada: Canada's Immigrant Labour Market, 2008 to 2011（2012）

資源として、若く、英仏語のバイリンガルで、学歴も技能も高い移民を求めており、経済移民と呼ばれる移民の比率は高く、2009年現在の経済移民の割合は46.9％となっている。家族移民は38.1％、難民は8.6％である。移民の約半数は大学卒の学位を持っており、高学歴といえる。しかしながら、移民の多くは企業などの求める語学力がないとの理由などで、希望する職業に就くのは難しいという状況である。妥協して、希望より低い職種に就かざるを得ないが、それでも移民の就業率が低いことが、図5からわかる。

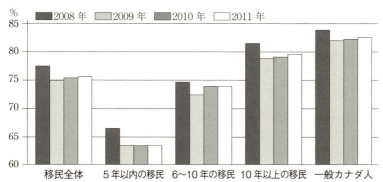

図6 移民の就業率

出典：Statistics Canada: The Immigrant Labour Force Series:2008-2011

　農業の盛んな平原3州（マニトバ、サスカチュアン、アルバータ3州）では比較的移民の就業率は高く、移民の多い都市部での就業が厳しいこともわかる。また、移民といっても10年以上の移民、10年以内の移民、5年未満の移民とさまざまであるが、それぞれの就業率は図6に示すとおり滞在年数に比例している。
　次に移民に関して歴史的に考察する。

(2) 1850年以前の移民

　カナダ総人口の多くを占める英語系、フランス語系の人たちも初期の移民であった。カナダへの英語系の移民はアイルランドやイギリス本国からの移民とアメリカからの移民であった。アメリカの独立戦争の1770年代には王党派と呼ばれるイギリスに忠実だった人たちが独立戦争を嫌ってカナダに移民してきた。当時のアメリカの13植民地の約1／3が王党派であり、そのうちの約半数の5万人が当時のケベック植民地、ノヴァスコシアなどに移住してきた。イギリス政府は彼らに無償で土地を付与し、3年間は糧食を支給するなどの援助をした。その後、王党派はニュー・ブランズウイックやケベック植民地からわかれたアパー・カナダに広がり、新しい植民地の担い手となっていく。彼らはイギリス的社会を形成し、基本的人権の確立、議会制、イギリス流教育制度、自由な土地所有制度などを導入する。1812年のカナダとアメリカの戦争では、

先住民の協力を得、イギリスの巧みな作戦でカナダはアメリカの執拗な攻撃を食い止めた。その結果 1818 年の協定により、当時の英領北アメリカ（現在のカナダ）とアメリカとの国境が確定した。

アメリカの独立戦争から 1812 年頃までは、アメリカからの英語系移民が多かったが、1812 年から 1850 年にかけての 35 年間はイギリス本国などからの移民が 80 万人にも達した。アパー・カナダに住む者が多く、1850 年にはアパー・カナダの人口は約 100 万人となった。19 世紀前半には 5 大湖やセントローレンス川と大西洋を結ぶ運河が建設されるが、イギリスやアイルランドからの移民は運河建設労働者として歓迎された。

(3) 1850 年代から第 2 次世界大戦終了時まで

19 世紀後半は移民の流入の数は流出を下回り、人口の増加は出産による自然増に頼っていた。1880 年代にカナダはカナダ太平洋鉄道（CRP）に着手するが、この時期のカナダの総人口は約 400 万人で当時のアメリカの約 1／10 であった。鉄道の開通により、カナダの西部開拓は進み、開拓した土地が安く払い下げられるという政府の政策、さらに西部の小麦ブームの影響もあり、1896 年から 1915 年の第 1 次世界大戦の頃までに約 250 万人の移民がカナダに入ってきた。イギリス諸地域、アイルランドから約 100 万人、アメリカから約 75 万人、ヨーロッパからの移民が約 50 万人という内訳であった。この時期の移民は依然として英語系が多かったが、少しずつ非英語系も増えつつあった。1921 年現在の英仏系以外のカナダの民族はドイツ人 3.35％、北欧系 1.90％、オランダ人 1.34％が上位 3 位を占めている。彼らに続くのがウクライナ系の 1.21％であるが、彼らはトロント等都市部以外は平原州に住み、開墾して農業に携わった。法令で英国からの移民は優遇され、非イギリス系の移民は不利な立場におかれていた。

前述のカナダ太平洋鉄道建設での労働あるいは鮭漁などを目的として、中国人や日本人の移民が最初にカナダにやってきたのは、1870 年代であった。連邦政府はアジア人の移民の増加を嫌い、中国人の移民に人頭税をかけ排斥しようとした。人頭税はしばしば引き上げられたが、1904 年には 500 ドルであった。1907 年には白人のアジア系排斥論者により、中国人街、日本人街が襲撃される「バンクーバー暴動」が起き、黄色人種に対する差別は高揚した。1923 年

には中国人移民法が設けられ、一部の条件に合う中国人を除いてカナダへの入国は禁止された。日本人の移民の入国も厳しく規制され、ルミュー協定により、年間の入国者は400人を超えないことが規定された。また、第2次世界大戦の折には、当時カナダに在住していた日系人のうち22,000人が財産を没収され、内陸の収容所に収容されたことも人種差別的色彩が濃い。1921年から1941年までは移民が少ないが、2度の戦争、大恐慌などの影響であろう。

(4) 第2次世界大戦後

　第2次世界大戦終了時から1962年の移民法改正までは、移民に対する基本的な考え方は変わらなかった。第2次大戦終了後の1945年から1961年にかけてはヨーロッパからの移民が多く210万人余に達した。特に1950年代はカナダの急速な近代化、都市化が進められ、繁栄を極め、ヨーロッパからの移民が急増した。この時期のヨーロッパからの移民は技術者や医者などの専門職の人たちと近代化の工事の担い手、たとえばトロントの地下鉄工事の労働者などと2極化していた。

　しかしながら、徐々に移民法は改正されていく。1947年には中国人の入国を禁止した「中国人移民法」が廃止された。1962年の移民法は画期的なものであった。この法令において、以前の人種差別的な政策はほぼ撤廃され、人種や民族ではなく教育や技能を持った人的資源的な要素あるいはカナダが必要とする職業に従事できることなどが移民選択の基準であることが明確に示された。さらに1967年の移民法では人種、民族、国籍による差別はほぼ撤廃され、カナダ経済における質の高い人的資源の確保という観点が強調される。またこの法令で、移民の年齢、学歴、技能、公用語能力、職種などが点数化され、点数の高い移民から優先的に入国が認められた。その結果、アジア系の移民が大幅に増えた（**図4**）。さらに1976年の移民法では、専門的技能や資本を持つ「経済移民」と家族の結合を目的とする「家族移民」が優先的に受け入れられることになった。2002年には移民、難民保護法が導入され、上記2移民に加えて難民も積極的に受けいれることとなった。

(5) 多文化主義と言語教育

　連邦政府は1969年に「公用語法」を制定し、英語とフランス語の地位の平等が再確認された。連邦政府が二言語のみならず、二文化主義を採ったことが英語、フランス語系以外の諸民族集団の反発をかうこととなった。特に当時のカナダの人口の5番目を占めていたウクライナ系を中心として、反対運動が起こり、カナダ全土に波及した。この動きを受けて、1971年にトルードー首相は「二言語主義の枠内での多文化主義」の導入を宣言した。しかし、1971年の移民法の改正により非ヨーロッパ系の移民、特にアジア系が増え、白人からの多文化主義批判の声が大きくなっていた。こうした動きに対して連邦政府は人種問題を重視し、積極的に多文化主義を推進する方向を打ち出した。多文化主義は初期の文化的な色彩から目の前の人種差別撤廃の是正を目指す社会的な政策へと変化していった。1988年には「多文化主義法」が制定され、明確な法的枠組みが与えられた。カナダの「多文化主義法」は各民族の平等と文化の維持を謳い、多民族がカナダの資源となるという連邦政府の前向きな姿勢を明示した。

　多文化主義はまた、言語教育にも影響を与えた。カナダでは公用語の英語、フランス語以外は遺産言語（Heritage Language）と呼ばれているが、トルードー首相の多文化主義宣言以来、さまざまな形の遺産言語教育が始まった。1970年代は遺産言語教育の立ち上がり期ともいえる時期であり、連邦政府、州政府とも遺産言語教育に資金の援助をおこなった。1980年代は遺産言語教育の最盛期であった。1990年代に入ると経済不況のため連邦政府の遺産言語教育に対する援助は打ち切られ、州政府からの援助も減少し、停滞期に入る。遺産言語教育は特定の民族集団の母語保持という色彩をますます弱め、すべての生徒に開かれた外国語教育へと変化しつつある。一方で移民がカナダ社会で不自由なく暮らせることを目的としたＥＳＬ教育（第2言語としての英語教育）も行われてきた。

(6) 移民と失業率

　以上見てきたように、1970年代以降はアジア、中東などからの移民が増加したが、比較的高学歴にもかかわらず、カナダ社会ではなかなか思うような職

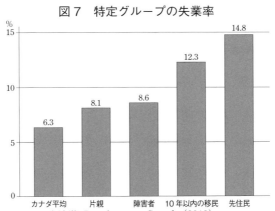

図7 特定グループの失業率

出典：Human Resources and Skills Development Canada（2012）

種につけず、収入も低い。図7でみるとおり、10年以内の移民は先住民についで失業率が高く、カナダ社会では格差に苦しんでいる。

　図6でわかるとおり、カナダ社会に移民してから年数が経つほど状況がよくなってきてはいるが、やはり言語の問題が大きい。ＥＳＬ教育をさらに充実することは移民の地位向上に不可欠であるが、一方で彼らのアイデンテイテイを保つための母語保持教育も必要であろう。

まとめ

　カナダ社会の主流は英語系であるので、公用語ではあるがフランス語系の人々は歴史的にみても大変劣勢の立場で、格差に苦しんできた。しかし、自らの改革により、英語系の被征服者という立場を払しょくし、現在は他の州に劣らない立場を確立している。ケベック州の「フランス語憲章」はカナダの連邦政府の二言語主義に反するものであるが、ケベック州のフランス語系の人々の自立には欠かせないものであったことが、本研究により明らかになった。ケベック州独自の言語政策により、フランス語系の人々は英語系の被征服者という立場から脱却することができた。また、個人的には政府の二言語主義を受けて、英仏語のバイリンガルになるフランス語系が圧倒的に多いことも本研究か

ら明らかになり、自らの立場を向上させるのに役立っている。

　一方、移民は歴史的に見て英語系の移民はさまざまな優遇政策でカナダ社会の中心となってきた。他のヨーロッパ系も多極化してはいるが、カナダ社会に根をおろしている。1967年の移民法以来増え続けているアジア系の移民は就業に苦労する者が多く、10年以内の移民はカナダ社会で先住民に次ぐ低い立場である。滞在年数が増えるにつれ改善はされているが、移民に対する言語教育、職業教育を徹底して彼らの能力を早く花咲かせる政策も必要であろう。

参考文献

綾部恒雄他編著（2004）『カナダを知るための60章』明石書店
綾部恒雄編（1988）『カナダ民族文化の研究』刀水書房
飯野正子他編著（2011）『現代カナダを知るための57章』明石書店
大原祐子他（1987）『概説カナダ史』有斐閣
小畑精和他編著（2009）『ケベックを知るための54章』明石書店
小林順子（1994）『ケベック州の教育』東信堂
中島和子他（1996）『継承語としての日本語教育』カナダ日本語教育振興会
日本カナダ学会編（1997）『資料が語るカナダ』有斐閣
長谷川瑞穂（2006）「カナダの多言語主義の政策と言語教育」（河原俊昭『世界の言語政策』くろしお出版）
長谷川瑞穂（2012）「カナダの先住民の教育と貧困」（松原好次他編著『言語と貧困』明石書店）
Johnson, R. K.（1997）. *Immersion Education in Canada.* Cambridge University Press
Kaplan, R. B, et. al.（1997）. *Language Planning,* Multilingual Matters 108, Multilingual Matters LTD
Smith, A.（1994）. *Canada- An American Nation?* McGill-Queen's University Press
William, J. E.（1998）. *The French in North America 1500-1783,* Fitzhenry & Whiteside.

オンライン文献

Archives. http://www.ocol.gc.ca/html/quick_faits_bref_franco_e.php.
Education in Canada. http://en.wikipedia.org/wiki/Education_in_Canada.
French diaspora. http://en.wikipedia.org/wiki/French_diaspora.
Human Resources and Skills Development Canada. http://www4.hrsdc.gc.ca/.3ndic.1t.4r@-eng.jsp?iid=16.
Migration Information Source. http://www.migrationinformation.org/feature/display.cfm?ID=853.
Quebec. https://en.wikipedia.org/wiki/Quebec.
Statistics Canada. http://statcan.ca/.

コラム 6

西欧語によって結ばれるアフリカ・分断されるアフリカ
山本　忠行

◆西欧語とアフリカ大陸

　アフリカ大陸は国の数が54あり、そこで話されている言語数は約2000を超えるとも言われる。特にサハラ以南のアフリカ諸国の大半は多言語の国で言語事情が複雑であるが、ポルトガル語やスペイン語を使用する一部の国を除き、英語かフランス語で何とかなる。中でも日本人に人気のあるケニアやタンザニア、あるいは南アフリカなどは英語圏であるため、それほど言語のことを気にしなくてよい。これがヨーロッパなら、旅行前にやれイタリア語だ、やれチェコ語だと目的地の言葉をいくらか勉強しなければと思うにちがいない。

　アフリカを訪れるときに言語のことを気にせずにすむというのは、一見すると便利なことである。国際機関やグローバル企業で働く人々にとってもありがたいことであろう。しかしながら、西欧語が広く使われる状況は、実はアフリカ諸国の抱える問題を象徴するものである。なぜなら、外国人にとって言語障壁が低いということは、西欧語能力が十分ではないアフリカ人にとっては高い言語障壁があるということの裏返しだからである。この後者の存在がアフリカにおける貧困と格差を根深いものにしているのである。

◆現地語使用

　アフリカ大陸で西欧語が通じるといっても、これはもともと植民地支配によって押しつけられたものである。そして独立後も西欧語への依存から脱することができないのである。ただし、依存しているといっても日常生活にまで入り込んでいるわけではない。西欧語が母語化した家庭もあるにはあるが、ほとんどの人々は家庭や近隣ではそれぞれの母語や地域語を話している。ところが学校にいけば教科書は西欧語で書かれ、授業も原則として西欧語で行われる。有力現地語以外は、教科として教えられることもない。行政や司法、あるいは企業内の文書も英語やフランス語で作成される。書店に並んでいる本も、現地語の本は皆無に近く、書記言語は西欧語しかないといってよく、アフリカ諸語で読み書きを習っても、実用性はないに等しい。

なぜこのように西欧語に依存し続けなければならないのか。現地語の使用域が拡大しない理由はどこにあるのか。精神的な「脱植民地化」のためにはアフリカ諸語の使用を拡大するべきだという声は以前からあるが、状況にほとんど変化は見られない。

　たとえば、教育言語として現地語が使われる場合も、初等教育の前半数年間であり、あとは英語やフランス語などで行われる。東アフリカの有力言語として知られ、アフリカ連合（AU）の公用語の1つにもなっているスワヒリ語は、新聞やマスメディアでもかなり使われるが、教育言語として全面的に使用されるのはタンザニアの初等教育だけである。スワヒリ語を話す国の1つと思われている隣国ケニアでは、スワヒリ語は教科の1つとしての位置づけにとどまり、ごく一部の学校で教育言語として使われるにすぎない。また、1994年制定の憲法で9つの現地語を含む11公用語政策をとることになった南アフリカも同様で、英語とアフリカーンス語以外の現地語で中等教育や高等教育を受けることは不可能である。中でもコーサ語やズールー語はそれぞれ約800万人以上の母語話者をかかえる大言語ではあるが、標準化や語彙整備などの面で問題を抱えており、名目上の公用語の地位にとどまる。たとえば現地語でかけ算や割り算をすることも容易ではなく、ズールー語教師ですら計算は英語で考えると語っていた。一方、アムハラ語を公用語 (working language of the Federal Government) と憲法で定めるエチオピアでは、アムハラ語母語話者は3割以下で、しかも識字率も半数に届かず、やはり中等教育以降は英語に依存しているのが実情である。

　サハラ以南のアフリカ諸国では英語やフランス語を習得しない限り、中等教育も受けられないため、結果的に就労機会も限定される。基本的な読み書きや計算能力が欠けていれば、店番や倉庫管理さえ任せられない。農民も、農薬や肥料の使用法が理解できなければ適切な散布や施肥もできない。新たな品種や栽培技術に関する情報も獲得できない。収穫物を加工する技術もなく、保存管理の悪さのために廃棄されているものも少なくない。国連やNGOなどによる保健衛生指導が現地語で行われているのは、西欧語では十分に周知できないからである。このような言語状況が国の経済発展を阻害し、国民間の格差と貧困の原因になっていることは明らかである。

◆西欧語に対する意識
　アフリカ諸国の多くが独立後もそのまま旧宗主国の言語を使い続けている最大の理由とされるのは、民族対立を防ぐことと、近代化のためである。アフリカの

国々の国境は1885年にベルリン会議で西欧列強によるアフリカ分割が行われた結果がもとになっており、住民のことはまったく考慮されなかった。したがって植民地解放というのは、西欧からの抑圧や束縛から解放されることであると同時に、国民国家建設への出発であった。言語も伝統も異なる民族の集まりからなり、国民（Nation）という意識などほとんどなかった。国作りは、同一国民であるという連帯意識を作り上げるところから始めなければならず、それは皮肉にも解放闘争の時に民族間の共通語となった西欧語に頼らざるをえなかったのである。

　もう1つの理由は、公用語として備えるべき機能の問題がある。西欧語は各民族間の意思疎通を可能にしただけでなく、教育を通じて自由や人権など西欧のさまざまな概念を伝え、共有可能にした。アフリカ諸語の整備・近代化の取り組みも多少は行われたがあまり成果を上げていない。新語を造っても、余計にわかりにくくて消滅してしまうこともある。また、アラビア語から多量の語彙を受け入れたスワヒリ語などの一部の言語を除くと、書記言語としての伝統は皆無に近く、出版物はわずかしかない。書記言語としての価値は蓄積された文化資産と提供される情報量で決まる。現地語を通じて手に入る情報が乏しく、たいしたことも学べない、生活向上につながらないとなれば、国民は現地語を見限り、西欧語学習に走ってしまう。

　第3の理由として挙げられるのが、広域のコミュニケーションである。経済的に遅れているアフリカ諸国にとって近隣諸国との連携、欧米とのつながりは、きわめて重要である。農産物や資源の売買はいうまでもないが、先進国からどれだけの経済的、技術的支援を受けられるかが、その国の経済を大きく左右することになる。国民にとっても、よりよい職場と収入を求めようとすれば、西欧語能力が不可欠となる。

◆西欧語依存の問題

　公用語として十分に機能する現地語がないのであれば、西欧語使用はやむをえないという結論になる。だが、国民すべてに十分な西欧語運用能力を身に付けさせることは非現実的である。そこに格差が生じる原因がある。西欧語は国民の共通語となり、アフリカを世界と結びつけるように見えながら、一方では社会を分断し、格差を固定化し、再生産している。そしてこれがアフリカ社会の足かせとなっている。西欧語を完璧に習得できた者はエリートとなり、政治経済を支配することになるが、言語障壁を乗り越えられない者、ふるい落とされた者は社会参加や社会的上昇の機会を与えられず、社会の底辺であえぎ続ける。ヨハネスブル

ク滞在中に筆者を襲った強盗は、英語が片言しか話せない、まさにそういう青年であった。アフリカ社会が治安問題で苦しむのは、民族対立とともに、固定化された格差による民衆の不満が原因となっている。これは社会的損失であるとともに、人的資源の浪費である。

参考文献
梶茂樹・砂野幸稔編（2009）『アフリカのことばと社会』三元社
砂野幸稔編（2012）『多言語主義再考』三元社
山本忠行（2010）「ガーナ：国語を持たない国のジレンマ」『世界の言語政策第3集』くろしお出版、187-210
山本忠行（2012）「西欧語はアフリカを貧困から救えるのか」松原好次／山本忠行（編著）『言語と貧困——負の連鎖の中で生きる世界の言語的マイノリティ』明石書店、96-116

159

第8章

アラブ首長国連邦（UAE）ドバイにおける英語と経済
──UAE ナショナル/エミラティの女子大学生の意識調査に基づく報告──

田中　富士美

金色のブルカをまとった祖母、清貧だった古きよき日の話をしている。
母、アラブ首長国連邦大学[1]の最初の卒業生、
家族の誇り、学士号をとった最初の女性。
そして私、金のスプーンをくわえて生まれてきた、
苦労とは何かを知らないまま。
BornConfused[2] (Facet of Emirati Women, Hassall, 竹下／田中訳 2011)

はじめに

　言語は手段であるから価値ではない。しかし言語は価値を有する。お金の所有と同じように言語の所有は個人の活動の場を広げて豊かにする可能性を含んでいる（Coulmas 1993）。
　ここでの「言語」は現代の優勢言語となった英語を意味する。或る国や地域においては英語の習得がよりよい仕事を得るため、より豊かな生活のため、そして社会的向上のための最初の手段となり得る状況もある。言語が持つ経済力を示す言語総生産 GLP、Gross Language Products は 1995 年、英語、日本語、ドイツ語、スペイン語、フランス語、中国語、ポルトガル語の順に多かった（Graddol 1997）。2012 年は英語、中国語、スペイン語、日本語、ドイツ語、アラビア語、フランス語の順になっている（エコノミスト 2014）。

この章でとりあげるドバイは UAE アラブ首長国連邦（UAE: United Arab Emirates 以下 UAE）の中の 1 つの首長国である。UAE の領域は 1892 年からイギリスの保護領として支配されていたが、1971 年から 72 年にかけて 7 つの首長国からなるアラブ首長国連邦として独立した。UAE の教育の理念は「UAE 国民をグローバル・ステージでのグローバルプレーヤーに育成する」であり、国際的労働市場を念頭においた明確で具体的なものだ。UAE 国民の UAE 内外での雇用機会の確保と拡大は内政上の重要な課題であり、政府指導者の基本認識を反映したものである（瀬戸 2011）。Grin（2003）は、ある 1 つの言語が突出した地位を得れば、その言語の元々の話者が社会的、経済的に有利な立場におかれる。それはひとえにそのような話者が優勢言語の言語能力にすぐれているからである、としている。ドバイでは英語力が優れていることが自国内でも職を得るという点で有利に働くが、200 以上の国々から人が集まっているドバイでは英語が国内共通語となっており、それぞれの多様性をともなった英語を持って生活がなりたっている側面もある（斎藤 2010）。UAE では建国以降、女性は国家発展におけるパートナーとして位置づけられてきた（辻上 2011）。UAE の建国者である故ザーイド・ビン・スルターン・アル・ナヒヤーン殿下（故ザーイド前大統領と称される）は「女性は（男性の）対等なパートナーである。女性の参画なしには国家の発展はない」と述べたとされている（辻上 2011）。そのようなことを踏まえて、国立ザーイド大学の女子大学生の英語に対する態度を交えて本章を展開していきたい。

1.　ドバイ首長国の歴史的・地理的背景について

　160 階建の超高層ビル、バージュ（ブルジュ）カリファの周りを雲をかすめる高層ビル群がたちならび、ヤシの木をかたどった人工島のパーム・ジュメイラ（Palm Jumeirah）、パーム・ジェベル・アリ（The Palm, Jebel Ali）、そして建設中のパーム・デイラ（The Palm, Deira）、パーム・ジュメイラには日本企業が建設にあたったジュメイラモノレールが空中高く走る−そんな様子を想像してみていただきたい。そんな未来都市をおもわせる風貌のドバイの道路で目につくのは、メルセデスベンツや BMW の高級車に並んで日本のトヨタや日産な

どの大型高級四輪駆動車である。海岸沿いの市街地から15分も走れば郊外の住宅地に、そして高速道路からも外れて砂漠の中を走るアスファルト道に出れば砂嵐が舞う。

　そのようなドバイはアラビア湾の入り江、UAEのホルムズ海峡近く、隣国オマーン寄りに位置するUAEを形成する7首長国のうちの1つの首長国である。1892年以降、この地域は英国の保護領となっていたが、1968年英国がスエズ運河以東撤退を宣言したため、独立達成の努力を続け、1971年12月、アブダビおよびドバイを中心とする6首長国（外務省ウェブサイト）アブダビ、ドバイ、シャールジャ、アジュマーン、ウンム・アル＝カイワイン、フジャイラの各首長国が集合して、連邦を建国し、1972年、ラアス・アル＝ハイマが加入して、7首長国による連邦となった。建国の父は故ザーイド・ビン・スルターン・アル・ナヒヤーン殿下、アブダビの王族の主要な人々の名にはザーイドの名が含まれている。尚、UAEの首都はアブダビ、UAE最大の都市はドバイである。

　1968年、英国が撤退を宣言した時のアラブ首長国連邦の人口は20万に満たなかったが、2010年には820万ほどに膨れ上がっている（Hassall、竹下、田中2011）。820万の人口のうち、首長国のアラブ人（通称UAEナショナル、自国の人たちはEmirati－エミラティと呼ぶ）は2割にも満たず、2010年の統計では115万人、UAE全人口の13％となっている（UAE National Bureau of Statistics 2010）。大多数は、インド、パキスタン、バングラデシュ、フィリピン、スリランカ、イラン、そしてその他のアジアやアラブ国の人々である。ここでは、UAEナショナルとよばれるUAE国籍を持っている国民を以下エミラティと呼ぶこととする。ドバイだけでいえば、エミラティの人口は16万8,029人にしか満たない（UAE National Bureau of Statistics 2010）。

　UAEの主要産業はほとんどがアブダビで産出される石油産業でありGDPの40％を占める（細井2011a）。一方、ドバイは第7代首長ラシードが商業活動を重視した産業育成に尽力して、ドバイを中東随一のビジネス都市へと成長させた（細井2011c）。ドバイ中心部のクリークの拡張、港、空港の建設、インフラ開発および工業化へとその道を進め、世界最大の人造港ジュベリアル港の建設、ジュベルアリフリーゾーン（自由貿易地域）を完成させた。エミレーツ航空

カンドーラを着たエミラティの男性。筆者撮影

の設立にともなって、物流機能の向上に大きな貢献をしている（細井 2011c）。第 9 代首長のムハンマドはさらなるフリーゾーンの展開を推し進め、IT 産業の育成を狙ってドバイインターネットシティ、ドバイメディアシティ、そしてドバイインターナショナルファイナンシャルセンターを設立して新規事業の育成を推進している（細井 2010c）。

2. 国立ザーイド大学での調査

(1) 国立ザーイド大学の設立背景

　ドバイの市街地から車で郊外へ向かうと、看板の言語はもちろん違うが、どこの都市にもあるような住宅地やショッピングモールが道路の両側に見えてくる。住宅地の中の家々はさまざまで、あるエリアは整然と中規模の住宅が立ち並び、またあるエリアは敷地の広大な家々が高い塀で囲まれ、高級住宅地の様相を見せる。まだ整地や建築の進んでいない砂漠地帯がのぞめる場所もある。それらを通り過ぎると、ユニバーシティ・シティとよばれる場所に出た。ユニバーシティ・シティは 1988 年に、ドバイ皇太子で UAE 国防大臣のシェイク・モハメッド・ビン・ラーシド・アル・マクトゥムの発案でアブダビとドバイに建設された。今回、訪問と調査にあたった国立ザーイド大学は 1998 年、建国の父、故ザーイド・ビン・スルターン・アル・ナヒヤーン殿下（元アブダビ首長）の名をとり、エミラティ女性の女子大学としてスタート。アラブ首長国連邦の将来が安全で発展的であるために必要な知識と能力を備えた男女のリーダーの育成に向けて、革新とインスピレーションと教育に焦点を当てた展望を抱いている（Hassall、竹下、田中 2011）。UAE の大学では必修のアラビア語学とイスラム宗教学以外の授業はすべて英語で行われる。女性のリーダーシップ育成、起業家育成に国をあげて取り組んでいるため、それらに関する討論会はしばしば開かれ、女子学生同士で積極的な討論が展開されている（松原 2011）。

第8章　アラブ首長国連邦（UAE）ドバイにおける英語と経済　163

ザーイド大学ドバイキャンパス。筆者撮影

　故ザーイド・ビン・スルターン・アル・ナヒヤーン殿下は「国の発展には女性の高等教育が肝要」としていた。現在ではザーイド大学は女子学生、男子学生、そして留学生も合わせ19か国約6,000人が在籍しているが（和氣2011a）、時間帯をずらしたカリキュラムになっているため男女の学生がキャンパス内で同空間に同席することはない（後述）。

（2）ザーイド大学構内

　この訪問、調査研究ではザーイド大学教授ピーター・ハッサル先生[3]の指導と全面的な協力を得た。

　大学構内に入ると近代的な校舎がリゾート地のような美しい中庭を囲む。また校舎と校舎の間にガラスの天井を設けた空間があり、コーヒーショップやレストランが設けられ学生の憩いの場となっている。

　まず目に入ってくるのは、真っ黒なアバヤで覆われたたくさんの女子学生たちである。アバヤの覆い方には各家庭の習慣により程度があるということで、顔のすべてと髪の一部がでているもの、顔だけがでているもの、目だけがでているもの、そして目もヴェールで覆い完全に隠すものとさまざまである。UAEは隣国のサウジアラビアとは違い、外国人にアバヤやスカーフの着用を求めない（松原2014）。大学の外国人女性教員も肘と膝がかくれるものであればよく、筆者は長袖、長いパンツを着用していた。頭を覆うためのスカーフは持参していた。筆者とハッサル先生が歩いていると、ハッサル先生を知る学生は挨拶をするが、そうでない学生は真っ直ぐ前を向いて男性であるハッサル先生とは目を合わせない。女性である筆者とは目を合わせる。また、男性が通るとすぐにアバヤの頭の部分につけているヴェールで慌てて顔を覆うものもいる。男性とは目を合わせないのがエミラティの女性だと聞いた。それは「男女とも異性に対しては目線を下げるように、なるべく見ないように」というイスラムの教えに則った正しい行動である（松原2014）。エレベーターに乗る場合も、

筆者が1人で乗っていれば女子学生も乗ってくるが、男性教員が一緒にいれば乗らないといった風である。アバヤは地につくほど丈が長いため、歩きにくい階段の利用は極力さけているようである。

　先述のようにザーイド大学は男子学生と女子学生が在籍しているが、時間帯をずらしたカリキュラムになっており、両者が同じ空間に滞在することはない。筆者の訪問時は午前から午後2時までの時間帯で、女子学生の授業時間であった。午後3時までには女子学生は全員退出し、警備員がキャンパス内をチェックしたのち、女子学生が退出したところとは別の入り口から午後4時に男子学生が校舎にはいるというシステムをとっている。真っ黒なアバヤの女子学生のあとは、真っ白なカンドーラの男子学生でキャンパスが埋め尽くされるというわけであるが、残念ながらこの「白い」光景を目にすることはできなかった。教員の国籍は英語圏を中心に多岐にわたる。またテクニカルエンジニアや事務職員もエミラティ以外の国籍のものが占めている。これはエミラティの人材がまだ育ってまもないからということであったが、近年、エミラティ女性教員がザーイド大学に誕生した。博士号を終えたばかりというその女性教員が廊下を歩いてくるところを挨拶したが、アバヤから若く可愛らしい笑顔がのぞいた。行動する範囲によっては警備員が同行するそうである。

(3) 女子学生の生活

　大学訪問時、午前から午後にかけての英語の授業3クラスの教室で授業の様子を見学、それぞれの授業の半分の時間を筆者の女子学生たちとの対話の時間とさせていただいた。日本の様子、東京の様子、日本の若者の様子、日本の大学英語教育事情など、彼女たちは次々と質問したが、特に深い質問に及んだのは東日本大震災についてであった。昼休み、一旦教室を出れば教員との会話以外の会話はアラビア語でなされている。レストランでも、カフェテリアでも、コーヒーショップでも、そしてカーペット敷の廊下に円になって座る学生も楽しげに雑談をしている。図書館にあるパソコンで勉強するものも多くいる。

　男性教員は学生と私語はできないということだが、女性はできるので、筆者はファラフェル（ひよこ豆のコロッケのようなもの）のサンドイッチをいただいたあと、その輪のいくつかに入ってどのようなことを話しているのか聞いてみた。す

メディアの取材を受ける女子学生。松原直美氏提供

ザーイド大学ドバイキャンパス文化祭の様子。松原直美氏提供

ぐに英語にかわり、その内容が大学の課題のこと、ファッションのこと、買い物のプランのこと、食べ物のことなど、日本の女子大学生と何ら変わりないものであることがわかった。彼女たちはアバヤの下には、実にお洒落な服を身に着けている。高いハイヒールを履いているものもいる。手にはヘナとよばれる装飾をして、スマートフォンを手に会話をすると目立つ位置にさらに念入りにほどこされたモバイルヘナが美しい。1つ欠けているとしたら、ボーイフレンドのことであろう。彼女たちには男女交際は一切認められていない。たとえば、アラブで人気の日本のアニメ「名探偵コナン」では恋愛関係にある男女は「婚約者」に「スラムダンク」では「兄妹」に変えられる（松原 2014）など、子どもの頃から目に触

れるものにも徹底されている。在学中に結婚が決まる学生がいるが、決まった途端に男性教員を避け授業以外では挨拶もしなくなるものもいるという。また、クラスの中に一際質問を多くするしっかりした学生がいた。少し年上に見え、あとで彼女と話をすると、2人の子どもの母親で、結婚の時に契約のなかに「大学を卒業させてもらうこと」を自ら入れたのだという。在学中に妊娠・出産をする学生もおり、大学では一定期間の出産休暇を認めたり、妊娠中の学生の登下校や授業の出欠などに特別に配慮した規則を設けている（松原 2011）。大学の学生・卒業生の中には王族や良家の子女、そして中には地図からも外れた砂漠に住む遊牧民ベドウィン出身の学生もいる（松原 2012）。かつて UAE の地は海辺に住むごく一部の漁民を除くと、砂漠に住むラクダの遊牧民ベドウィンが暮らしてい

た（斎藤 2010）。現在も血縁関係を重視した大家族、多世代で生活を営んでいるUAEにすむベドウィンの大半はフェッラーヒンと呼ばれる人たちで砂漠付近に牧場を構えて半定住している。またその多くはアブダビに存在する（福嶋2011）。

　最後の授業の終わり頃、3人の学生が示し合わせて手を挙げた。「プロフェッサー・ハッサル、これから私たちはミセス・タナカを学内見学にお連れしたいのですが。」

　許可をいただき、喜んでついていくことにした。女性しかはいることのできない場所——トレーニングジム、お祈りの部屋、お祈りのための足洗い場、そして学内のヘアサロン－を説明をうけながら歩いてまわり、図書館では豊富な蔵書の説明から日本のMANGAが大変人気があることを聞いた。3人が大学を卒業したらどのような方向に進みたいのか尋ねてみた。1人は教員になりたいと答え、あとの2人は外資系企業で働きたいと答えた。家族の話や家の大きさの話、休日の話などをしながら広いキャンパスをくまなく回った。筆者はキャンパス内での写真撮影を個人使用目的のみで許可いただいたため、ここには松原直美氏[4]より提供いただいたものを掲載する。

（4）Women as Global Leaders, WAGL
——エミラティ女性の社会的向上意識

　このザーイド大学ドバイキャンパス訪問の翌日より3日間、ザーイド大学アブダビキャンパスにて、Women as Global Leaders 国際学会が開催された。主催者はシェイク＝ナーヤン＝ムバラク＝アル＝ナーヤン（Sheikh Nahayan Mabarak Al Nahayan）高等教育・科学調査大臣でありザーイド大学の学長である。学会の主旨より、当然ながら発表者も参加者も女性が大多数を占める。参加者はUAEはもちろん、周辺国オマーン、カタールなどのアラブ諸国、北米、欧州、アジアまで広範囲よりアブダビに集まってきた。ザーイド大学の女子学生、卒業生も多くいた。基調講演者の1人にスーダン生まれでアラビア語も話すイギリスBBCのニュースキャスター、ザイナブ・ベダウィ（Zeinab Badawi）がいた。彼女の曽祖父、シェイク＝バビカー＝バドリ（Sheikh Babiker Badri）はスーダンの女性教育の開祖である（WTO website）。筆者は自身の発表（共同発表）のあと、研究発表やワークショップを聴いたが、その中でも特に参加者の

関心を集めていたのは、ドバイに駐在する各国の女性ジャーナリストのシンポジウムであった。司会は隣国カタールの放送局アルジャジーラ[5]の英語国際放送の有名女性ニュースキャスター。会場となった部屋は椅子が足りず、床に座るもの、立ち見をするもの、入り口にかたまって聞くもの、ほとんどがアバヤを着た学生たちであった。仕事に対して、物の見方について、ニュースの切り口についてなどの質問が多く飛び交っていた。ジャーナリズムへの関心を見てとったわけだが、「国境なき記者団」[6]が2002年より発表している「世界報道自由ランキング」[7]によれば、UAEは173か国中69位と、中東ペルシャ湾岸6か国の中では最上位にいる。このランキングで日本は29位、アメリカは36位、1位はアイスランド、ノルウェー、ルクセンブルクが同率で並ぶ、下位2か国172位と173位は北朝鮮とエリトリアである（佐野2009）。

3. 調査結果

(1) ドバイの英語

先に示したように、UAEは外国人人口比率が高い。エミラティは全人口の13％である。UAEの国語はアラビア語であるが、ここまで外国人比率が高く、また外国人の中にはアラビア語を解さない人も多く、国内共通語は事実上英語となっている（細井2011b）。そしてその英語の多様性はいうまでもない。

図1はドバイの労働力の階層化を示したピラミッドである。このピラミッドで注目されるのは学歴と同時に英語力の影響であるとされる点である。上位層ほどそれらが備わっており、エミラティの場合アラビア語はもちろん、英語力も重要である（佐野2009）。それらの素養を培ったエミラティが、かつては管理側を占めていたイギリス人、アメリカ人の位置に、多く食い込み始めて

図1　ドバイの労働市場イメージ（佐野2009）

表1　英語普及パラダイムと言語エコロジー（トーヴェ・スクトナブ＝カンガス、2000）

英語普及パラダイム	言語エコロジーパラダイム
1. 単一言語主義と言語抹殺	1. 多言語主義と言語的多様性
2. 支配言語の引き算的な（少数言語を犠牲にする）学習の促進	2. 足し算的な異言語・第二言語学習の促進
3. 言語的、文化的、メディア帝国主義	3. コミュニケーションの平等
4. アメリカ化と世界文化の均質化	4. 諸文化の維持と交流
5. グローバル化と国際化のイデオロギー	5. ローカル化と交流のイデオロギー
6. 資本主義、階層化	6. 経済の民主化
7. 科学と技術に基づいた合理化	7. 人権のパースペクティブ、全体的、包括的な諸価値
8. 近代化と経済的効率、量的成長	8. 多様性の促進による持続可能性、質的成長
9. 超国家化	9. 地域の生産物や国家主権の保護
10. 二極化および持てる者と持たざる者の格差	10. 地球の物質的資源の再配分

いる。

　英語支配論を展開する津田幸男（2003）は、1993年に「英語支配・パラダイム」に対抗軸となり得るものとして「言葉のエコロジー・パラダイム」を発表している。**表1**はスクナトプ＝カンガスがそれを「英語普及パラダイム」「言語エコロジーパラダイム」としてまとめたものである（津田2003）。イギリスは自国言語を含め制度やシステムを導入し、規模的に独立の難しい首長国にベドウィンが中間層、そしてインド亜大陸からの労働者を使うという統治をおこなってきた（濱田2011）。そのイギリスが1968年に撤退してからの46年間という短い期間に、UAEは国家の大規模な経済発展、教育の向上、高等教育の推進を導いてきた。英語支配、文化支配が論ぜられる「英語普及パラダイム」の残存も見受けられることは否めない。しかし、UAEの政策と国民の生活には自国のアイデンティティの維持と共に「言葉エコロジーパラダイム」の大半のことが形成される努力がなされているのではないだろうか。

(2) 女子学生の英語に対する意識調査

　筆者は2012年にザーイド大学を訪問、翌2013年にハッサル先生の協力のもと調査質問項目をザーイド大学学内倫理委員会に提出し審査を受け、承認を得たのち学生59名に対して以下にある質問による紙面での調査をおこない回答を得た。

第 8 章　アラブ首長国連邦（UAE）ドバイにおける英語と経済　169

調査質問項目と結果

国立ザーイド大学　情報通信、心理学、インテリアデザイン、マルチメディアデザイン、国際関係、ビジネス、会計学、グラフィックデザイン専攻　計 59 名対象

グラフ中の数字
1　強く思う　　2　そう思う　　3　どちらでもない
4　そうは思わない　　5　まったく思わない

A) English belongs to UK, US, Canada, New Zealand and Australia. (Inner Circle Nations[8]) 英語は英語を母国語としている国のものである

B) English is recognized as a lingua franca (a language for international or transnational communication) 英語は国際言語（国際共通語）として認識されている

C) English proficiency helps to communicate with a wider population. 英語を使える能力はより多くの人々とのコミュニケーションに有用である

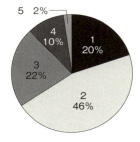 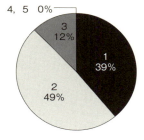 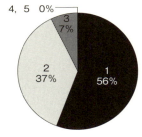

D) English speaking/writing ability makes it possible to share our messages with more people in the world. 英語を話し、書く能力は世界のより多くの人たちとメッセージをシェアしあうことを可能にする

E) I use SNS (facebook, myspace, twitter and others) in English. SNS に英語で書くことがある（1 Yes、2 No）

F) I use English to communicate with non-native English speakers. 非母語話者と英語で話すことがある（1 Yes、2 No）

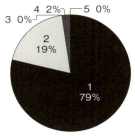 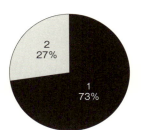 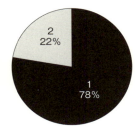

G) English as a lingua franca in business in the world, FOR or AGAINST 世界におけるビジネスで英語が共通言語となることに賛成か反対か（1 Yes、2 No）

H) If a group of people comprising mainly Emirati also includes one or more NNS or NS English speaking foreigners, everybody should speak English. エミラティのグループに1人ふたり英語の非母語話者あるいは母語話者の外国人がいた場合そこでは英語で話すのが妥当である

I) I feel strange to see a group of Emirati speak only English amongst themselves. エミラティだけのグループで英語で会話がなされていた場合違和感をおぼえる（1 Yes、2 No）

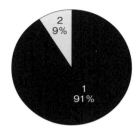
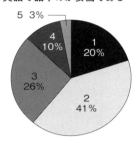
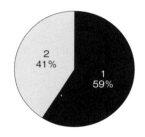

J) I am interested in a job opportunity which requires English skill. 英語能力を求められる職業に就くことに興味がある（1 Yes、2 No）

K) I will need to use English regardless of whether I like it or not, doing business in the future. 将来就職したあといずれにせよ英語を使う必要性があると思う

L) If I have some facility in English, it is beneficial and advantageous for better job opportunity. 英語能力を持っていることは職を得るために有利であり有益である

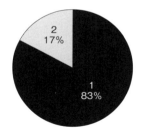
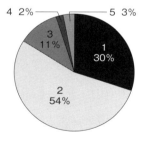
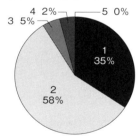

項目A、Bは英語の存在への認識を問うものであるが、「国際共通語」としての意識の高いことが見受けられる。CからFは英語の使用状況を問うものである。汎用性が広いことがうかがえるが、Dに関してはザーイド大学のハッサル先生によるESSC（注3参照）の英語教育への導入の効果も看過できない。学生たちはペンネームを使用した英作文で素晴らしい世界観を描きだしている。

| M) English proficiency helps to climb the social ladder or to get economic advantage. 英語能力を持っていることは経済的優位性をもち社会的地位を得ることに役立つ | N) My English ability is adequate for working in those circumstances, which has social and economic advantages. 私の英語能力は経済的優位性を持ち社会的地位を得るような場で活かすに十分である | O) My English proficiency is sufficient for working worldwide. 私の英語能力は世界的規模で働くに十分である |

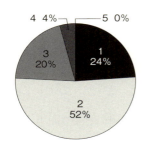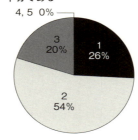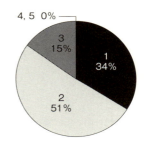

Eはスマートフォン使用の影響が多大にあるとみられ、Fについては国内の外国人比率が高く事実上の共通語が英語となっていること、また大学での外国人教員との接触が考えられる。

　また、前述したが、女性のリーダーシップ育成、起業家育成が国をあげて取り組まれているため、それらに関する討論会はしばしば開かれ、女子学生同士で積極的な討論が英語で展開されている（松原 2011）。質問項目 G、J、K、L の結果はこのことを反映していると考えられる。就職活動の段階においても、また就職してからもその職務の遂行には英語能力が求められ、それが有利に働くと認識している。またMからOの直接的、実利的な質問項目への態度は、先述のWAGLにおけるジャーナリストシンポジウムでの学生たちの行動と意欲と合致するように見受けられる。

おわりに

　2014 年 3 月 12 日、西アフリカのガンビア共和国ヤヒヤ・ジャメ大統領が植民地支配の遺物である英語を公用語から外すと宣言した（Reuters 2014）。ガンビアは国民のほとんどがイスラム教徒である。国の言語はマンディンカ語、フラニ語、そして隣国（実際は囲まれている）セネガルで使用されているウォロ

フ語に加え、多種の民族語が話されている（Reuters 2014、CIA World Factbook）。1965 年の独立以来、英語は公用語であり公で機能してきた。Coulmas（1993）は数十、数百の多言語状態が 1 つの社会の富にとって有益であるというふうに理解してはならないとして、たいていの豊かな工業国では言語集団と国民の高い一致が見られ、いくつかの言語が公に認められているところでも、言語に関する国民国家全体の状況が、1 つの言語が群を抜いて優位を占めると述べている。ガンビアはこの点でいえば、これから、多言語状態のなかでの国の安定を模索していかなければならない。

　UAE は大学教育を英語で行うことを選択している。2010 年 10 月、UAE の代表的な英字新聞 The National UAE に「英語で学ぶことはローカルアイデンティティを弱体化させる——Being taught in English 'undermines local identity'」という記事が掲載され、UAE の教育省が提唱した 2010-2020 教育戦略には、エミラティの教育者の増強とアラビア語での教育を支持する識者たちの懸念の声もあがっている。

　経済の豊かさの追求が人々の幸福と比例するとはもちろん限らない。しかし、国の繁栄のために何が必要かを実践的かつ客観的に見極め、政策としてリードしていった指導者をもって、UAE は短期間に大きな経済成長を遂げた。エピグラムにあるように、祖母の時代は清貧、母は初めての大学卒業者、1980 年代後半のことであろう、そして自分はその恩恵を受けているとしている。現代のエミラティ女性らしい文章である。実際に UAE の女性の社会進出は、国際的指標においても高い評価を受け、国連開発計画（UNDP）が毎年発表している国連人間開発報告書において UAE のジェンダー・エンパワーメント指数[9]は 108 か国中 24 位であった（2008）。日本の 58 位よりもはるかに高い評価を得ている（辻上 2011）。

　国の発展のためには女性の教育をと願った建国者の意向を受けた、次代を担うエミラティの若い女性が国家の発展のためにさまざまな方向性から重要な機能を期待され、また個々人の生活や自己実現のために進む姿の一端の現況を書きとどめるものである。

注

1 国立大学唯一の博士課程が 2009 年に設置された（和氣 2011b）
2 この文の作者のペンネームである。UAE では一般の女性が本名で多くの目に触れる場に自分の意見や意思を書くことはしないとされているため、この文を公にするにあたり使用したペンネームである。
3 ザーイド大学教授。イギリス生まれ、ニュージーランド国籍、英語教育が専門。UAE での英語教育のため ESSC Extremely Short Story Competition を考案。50 語丁度で書くきわめて短いストーリーを英作文の授業と課外活動で実施。インターネットで公開。学生の創造性と ESSC が描き出す世界は文化やアイデンティティを反映した英語表現を引き出し、非常に興味深い。現在 ESSC は数カ国で実施され、日本では青山学院大学、本名信行名誉教授によって 2006 年度から 2012 年度まで日本「アジア英語」学会が実施、2013 年度より Japan Times 社が実施している。http://50words.org/
4 元ザーイド大学日本語講師、ドバイに関する著書多数。現在はロンドン在住。
5 ALJazeera http://www.aljzzeera.com/
6 パリで設立された団体
7 世界の報道専門家に対して 50 の質問を送り、主に政治的な要請による規制に関心を示し、順序づけを発表している（佐野 2009）。
8 Kachru Circle（Kachru 1992）の内心円、英語を母国とする USA, UK, Canada, New Zealand, Australia を指す。
9 議会に占める女性の割合、女性の政策立案者・政府高官と部長クラスの割合、専門職・技術職の女性の割合、男性の所得との格差から割り出される（辻上 2011）。

参考文献

エコノミスト（2014）英語と経済（望月麻紀 2014/1/14）毎日新聞社
佐野陽子（2009）『ドバイのまちづくり——地域開発の知恵と発想』慶応義塾大学出版会
斎藤憲二（2010）『株式会社ドバイ——メディアが伝えない商業国家の真実』柏艪舎
瀬戸勝寛（2011）「教育制度と改革理念」細井長編著『アラブ首長国連邦（UAE）を知るための 60 章』明石書店
辻上奈美江（2011）「女性政策」細井長編著『アラブ首長国連邦（UAE）を知るための 60 章』明石書店
津田幸男（2003）『英語支配とは何か——私の国際言語政策論』明石書店
濱田俊明（2011）「欧米外交」『アラブ首長国連邦（UAE）を知るための 60 章』明石書店
細井長（2011a）「石油産業」『アラブ首長国連邦（UAE）を知るための 60 章』明石書店
細井長（2011b）「UAE 概略」『アラブ首長国連邦（UAE）を知るための 60 章』明石書店
細井長（2011c）「非石油産業」『アラブ首長国連邦（UAE）を知るための 60 章』明石書店
福嶋剛（2011）「ベドウィンの暮らし」細井長編著『アラブ首長国連邦（UAE）を知るための 60 章』明石書店
松原直美（2011）「女子大生の生活」細井長編著『アラブ首長国連邦（UAE）を知るための 60 章』明石書店
松原直美（2012）朝日新聞　アラブ首長国連邦｜ドバイ｜街角から——ドバイ郊外に住むべ

ドウィンのお宅を訪問
http://middleeast.asahi.com/report/2012052100007.html（2012/05/22）
松原直美（2014）『住んでみた、わかった！ イスラーム世界』SB新書
和氣太司（2011a）「大学の制度と現状」細井長編著『アラブ首長国連邦（UAE）を知るための60章』明石書店
和氣太司（2011b）「大学と人材育成」細井長編著『アラブ首長国連邦（UAE）を知るための60章』明石書店
Coulmas, F (1993) Die Wirtschft mit der Sprache『ことばの経済学』諏訪功／菊池雅子／大谷弘道訳 大修館書店
Garcia, O. and Mason, L. 2009. "Where in the World is US Spanish? Creating a Space of Opportunity for US Latinos". In W. Harbert, S. McConnell-Ginet, A. Miller, and J. Whitman (eds.) *Language and Poverty*. Tonawanda, NY: Multilingual Matters.
Graddol, D. (1997) Future of English? British Council
Grin, F. (2003) *Language Policy Evaluation and the European Charter for Regional or Minority Languages*. Basingstroke: Palgrave
Hassal, P. (2011) Facets of Emirati Women: Japanese/English ESSC E-Book 竹下裕子／田中富士美 編訳 アルクコミュニケーションズ（電子書籍 Amazon USA, Amazon UK, Amazon Germany）

オンライン文献

外務省ウェブサイト　http://www.mofa.go.jp/mofaj/area/uae/data.html
CIA The World Factbook
　　https://www.cia.gov/library/publications/the-world-factbook/
Reuters ロイター通信 (2014) Gambia to stop using "colonial relic" English – president
　　http://uk.reuters.com/article/2014/03/12/uk-gambia-language-idUKBREA2B23N20140312 (2014/3/12 Reporting by Pap Saine)
The National UAE (2010) Being taught in English 'undermines local identity'
　　http://www.thenational.ae/news/uae-news/education/being-taught-in-english-undermines-local-identity (2010/10/6 Reporting by Afshan Ahmed)
United Arab Emirates National Bureau of Statistics (2010) http://www.uaestatistics.gov.ae/ReportPDF/Population%20Estimates%202006%20-%202010.pdf
Women as Global Leaders http://www.zu.ac.ae/main/en/wagl2012/about.aspx
World Trade Organization Website http://wto.org/
Zeinab Badawi http://www.wto.org/english/forums_e/public_forum11_e/bio_zeinab_badawi_e.pdf
Zayed University Website http://www.zu.ac.ae/main/en/ http://www.zu.ac.ae/main/en/wagl2012/_speakers/zainab_badawi.aspx

コラム 7

多言語国家パプアニューギニア独立国
薬師 京子

◆はじめに

　パプアニューギニア独立国（Papua New Guinea 以下 PNG）はニューギニア島の東半分および約 600 の諸島群からなる。面積は 46.2 万平方キロメートルで日本の約 1.25 倍、人口は約 706 万人（PNG Census 2011）、主な民族はメラネシア系である。宗教は主にキリスト教でカトリック、ルーテル教会が多数派であるが、祖先崇拝等伝統的信仰も根強い。政治形態は立憲君主制である。1884 年にニューギニア北東部はドイツの保護領となり、ニューギニア南東部は英国が保護領とした。1906 年には英領ニューギニアがオーストラリア領となり、1914 年にはドイツ領ニューギニアもオーストラリアが占領した。

　1942 年には東部ニューギニアへ 16 万人の日本軍が進駐したが、そのうち帰還者は 1 万人で損耗率が 94％の激戦地であった。当時日本軍と友好的な関係であった地域では、今日まで親日派が存在している（奥村 2002: 21, 205）。第 2 次世界大戦後、1946 年にオーストラリアを施政権者とする国連の信託統治地域となり、1975 年 9 月に独立した。

　主要産業は鉱業、農業、林業で、輸出品は金、銅、原油、パーム油、コーヒー、木材などであるが、鉱物資源関連の輸出が最大である。PNG は山間部や離島が多く、道路、空港、電力、水などのインフラが未整備で、地理的・社会的分散性が顕著である。交通機関の乏しい地方では、自給自足の生活が一般的である。日本との関係では、独立以来、友好関係を構築しており、オーストラリアについで第 2 位の輸出相手国となっている（ADB 2013）。PNG に対する日本の経済協力は、独立前の 1974 年から実施された。現在も教育関係をはじめ、各分野で援助を継続している。日本ではあまり知られていない国だが、PNG の人々の日本に対するイメージは良好で、特に若者の間では日本はよい国であると受け止められているようだ。

◆ PNG の多言語事情

　PNG には世界の言語の約 15％にあたる 850 言語が存在する（May 2003:

295)。固有の言語にはエンガ語（Enga、話者約 25 万人）、メルパ語（Melpa、約 15 万人）、クマン語（Kuman、約 7 万 5,000 人）などがあり、話者が数百人程度の言語も多数ある。なぜ多くの言語が存在するのか諸説あるが、厳しい自然環境のなかで言語の異なる伝統的部族ワントク間の交流が少ないこと（Wantok とはピジン語で、英語の「One Talk」を由来とし、「同じ言葉を話す人々」を意味する）、また 1975 年独立まで国家としての支配体制がなかったことも原因と考えられる。植民地支配の歴史的経緯によりピジン語が発達し、ヨーロッパ人と現地人そして現地人同士のコミュニケーションに使用された。1880 年代までにはトクピシン（Tokpisin）が、ニューギニア北部に広まり、1890 年代にはピジンモツ（後のヒリモツ・Hiri Motu）がポートモレスビーを中心とする南部に存在した。この 2 つの言語は第 2 次世界大戦中に共通語として使用されたため、話者が増加した。1966 年の国勢調査では、人口の 37％がトクピシン、8％がヒリモツ、13％が英語話者である一方、55％の人はこの 3 つの言語のどれも話さないことを示している（May 2003: 295,301）。

　1975 年 PNG 独立に際しては、公用語として英語、トクピシン、ヒリモツが承認され、さらに地域語も維持されることが認められ多言語主義が奨励されている。トクピシンでは、共同体や村で話される現地語はトクプレス（Tok Ples）と呼ばれている。旧宗主国であるオーストラリアの政治的・経済的な影響力により英語が公用語として普及度が高くなっており、教育、政府、商業において広く使用されている。2000 年の国勢調査では、読み書き能力としての、トクピシン（43.9％）、英語（39.2％）、モツ（4.9％）、その他（40.5％）が報告されている。PNG は著しい多言語国家ではあるが、独立以来、言語それ自体が大きな対立の争点になったことはない。1988 年にブーゲンビル島（Bougainville Island）の分離独立運動が発生した時も、言語的な境界とは関係のない経済的な理由が主であった（May 2003:315）。また、民族が多様であるにもかかわらずブーゲンビル紛争以外は大きな民族紛争は生じていない。

◆ PNG の教育制度
　PNG 教育省は、「すべての子どもに 9 年間の基礎教育（Basic Education）の機会を提供すること」を目標としている。初等前教育（Elementary Education）3 年（6〜8 歳）、初等教育（Primary Education）は前期 3 年（9〜11 歳）後期 3 年（12〜14 歳）である。中等教育（Secondary Education）は前期 2 年（15〜16 歳）、後期 2 年（17〜18 歳）で、その後高等教育において、カレッジと大

学が存在する。1999年には、言語教育改革の指針が示された。初等前教育のはじめの2年間は各部族固有の言語で授業を行い、3年目からは英語を使用し始め、初等教育に進んでも徐々に英語を導入していく移行型バイリンガル教育が採用された。特に初等前教育では、各コミュニティでの生活を重視し、その事情にあわせて使用言語やカリキュラムが決定されている。初等教育では遠隔地にある学校のために、テレビ番組の放送を活用した授業、モデル校の授業が録画されたＤＶＤを配するなど、日本政府の経済協力によりプロジェクトが進められている。ただ、離島や険しい山岳地帯では電気の供給がない学校が多いのが難しい点である。

◆課題と展望

　PNGにおいて効率的な学校教育を行うのにはいくつかの課題がある。基礎教育入学者は増加しているが、中退率が高いのが問題である。初等教育の中退者が多いため、若年層の識字率が低く、その地域差、男女差が大きい。教育での男女格差解消、女性の識字水準の向上を目指す目標は設定されているが、初等教育における女子生徒の男子生徒に対する比率は、89.2％である（UNESCO 2008）。子どもが基礎教育を中退する理由はいくつかあげられる。学校教育に対する関心が低い。部族抗争による影響。児童の就労。学校までの距離が遠い。教育施設、教材教具が不十分である。さらに教員数が不足しているうえに、教員の質の問題もある。

　PNGの人間開発指数は187カ国のうち156位（UNDP 2012 HDI）であり、15歳以上の成人識字率は62.4％（WB 2011）である。国全体で見た場合、農村地帯の慢性的貧困が大きな問題である。都市部と農村部における社会・経済格差が深刻な状況であり、学校の施設・設備の整備状況に差がある。もともと話者の少ない各部族固有の言語を話す子どもが、電気、水道のない学校で、英語も同時に学びながら学習を継続するのは容易ではない。自給自足生活の村落の子どもと、現金収入が得られる都市部で教育環境に恵まれている子どもでは、状況がかなり異なっている。

　子どもたちが義務教育とされる初等前教育（エレメンタリー3学年）と初等教育（プライマリー6学年）を修了し、さらに中等教育（セカンダリー4学年）に進み、公用語である英語を使えるかどうかは、彼らの将来にさまざまな影響を及ぼす。十分な教育、技術習得の機会が与えられなければ、国民の貧富の格差がさらに広がることになる。すべての子どもに等しく教育の機会を与えるためには、持続的な経済成長により、人びとの生活基盤を強化することが肝要と思われる。独

立以前からの友好国である日本の支援も、引き続き期待されるであろう。

参考文献

奥村正二（2002）『戦場パプアニューギニア――太平洋戦争の側面』中央公論新社
野瀬昌彦（2008）「クレオールの社会言語学的考察：特にトクピシンとビスラマの状況」『麗澤大学紀要』第 87 巻、91-113
吉田信介 (2005)「パプアニューギニアにおける言語教育」『立命館産業社会論集』第 40 巻第 4 号、143-158
Foley, W. A.（1986）*The Papuan Languages of New Guinea*. Cambridge: Cambridge University Press.
May, R. J. (2003)"Harmonizing Linguistic Diversity in Papua New Guinea." In *Fighting Words: Language Policy and Ethnic Relations in Asia,* edited by M. E. Brown and S. Ganguly, pp.291-317. London: The MIT Press.
Romaine, S. (1992) *Language, Education, and Development: Urban and Rural Tok Pisin in Papua New Guinea*. New York: Oxford University Press.

オンライン文献

Asian Development Bank. Retrieved 2014/06/23 from http://www.adb.org/publications/key-indicators-asia-and-pacific-2013
National Statistical Office of Papua New Guinea: 2011 National Census of Housing and Population – Papua New Guinea: Preliminary Figures. Retrieved 2014/06/22 from http://spmt.files.wordpress.com/2010/09/preliminary-figures-census-2011-1.pdf
Papua New Guinea Department of Education. Retrieved 2014/06/22 from http://www.education.gov.pg/
UNDP, Human Development Reports. Retrieved 2014/06/22 from http://hdr.undp.org/en/countries
UNESCO, Global Monitoring Report 2012-Unesco. Retrieved 2014/06/22 from http://www.unesco.org/new/fileadmin/MULTIMEDIA/HQ/ED/pdf/gmr2012-report-ch1.pdf
World Bank, World Development Indicators. Papua New Guinea. Retrieved 2014/06/22 from http://data.worldbank.org/country/papua-new-guinea

第 9 章

インドにおける言語と学校教育
―― 社会流動性と格差の再生産 ――

野沢　恵美子

はじめに

　インドは非常に多様な社会であり、さまざまな宗教、文化、部族、社会集団の人々が暮らしていて、言語の面を見ても、インド国内では100から200の言語が話されているといわれている[1]。インド中央政府はヒンディー語と英語を公用語としているが、各州はそれぞれ地方言語、たとえば西ベンガル州ではベンガル語、マハーラーシュトラ州ではマラーティー語、タミル・ナードゥ州ではタミル語を公用語と定め、地方行政や学校教育などでは一般に州の公用語が使用されている。今日のインドでは、労働や教育などの目的で多くの人々が移動し、さまざまな母語の人々が隣り合って暮らす多言語状況が拡大している。家庭・学校・職場など場所によって異なった言語を使い分ける人も多く、二言語、三言語を話す人は都市や少数部族の多く住む地域などでよく見られる（**表1**参照）。

　多言語状態についてジェンダーを軸にみてみると、**表2**にあるように男性のほうが女性よりも複数言語話者数が多い（Government of India 2004）。また識字率も女性のほうが低く、2011年の国勢調査によるとインド全体で男性82％、女性65％と約20％の開きがある（Census of India, Government of India 2011）。どのような言語を知っているのかということは、その人が得られる情報量や、ど

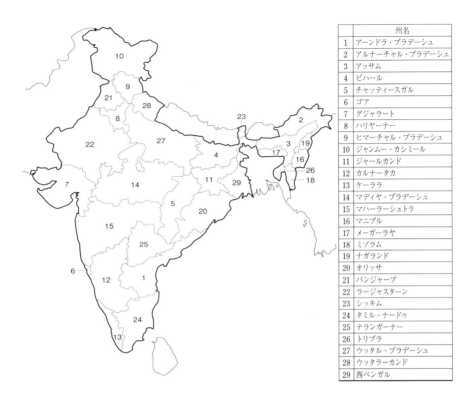

のような社会経済活動へ参加できるのかといったことにも関わってくる重要な事柄である。行動範囲やコンピュータ・携帯電話という情報機器の使用といった物理的な面での制約が女性にはあることに加え、情報伝達の手段である言語の点でも、一般的に女性は男性よりも情報を得る回路が限られていることを示している。

　1990年代初め、インドは規制緩和と国内市場の開放を行う新自由主義経済政策、New Economic Policy を導入した。以降インド経済は飛躍的に成長し、同時に公的空間に私的な領域が拡大している[2]。公的空間での私的領域の拡大とは、それまで公の担ってきた社会サービスに民間企業が参入し、多様なサービスから市民がそれぞれの必要性に応じたサービスを選択するという、「多様性」と「選択」が重視されることである。このような社会サービスへの新自由主義政策の導入は、「市民の消費者化」と称される。新自由主義政策の採り入れ

表1　インドの憲法第8附則に付された言語を母語とする人口と総人口中の割合(2001年)

	言語	約人数(千人)	割合(％)	主に話されている地域
1	ヒンディー語	422,049	41.03	デリー首都圏、ウッタル・プラデーシュ州、ラージャスターン州、ビハール州、ハリヤーナー州、ヒマーチャル・プラデーシュ州、マディヤ・プラデーシュ州、ウッタラーカンド州など
2	ベンガル語	83,370	8.11	西ベンガル州、トリプラ州など
3	テルグ語	74,003	7.19	アンドーラ・プラデーシュ州、テランガーナー州など
4	マラーティー語	71,937	6.99	マハーラーシュトラ州など
5	タミル語	60,794	5.91	タミル・ナードゥ州など
6	ウルドゥー語	51,536	5.01	デリー首都圏、ジャンムー・カシミール州、ウッタル・プラデーシュ州、ビハール州など
7	グジャラート語	46,092	4.48	グジャラート州など
8	カンナダ語	37,924	3.69	カルナータカ州など
9	マラヤーラム語	33,066	3.21	ケーララ州、ラクシャディープ連邦直轄領など
10	オリヤー語	33,017	3.21	オリッサ州など
11	パンジャーブ語	29,102	2.83	パンジャーブ州など
12	アッサム語	13,168	1.28	アッサム州など
13	マイティリー語	12,179	1.18	ビハール州など
14	サンタル語	6,470	0.63	ジャールカンド州、アッサム州、ビハール州、オリッサ州、西ベンガル州など
15	カシミール語	5,528	0.54	ジャンムー・カシミール州など
16	ネパール語	2,872	0.28	シッキム州、ヒマーチャル・プラデーシュ州など
17	シンド語	2,535	0.25	グジャラート州、マハーラーシュトラ州など
18	コーンカニー語	2,489	0.24	ゴア州など
19	ドーグリー語	2,283	0.22	ジャンムー・カシミール州、パンジャーブ州、ヒマーチャル・プラデーシュ州など
20	マニプル語	1,467	0.14	マニプル州など
21	ボド語	1,350	0.13	アッサム州、西ベンガル州など
22	サンスクリット語	14	N	各地で主に宗教儀礼に用いられる言語

Government of India, "Census of India 2001" より著者作成
※ 母語話者数はインド政府による国勢調査（Census of India 2001）より
※ インド連邦政府の分類に基づく「ヒンディー語」には、ラージャスターン語、ビハール語（マイティリー語以外）、チャッティースガリー語、マールワリー語なども「諸方言」「準変種」として含まれている。

表2　二言語、三言語話者のインド総人口における割合（％） (1991年)

	インド全体	男性	女性
二言語話者（％）	19.44	23.76	14.78
三言語話者（％）	7.26	9.36	4.99

Government of India, "Census of India: Language Atlas of India 1991" (2004) より著者作成

られた社会サービスでは、「市民」を「消費者」に限りなく近い存在と捉え多様な選択肢を提示する。しかし同時に「多様性に富んだサービス」は不平等、信頼性の低下といった負の側面を生みだすこともあり、そのような不利益が起き

た場合、「市民＝消費者」は「自己責任」で対処することが期待される。自己責任で処理できる範囲は個人の持つネットワークや社会経済的地位によって大きく異なり、社会的立場の弱い層は、ますます不利益を被ることもある（Bevir & Trentmann 2007; Clarke, Newman, Smith, Vidler & Westmarland 2007）。また発展途上国での新自由主義経済の影響について、ハリス、リチャード、セイドは公の縮小と私的領域の拡大により、少数の政治的、経済的に優位なグループが利益を独占し、その一方で、薄くなった社会サービスのために大多数の一般大衆の生活基盤はさらに弱くなっていると批判的に述べている（Harris, Richard & Seid 2000）。

　インドの学校教育制度においても、近年公的な財政基盤が弱くなり私的領域が拡大していると指摘されている。公教育の質が低下する一方で私立学校が次々設立され、学校間の「競争」と「自由な選択」を前提とした教育制度となっている。これにより、質や教育内容が大きく異なる私立と政府系、さらには公教育を受けられない子どもたちに、正式な公教育の枠の外で教育を提供しているノンフォーマル・スクールと、事実上社会経済階層によって通う学校が完全にわかれる、顕著な分断の見られる制度となっているのである（Visaria & Ramachandran 2004; Jeffery, Jeffery, & Jeffrey 2005）。

　教育言語に注目すると、初等中等の公教育は州の公用語か地域の大言語で行われている。それは必ずしも児童の母語とは限らず、第二言語習得と算数や社会といった教科教育が同時に行われていることも珍しくはない。また貧困などで学校に通えない人々は公用語習得の機会もなく、6歳以上の人口の20％以上が非識字で社会経済活動において主流から排除されている。さらに言語状況を複雑にしているのが連邦レベルでの行政、司法、高等教育での英語使用で、独立から65年以上が経過した現在も英語は経済的、社会的優位性をもたらす言語であり続けている。さらに1990年代以降はグローバリゼーションの深化にともなって都市中産階層の間で英語教育熱が高まっており、上述の私立／政府系／NGOの分断に加え、英語を教育言語とする学校とインド言語を教育言語とする学校の間で、居住地域や家庭の経済状況、カースト、部族、ジェンダーによりアクセスが階層化している。インドでは、文化的、歴史的に深い根を持つカースト制が今も影響力を持ち、「後進カースト」と呼ばれる下位カーストや、

「指定カースト」と呼ばれるかつて不可触民とされていた人々[3]、さらには「指定部族」と呼ばれる少数民族の人々の多くは、社会経済、教育などの面でさまざまな不利益に直面している。また男性中心の文化社会の中では、女性の家族内、社会での立場が弱く、家庭の中での教育資金の配分においても女児は男児よりも優先度が低く、したがって男兄弟よりもより低い、質の劣る教育を受けている場合も多い。

　本章では、主に学校教育における言語習得機会を通して、多言語社会インドで言語がどのように社会経済的、文化的な階層化と結び付いているのかについて考察する。インドの教育をめぐっては、セン (1990) の主張するように、低位カースト出身者や女性が学校教育によって経済力や発言力、権利意識を身につけるエンパワメントや社会的流動性の実現に寄与している面もある。しかし一方で、学校教育制度そのものに深刻な断絶と社会階層による格差が内在しており、家庭の経済的な基盤や居住地域によって、知識や言語能力といった子どもが身につける文化資本 (Bourdieu 1973; 2012) は大きく異なる。学校教育、言語習得機会の不均等は社会階層の固定化をもたらし、社会的格差を次の世代に再生産する。また言語知識、能力の不足は、市民としての権利行使にも深刻な影響をもたらす。さらにアップル (Apple 1990) は学校教育のカリキュラムとは、知の選択行為の結果であり、知識の内容のみならず、「何が正統な知なのか」を学習者に伝達するものであると論ずる。多言語社会においての教育言語のあり方は、異なる言語間に支配的な上下関係を生みだし、共同体の言語や文化への意識、さらには学習者の自尊心にも大きな影を落とすこともあり、学校教育を通じた平等の実現において、重要な課題の1つである。

1. インドの言語状況

　インドで話されている言語の数は諸説あるが、言語について大がかりな調査を行った2001年の国勢調査では1万人以上の話者を持つ言語が122、方言は234あるとしている。ただし、「方言」と「言語」の定義はあいまいで、言語分類の方法は調査主体によって、また時期によっても異なる (鈴木 2001)。上記122言語のうち表1にあるように22の言語が主要な言語として憲法第8附

則に付されているが、ここに付される言語数は、話者集団による地位向上を求める活発な政治活動により、年を経るごとに増加している。

一方で、連邦の公用語はヒンディー語と英語である。ヒンディー語とは、主に北インドで話され、サンスクリットをもとにしたデーヴァナーガリー文字で表記された言語である。2001年の国勢調査では、ヒンディー語を母語とする人は約4億2,200万人、総人口の約41％である。ただし前述のように、この「ヒンディー言語話者数」はどこまでをヒンディー語の方言とするかあくまでも政府の判断に基づいた数字である（鈴木2001）。政府は「ヒンディー語話者」をなるべく多く見積もろうとしているともいわれ、上述の調査でも、実に49の言葉を「ヒンディー語の方言」としており、ほかの言語には2-5の「方言」しかないのに比べると、ヒンディー語の「方言」の多さは際立っている。

インドでは独立前から言語的優位性をめぐって激しい対立があった。憲法起草当初、政治的に強力な国民会議派の北インド出身者たちは、ヒンディー語を唯一の公用語と定めようとしていた。しかし南の非ヒンディー語地域出身者の抵抗は強く、1950年に発布された憲法にはヒンディー語と英語を公用語とすることが明記された。当初英語はあくまでもヒンディー語が普及するまでの間補助的に使用し、15年後には英語の公用語使用の継続を見直すことになっていた。だが15年の期限の近付いた1960年代になると、南インドを中心に激しい反ヒンディー語運動が起き、結局英語を多言語社会での共通の公用語として継続使用することとなった（藤井1999b; 鈴木2001）。

しかしダス・グプタ（Das Gupta 1990）などは、近年のラジオ、テレビ、映画という大衆メディアの普及により、南インドでもヒンディー語を理解する人が増加し、一般大衆の間では、英語よりもヒンディー語が共通言語として機能しているのではないかと指摘している。さらに鈴木（2001）は、連邦行政機関ではヒンディー語で作成される書類が増加しており、行政用語を徐々にヒンディー語に移行させようとしているのではないかとも推察している。だがヒンディー母語話者と第2言語話者との間には運用能力に差があり、ヒンディー語を唯一の公用語にすると大きな不平等が残ることとなる。英語の公用語使用の継続には、「共通に理解されている言語だから」という積極的な意義よりは、むしろ外国語であるため誰からも等距離を保ち、母語集団による差がでない、

という「消極的な平等」という意義を持っているといえる。

　この英語の「平等性」に対し、ムケルジー（Mukherjee 2009）は歴史的な考察を通じて批判を加えている。植民地時代のインドでは、イギリス人による統治を強化するために、英語の高等教育機関を設立しインド人官吏を養成した。植民地政府にとって、英語はインド支配のための媒体だったが、同時に都市に住む高位カーストの有能なインド人青年たちにとっては、西洋の知識を身につけ、植民地社会で高い地位と収入を獲得するための媒体となった。そして植民地政府の官吏や商業で成功を収めていた都市のインド人エリート層は、独立後も英語使用の継続を通じて、階層間の支配－被支配の関係性を強化し、言語的支配を確立していったのである。

　現在は高等教育での地域言語使用が広がり、多くの学生は地域語で高等教育を受けている。しかし高い社会的地位に直結する医学、工学、コンピュータ工学などの分野では今も英語が教育言語であり、また最高裁、連邦政府の行政職、中等教育以上での教職に就くためには、高い英語運用能力が必須で、司法、政治、経済活動、高等教育において現在でも植民地時代と同様、英語は「支配的な言語」の地位にある（Scrape 1993; Ramanathan 2005; Munshi et al. 2006; Mukherjee 2009）。

　近年グローバル化に伴って産業構造が変化し、特に都市部の労働市場では英語話者への需要が高まっているといわれている。アザム、チン、プラカシュ（Azam, Chin, and Prakash 2013）は政府による2005年の全国抽出調査、インド人間開発調査（India Human Development Survey = IHDS）の結果を分析し、英語運用能力と収入に強い相関関係があると結論付けている。インドの英語話者は推定20％で、1991年の国勢調査から約2倍に増加している。そのうち流暢に話す人は3.8％、若干話せる人は16.2％、一方で大部分に当たる80％の人々は、英語をまったく話せないと回答している。年齢別では、若年層で英語を若干話せる人が増加し、50歳以上の層と比較すると約2倍となっている。しかし流暢に話すグループのみに注目すると、割合は一貫して3～4％代であまり増加は見られず、高い英語の運用能力を要求される社会的地位の高い職や、そこへ至る教育は、過去30年ほどの間、きわめて少数の人々だけのものだったことがうかがえる。さらに英語能力と給与所得の関係をみると、英語をまったく話さないグループと比較して、英語を流暢に操るグループは平均して34％、若

干の英語が話せるグループは平均13％多くの給与収入を得ており、英語能力の労働市場での優位性が見て取れる。高い英語運用能力を身につけた人は世代を通じて少数であること、また英語能力と給与所得の間に強い相関関係があることを考え合わせると、現在でも英語が一般大衆にとって高い収入や社会的地位を獲得するのに障壁となっていることが推察される。

連邦政府が英語とヒンディー語を公用語としている一方で、各州はそれぞれの地域での優勢な言語を州の公用語と制定している。もともと独立後に州を編成した際に、近代語としてある程度の発達がみられる大言語の分布をもとに州境を定めており、一般に「言語州」とも呼ばれている。この「一州一言語」の概念は、アンダーソン（Anderson 1997）の論ずる「共同の想像体」を州レベルで具現化しているが、話者数が少なく文字化されていない言語は、州編成によって分断され、従属的な立場が定着するという結果をもたらしている。インド連邦国家全体としてみると、各州それぞれの言語を公用語として使用することを許可し多言語を推進している一方で、州内部では大言語話者の圧倒的な優位性を認め、それ以外の言語話者を主流から排除するという矛盾を抱えているのである（藤井 1999b）。

2. 階層化する学校教育と教育言語

インドの教育は、1947年の独立以来開発言説の枠組みで論じられることが多く、人的資源論に基づき、「国の発展」に寄与する人材の育成を主な目的としてきた。開発言説に関してエスコバール（Escobar 1995）は、文化的、社会経済的な多様性を無視し、画一的な政策、施策を押し付けていると批判している。インドでの国家発展のための「近代的な市民」の育成に関しては、シャルマ（Sharma 2010）は「統治の理論」が優先されていると論じ、また国家の理論が優先される教育の捉え方に対し、ジュネジャ（Juneja 2013）は、「子どもの権利としての教育」という概念を提唱している。

1950年に発布された憲法では、1960年までに6歳から14歳までのすべての子どもに無償の義務教育を普及させるという野心的な目標を掲げていたが、実態としては1950〜51年の初等教育前期（6〜10歳）の就学率は推定で男子

は61％、女子は25％、後期（11～14歳）は、男子は21％、女子は5％だった（Visaria & Ramachandran 2004）。その後も、初等教育完全普及という目標の達成は何度も先延ばしにされ、21世紀に入った今でも未達成のまま積み残されている。政府などの発表する統計では就学率が100％を超えている場合もあるが、実際に村落などの様子をみると、中途退学者や出席不良で十分な学力が身についていない子どもも数多く存在している。このような問題の解決を目指して2002年に政府は憲法を改正し、初等教育を受けることをすべての子どもの「権利」と明記し、その前後から「万人のための教育（Education for All=Sarva Shiksha Abhiyan, SSA）」[4]の枠組みのもと、女児、指定カースト、指定部族、障がいのある子どもなど、それまで初等教育が十分に受けられなかった層への教育に力を入れているところである[5]。

一方でインドの教育全体をみると、高等教育と初等教育とが分断し、「制度不全のシステム」と指摘されている（押川 2010a）。一般庶民を教育する政府系の初等中等教育は、学校が不足していたり、教員の欠勤、怠慢が蔓延したりしており、生徒の間には低学力、保護者の間には失望が広がっている。一方で高等教育機関での科学技術系教育は英語でなされており、入学するには初等中等段階からすべての教科を英語で教える高額な私立学校に通い、高い学力、英語力を身につけることが必須となっている（Ramanathan 2005; Munshi & Rosenzweig 2006）。加えて近年では労働市場での優位性獲得のために、これまで高等教育には縁遠かった農村地域の生徒などの間でも進学熱が高まっており、次々と高等教育機関が新設されている。こういった新興階層の生徒を受け入れる高等教育機関の中には、教育の質が著しく低いものや、教育機関とは名ばかりで実質的な教育活動がほとんど行われてない学校すらある。全体としては、統一性がなくあちこちで断絶があり、機能不全を起こしているといえる（押川 2010a; 2013）。

初等中等教育での教育言語は一部の私立校を除き、一般にインドの言語である。多くが州の公用語など大言語を用いているが、少数部族地域では生徒の母語が教育言語として用いられることもある。中等教育では三言語定則（Three language formula）と呼ばれる言語政策がとられ、地域の言語、現在話されているインドのもう1つの言語、そして外国語の教育が求められる。三言語定則の

目的は、生徒の間にインドとしての統合、一体感を育てること、連邦公用語であるヒンディー語話者とその他の言語話者、また「大言語」話者と少数言語話者の間の格差をなくすことである。またインド諸言語を学び合うことによって、インド文化をより豊かな「複合文化」に発展させるとの文化的意義もあるとされている（Krishnamurti 1998; 藤井 1999b）。ヒンディー語州では教育言語のヒンディー語、教科としてインドの他の言語（理想としては南インドのドラヴィダ系言語）、外国語（多くの場合英語）の三言語、非ヒンディー語州では、教育言語として州公用語、教科としてヒンディー語、そして外国語を学ぶことになっている。しかし三言語定則には強制性はなく、現実には多くの学校で生徒の過重負担を理由に実施していないと指摘されている。ヒンディー語州の学校の多くでは南インドのドラヴィダ系言語の代わりに古典言語であるサンスクリット語か、または文法・音声的にはほぼヒンディー語と同一で表記法のみが異なるウルドゥー語を「インドの他の言語」として、簡略化されている。また南インドではヒンディー語教育に熱心ではない州もあり、タミル・ナードゥ州などではヒンディー語への反発からタミル語と外国語の二言語のままとなっている。連邦政府の掲げた他の言葉を学び合うことでインド統合や複合文化を育成する、または平等性を高めるという理想とはかけ離れた状況となっているのである（Krishnamurti 1998; 藤田 1999b; Shath 2009）。

　また英語を教育言語とする私立学校が地方でも増加しており、中間層を中心に高額な学費にもかかわらず高い人気を誇っている。前述したように英語の習得は社会的地位の高い職業に就くための前提条件であり、子どもが低年齢のうちから将来への教育投資が必要と考えられているのである。ただし私立の学校といってもさまざまであり、必ずしもすべてが政府系の学校よりも質がよいわけではない。最近では都市や農村の低所得者層向けに私立学校が設立されているが、中には無認可で公的な修了資格を取得できなかったり、無資格の教員が教えていたりする学校もある。さらに英語での教育を喧伝しながら、教員が充分な英語能力を有していない場合もある（Balagopalan 2005; 小原 2010）。それでも保護者の多くは、私立校では質の高い教育を行っていると信じ、授業料を支払って低所得者向けの私立学校に子どもを通わせている。加えて中等教育の第10学年と12学年（それぞれ日本の高校1年生と3年生にあたる）の修了時には

資格試験があるが、都市、農村を問わずよい成績で試験に通るためにテュイション（Tuition）[6]と呼ばれる塾に通う生徒が多い。さまざまな階層、立場の保護者たちが、子どもの将来的な優位性を求めて、学校制度の内外で教育投資を行っているのである。

　学校経営や教育言語の多様化の背景には、新自由主義の社会制度全般への浸透と、それに伴う私的領域の拡大がある。社会制度における新自由主義とは、「多様な」サービスの中から「市民＝消費者」が「選択」することを根幹に据え、そこから生ずる利益や不利益を「市民＝消費者」の「自己責任」の範疇とすることである（Bevir & Trentmann 2007; Clarke &Newman 他 2007）。学校教育もまた同様で、たとえばアメリカでの保護者と教員が協力して独自の学校を開設するチャーター・スクールの増加や、学校選択制の一種であるヴァウチャー制、日本での公立学校の選択制の広がりのように、公教育制度内でもプログラムの多様性と、生徒・保護者による選択の導入が近年特に重視されるようになっている。

　現在のインドでは、政府系、私立、NGOなどの運営する公教育を受けられない児童のためのノンフォーマル・スクール、地域語学校、英語学校などさまざまな学校が並立し、一見児童生徒には多様な選択肢が与えられているようにも見える。しかし授業料の発生する私立と無償の政府系、また慈善事業としてのノンフォーマル・スクールのように経営、理念、目的が根本的に異なる学校が並列する中、選択を決定づける最も重要な条件は不均等な各家庭の経済的基盤である。

　将来的な優位性につながるような選択肢は、実質的には社会経済的基盤の強い層にしか与えられておらず、経済的に恵まれない者には、政府系か、政府系と同等かさらに質の劣る私立学校、またはノンフォーマル・スクール以外の選択肢はほとんどない。アクセスの階層化や教育内容の不平等を緩和させる施策は整っておらず、「選択」の結果として起こる不利益は、保護者と生徒自身の「自己責任」となっている。

　政府も教育の階層化を緩和するための試みを一部導入し、全寮制中等教育学校、ナヴォダヤ・ヴィディヤラヤ（Navodaya Vidyalayas）に社会経済的に弱い層の才能ある子どものために特別な入学枠を設けている（押川 2010b）。また

2013年12月時点で全国約3500校が運営されている政府系の全寮制女子中等学校、カストゥルバ・ガンディー・バリカ・ヴィディヤラヤ（Kasturba Gandhi Balika Vidyalaya = KGBV）では、社会経済的基盤が弱い後進カースト・指定カースト出身の女子に良質の教育機会を与えている。KGBVでは、農村に暮らす低所得の家庭出身の指定カースト、または後進カーストの女子を集め、教師と生徒が寝食を共にしながら、中等教育を行っている。2010年に著者自身が調査を行ったビハール州のKGBVでは、5年生から8年生（日本の小学5年から中学2年にあたる）の女子生徒が学び、栄養価の高い食事を提供し、また早朝のお祈り、清掃から日中の教科教育、コンピュータ実習、放課後の空手や刺繍などのレッスンまで、規則正しい生活を送りながらさまざまな機会を生徒たちに与えていた。KGBVの中には、9年生と10年生（それぞれ日本の中学3年と高校1年）まで拡大する所もあり、恵まれない家庭出身の女子生徒への教育機会の増大を図っている（Government of India 2013a; Nozawa 2012）。さらに連邦政府は「無償義務教育に関する子どもの権利法（The Right of Children to Free and Compulsory Education Act of 2009 = RTE）」を成立させ、各私立学校に生徒の25％を社会的弱者から受け入れるよう義務化することで不平等を縮小し、異なる社会経済的背景の子ども同士が混じり合った環境で学ぶ方向を打ち出した[7]。しかしこれらの施策によって教育機会を改善できる子どもは、インド全体からみるとごくわずかでしかなく、大部分の児童生徒にとってどのような学校教育を受けられるかは、家庭の経済的基盤次第である。

　学校へのアクセスと階層間格差について、ムンシー、ローゼンズウェイグ（Munshi & Rosenzweig 2006）は1982年から2000年までの間にムンバイで中等教育を受けた世代に、地域語のマラーティー語、英語、どちらの教育を受けたか調査を行っている。全体の傾向としては、1990年代初めを境に英語の学校に通う生徒が急激に増加しているが、男子生徒におけるカースト間の差異をみると、英語学校に通った割合は一貫して高位カースト出身者が中低位カースト出身者よりも高く、ほぼ2倍の差がある。2000年頃から中低位カーストの子どもの英語の学校への進学率が高まり差は縮まる傾向にあるが、高位カーストの英語学校での優位は依然として残っている。学校へのアクセスにおけるカースト間の格差は男子に比較して女子のほうが小さいが、やはり高位カースト出

身者の英語の学校に通う率が中低位カースト出身者を凌駕している。

またジェンダーを軸に学校教育の階層化をみると、私立校には男子生徒が、そして政府系学校、ノンフォーマル・スクールなどには女子と指定カーストの在籍数が多いことが報告されている（Visaria & Ramachandran 2004; Jeffery et al. 2005）。特に経済基盤の弱い層の場合、兄弟姉妹の中でも男児に教育資金を集中させ、女児の教育を抑制する傾向が強いことに加え、男性教員や男子生徒のいる正規の学校を嫌って、娘を近隣の女児対象のノンフォーマル・スクールに通わせることもあり（Balagopalan 2005）、ジェフリー他はこのような状況を、女児や指定カーストの児童の教育における「ゲットー化」と呼んでいる。また言語の点でみると、女子生徒の多い政府系学校やノンフォーマル・スクールは基本的に地域言語を使用しており、英語習得においてジェンダー格差があることは容易に推測が成り立つ。

上述のアザム他の調査からジェンダー間の英語能力の差異をみると、英語を流暢に話せると回答した人の割合は、男性5.0％、女性2.6％、若干話せるとした男性は21.0％、女性11.5％で、いずれも女性の割合が男性の約半分となっている。また女性の場合、英語能力に対する給与収入の優位性は男性の場合よりも小さく、特に村落地域に居住する女性の英語能力は所得面でほとんど優位にはなっていない。さらに指定カースト出身女性では、英語が話せることに対する収入における優位性は他のカースト出身者よりも低く、村落居住女性や指定カーストの女性の労働機会、職種などがきわめて限られていることが影響していると推察される。

3. 農村における学校教育と文化資本

本項では、サービス産業の伸長が著しい大都市とは対照的な、農村での学校教育と言語について質的な面を補完するため、著者自身が実施したビハール州南部ガヤー県での調査を紹介する。ビハール州はインドで最も貧しく教育の普及も遅れているといわれ、2011年の国勢調査での識字率は全国平均（男性82％、女性65％）よりもそれぞれ10ポイントほど低い男性73％、女性53％となっている。ガヤー県の農村に学校教育が普及してきたのは州首相が変わり、教育

に力を入れ出した2000年代半ばになってからで、特に25歳以上の女性の多くが非識字である。2012〜13年の就学率は1〜5学年で85.67％、6〜8学年で55.04％で中退者の多さも際立っている（全国平均はそれぞれ90.78％、64.24％）。ビハール州の言語状況としては、公用語はヒンディー語、ほかにビハーリー語と呼ばれる地域言語があり、主なものはマイティリー語とマガヒー語、ボージュプリー語である。この中で言語運動の盛んなマイティリー語のみが独立した言語として連邦の憲法第8附則に付され、マガヒー語とボージュプリー語はヒンディー語の「方言」とされている。調査を行ったガヤー県では母語話者が約1,400万人のマガヒー語が話され、英語、ヒンディー語、マガヒー語が重層的に広がっている。

　2001年から2014年の間に計5回現地に赴き、参与観察と教育関係者、生徒、農村の非識字女性などへの聞き取り調査を行った。特に2010年には農村出身の10代から30代までの女性72名に聞き取り調査を実施した。うち30代が13名、20代9名、10代50名である。出身カーストを回答した参加者のうち後進カースト11名、指定カーストが24名である[8]。30代は1名を除いて全員が非識字、20代は識字者と非識字者が半々で、10代の参加者は全員が識字者だった。調査参加者の識字の分布からも、この地域で学校教育が過去10年ほどの間に急速に広まったことがうかがえる。

　インドの他地域と同様、学校教育は私立、政府系、ノンフォーマル・スクールと階層化している。英語の私立学校は主に町中や近郊にあるが、寮やスクールバスといった設備が整い広範囲から経済的に恵まれた層の生徒を集めている。ヒンディー語を教育言語とする私立の学校は教育内容、教員の質、設備、評判、学費、通っている子どもの層もさまざまである。最近では私立学校が農村にも設立され、経済的にいくらか余裕があり、政府系学校に飽き足らない層の子どもが通っている。農村では2000年代初めまでは就学していない児童も珍しくはなかったが、2005年頃から多くの学校が建設され、ようやく初等教育が広く普及してきたところである。さらに指定カーストの子どもを対象にしたNGOの経営する学校や、中途退学した女児を対象にしたノンフォーマル・スクールなどもある。

　20〜30代の女性に兄弟姉妹の教育年数を聞くと、男兄弟だけが学校に通い、

姉妹は学校にいっていない、または 1〜2 年で辞めてしまったというケースが多く、家族内でのジェンダー間の教育格差があったことが認められる。家庭内のジェンダー格差は現在の比較的余裕のある層でもあり、高等教育を諦めた 10 代女子の男兄弟が都会の私立高等教育に在籍しているケースが数例見られた。女子自身に進学を諦めた理由を問うと一様に「貧困」との答えが返ってくるが、彼女たちの家庭は決して生活に困難をきたすようないわゆる貧困層ではなく、限られた教育資金を息子に集中させ、そのしわよせが娘に表われているという傾向が見られた。カースト間教育格差は 2010 年現在も根強く、指定カースト出身の 10 代女子では、年齢に比して極端に低い学年に在籍、または中途退学をしている者の割合が高かった。学校教育が村に普及してきた 2000 年代に多くの子どもが学校に通うようになったが、指定カーストの子どもたちが置いていかれる傾向があったことが推察される。

　教育言語の面では、一般にはヒンディー語が使用されているが、一部のエリート校では英語が使用されている。英語を教育言語としている学校はほとんどが町近郊に設立された高額な私立だが、例外的に農村地域に NGO 運営の英語の学校が一校あった。ただし英語教育を謳ってはいても、教員の英語力はあまり高くはなく、調査の一環として参観した教室では、英語以外の科目はヒンディー語で授業を行っており、生徒の英語能力は個人差が大きかった。聞き取り調査参加者の中に、この NGO 学校の卒業生を含めて英語を話す女性が 6 名いた。いずれも 20 代から 30 代初めで、6 名中 4 名は教職（政府系 3 名、私立 1 名）に就き、Rs.3,000〜2 万 7,000（2014 年 12 月 5 日現在、1 ルピーは約 2 円）の月収を得ていた。収入の差が大きいのは、政府系の正規雇用の教員と、私立の非正規雇用の教員では 10 倍近い給与格差があるためである。あとの 2 名は州政府による女性を対象にした開発プログラムの村落スタッフとして雇用され、月に Rs.1,500〜3,500 の収入を得ていた。非識字で個人としての所得のほとんどなかった彼女たちの母親と比較すると、女性たちは学校教育を受けたことにより、小規模ながらも経済力と社会経済的な移動性を獲得している。女性たちは収入を子どもの教育費にあてると話しており、教育を受けたことによって得た恩恵を次世代の教育投資へと廻し、正の循環を実現させようとしているといえる。

　しかし 6 名の女性たちの教育資格と、職業上求められる資格・技能の間には

大きな乖離が見られる。初等教育か後期中等教育修了が必要とされる地位に、いずれも高等教育中退者、または修了資格を持つ女性が就いているケースが多かった。また英語を流暢に話す女性たちが就いている地位の職責では英語能力はまったく必要なく、高等教育資格や英語力が農村女性の経済的な優位に直結することはほとんど認められない。彼女たちにおける地位と資格の乖離は、幅広い就業の機会に恵まれている都会の女性や、都市への出稼ぎや、不特定多数の人と触れ合う観光などの仕事に就くことも可能な男性と比較して、農村の女性の就労機会がきわめて限られていることを示唆している。男性と女性とに異なった役割を付与し、女性の移動を抑制するジェンダー規範が、彼女たちの就労機会にも影響を与えていると思われる。

　農村での日常生活ではマガヒー語が用いられているが、多くの学校では州公用語のヒンディー語を教育言語としている。政府系やノンフォーマルの学校には教育を受ける第1世代にあたる児童生徒も多く、入学して初めてヒンディー語のコミュニケーションに触れる子どもも少なくない。学校では母語のマガヒー語を話すことは禁止されており、話しているのがみつかると教師の厳しい指導を受ける。しかし教師の指導への反発はなく、生徒自身もマガヒー語を「悪い言葉」、ヒンディー語を「よい言葉」と同一視し、休み時間にマガヒー語を話す男子生徒などは、周りの生徒たちから「悪い生徒」とみなされている。

　よい言葉、悪い言葉という含意は学校教育以外の場面でも浸透している。中等教育を受けた調査参加者に非識字である母親世代との違いを尋ねると、大多数の女性たちの第1声は「正しい話し方を知っていること」だった。彼女たちにとって学校教育とは、教科を通じた知識や思考力よりも、「よい言葉」の習得が第1義となっているのだ。公用語であるヒンディー語を身に付けたことで、女性参加者たちは正式な場でふさわしい言葉を話せる、という意味で高い自尊心を獲得している。しかし一方で、ヒンディー語を話せない村の人々のことを、「話し方を知らない」「礼儀を知らない」と批判的に描写する女性もいて、マガヒー語話者を一段低くみる態度を示している。学校で母語使用を禁じた結果、生徒たちは言語間に格差を設ける価値観を内面化し、母語をヒンディー語よりも劣った言葉と捉えているのである。ヴィディヤルティは1970年代に、デリーを中心とした都市ヒンディー語話者が、マガヒー語話者を「粗野で礼儀知らず」

と否定的に捉えていると述べている（Vidyarthi 1971）。外から与えられた負のイメージは、学校教育を通じてマガヒー語地域でも流布され、教育を受けた者はヒンディー語能力を習得する代償として、母語を劣った言葉とする態度を身につけているのである。

他方、学校に通う機会のなかった非識字の女性たちに、彼女たちにとってのヒンディー語とはどのような言葉か尋ねると、「話せるようになれればとは思うが、学校にいけなかったので、身につける機会がなかった」との答えが返ってきて、公用語であるヒンディー語に対する複雑な感情がうかがえる。その一方で、非識字の女性たちの中には、学校教育を受けた若い世代と違って、マガヒー語に対して悪いイメージを語る人はいなかった。母語であるマガヒー語について、女性たちは「自分の思いを自由に伝えられる言葉」、「話していると幸せ」と非常に肯定的な言葉で表現していた。ある意味、学校にいかなかったために、マガヒー語に対する否定的なイメージに強く囚われることがなかったともいえるのかもしれない。

おわりに

学校教育制度内での私的領域の拡大は、公教育改善の停滞と不均質な学校教育という重大な副作用を生じさせている。学校の「選択」は各家庭の経済的な基盤に依存し、一部の裕福な層は、質の高い教育を提供する英語の私立学校を選択することができる。他方経済的基盤の弱い層には、質の低下が批判される政府系か、低所得者向けの私立学校、ノンフォーマル・スクールなどに通う以外の選択肢はない。収入や社会的地位の高い職業に就くためには高い英語の運用能力が不可欠とされる社会では、分断された今日の学校教育そのものが、一般大衆にとって社会的流動性の獲得を阻む壁となっている面がある。「万人のための教育」を意味するSSAの枠組みのもと、初等教育の完全普及は近い将来達成されるかもしれない。しかしアクセスが階層化している現在の学校教育制度のもとでは、「平等性なき万人のための教育」という皮肉な形での初等教育完全普及になる恐れは排除できない。

社会経済的な面だけではなく、文化的にも学校教育を通じて格差は再生産さ

れている。農村在住の学習者は、学校での言語伝達を通じて、都市の中産階層の間で形作られた公用語と母語の間の支配的な上下関係を内面化している。言語による優劣の意識は、自尊心や共同体成員のアイデンティティにも影響をもたらすだろう。またマガヒー語での主張や訴えは、ヒンディー語のそれよりも価値の低いものと見なされる恐れがあり、権利行使の面でも不利益を被るかもしれない。学校生活についての語りのなかで、教師の厳しい指導に触れる女性が少なからずいた。教師は学習面よりも、母語の使用、不潔な身なり、遅刻など生活習慣に関わる事柄で厳しい態度で臨んでいた。生活習慣や言葉は教科だけではなくカリキュラム外でも伝達され、生徒の内面に特定の生活態度や価値観を形成していく。学校文化と親和性の高い家庭環境に育つ経済的、社会的、文化的に上位の階層の子どもは、学校で成功を収めやすい。一方で村出身者にとっては教室の文化・習慣・言葉は馴染みが薄く、村の文化と学校の代表する都市中産階層の文化とが教室で衝突し、子どもたちはその最前線で学んでいる。この文化的衝突こそが、社会経済、文化的に下位の階層の子どもを学校での成功から遠ざけ、排除しているとアップル（1990）は論ずる。さらに学校文化と親和性の低い文化の共同体は「問題を抱えた集団」と一方的に見なされ、教員だけではなく、やがて生徒たち自身も自分たちの共同体は劣っているという認識を持つに至る。社会経済的な階層のみならず、文化的な意味でも、不均等な価値配分が社会関係にも、学習者の内部にも形づくられていくのだ。

　本章では主に教育を通じた社会構造の再生産効果について述べてきた。しかし村落に暮らす１人ひとりの女性たちの声を聞くと、学校教育によって自尊心や社会的流動性を獲得している人々の姿も、わずかではあるが見えてくる。母語に対しては否定的な態度を見せる調査参加者も多いが、裏を返せば公用語であるヒンディー語を話せることは、ある程度の自信、自尊心につながっている。またヒンディー語能力と後期中等や高等教育の修了資格を武器に、経済力、社会的地位を得ている農村の女性たちも少ないながら存在している。もちろん女性たちの活動には、移動や就労機会への制限というジェンダー規範を背景とした限界があり、今日の農村地域では、高等教育修了資格や英語能力のもたらす優位性はほとんどない。そのような制限された環境の中で、主体性を持って生きる１人の人間として人々がどのように活動の幅を広げていくのか、また重層

的に広がる多言語世界でどのような言語意識を形成していくのかという点にも、今後注視していきたい。

注

1 このように言語の数に幅があるのは、どこまでを「言語」とし、どこからを「方言」と呼ぶかという点で、諸説あるためである。

2 一般に 1991 年の経済改革が今日のインドの目覚ましい経済発展の契機となったとされるが、柳澤（2010）は、90 年代の経済改革が成功した背景には、それ以前の農業改革により農村の生産性が向上したことが、インド全体の経済的基盤を支える土壌を造成していたと論じている。

3 ここでは「後進カースト」は政府の定めた Other Backward Caste、「指定カースト」は Scheduled Caste をそれぞれ指す。

4 Sarva Shiksha Abhiyan (SSA) は、1990 年、2000 年に採択された UNESCO の「万人のための教育」（Education for All）と枠組みを共有するインド政府の包括的な初等教育普及のための取り組みである。本プログラムのもと連邦、州政府が協力してインド国内での初等教育完全普及を目指している。

5 指定カースト、指定部族とは憲法に定められた、いわゆる不可触カースト、先住民族と呼ばれる、歴史的に不利な立場にあった人々を指す。政府は議会や公務員、高等教育などさまざまな面で留保制度を設け格差解消を目指している。

6 Tuition は米国では授業料という意味だが、インドでは塾のことを Tuition と呼ぶ。

7 2013 年 5 月 22 日付の The Hindu は、施行後 3 年現在、RTE は周知の欠如、厳しすぎる入学条件、不明瞭な補助金の条件などのために、期待よりずっと小さな効果しか挙げていないと報告している。また 2014 年に Oxfam India が発表した報告書では、2013 年現在、RTE が実際に施行されているのは実質上、デリーとバンガロールの二都市のみであるとしている。(Oxfam 2014)

8 主に参加者を通じて次の参加者を募るスノーボーリング・メソッドを使用。年齢によるばらつきが大きいのは、10 代女子は比較的外出が容易である一方、成人女性は外出・移動が抑制される傾向が強かったためである。出身カースト情報が欠落している部分は、学校で実施したグループ・インタビューの一部で、倫理的な理由から尋ねることを控えたためである。ただし当該学校の担当教師によると、グループ・インタビューに答えてくれた女子生徒は全員後進カーストか、指定カーストの経済的に弱い層の出身者である。

参考文献

アンダーソン、ベネディクト（1997）『増補版　想像の共同体――ナショナリズムの起源と流行』白石さや、白石隆訳、NTT 出版

押川文子（2010a）「変動する社会と『教育の時代』」『南アジア研究』第 22 号

―――（2010b）「『教育の時代』の学校改革――能力主義と序列化」『南アジア研究』第 22 号

―――（2013）「教育の現在――分断を越えることができるのか」『激動のインド　第 1 巻

変動のゆくえ』、日本経済評論社
小原優貴（2010）「インドの教育における『影の制度』――デリーの無許可学校の機能要件と法的位置づけの検討」『南アジア研究』第 22 号
鈴木義里（2000）「多言語社会インドのメディア」『ことばと社会』4 号
―――（2001）『あふれる言語、あふれる文字――インドの言語政策』右文書院
針塚瑞樹（2010）「路上生活経験のある子どもの『教育の機会』と NGO ――ニューデリー、NGO、'SBT' の事例から」『南アジア研究』第 22 号
藤井毅（1999a）「インドにおける固有名の位相――歴史の中の多言語・多文字社会」『ことばと社会』1 号
―――（1999b）「現代インドの言語問題――言語権の保証とその運用実態」『ことばと社会』2 号
―――（2000）「『多言語社会』において『単一言語』が志向されるとき――インドの歴史経験は、何を語るのか」『ことばと社会』3 号
ブルデュー、ピエール（2012）『国家貴族――エリート教育と支配階級の再生産 I, II』立花英裕訳、藤原書店
柳澤悠（2010）「村民にとっての機会の変化と『農村』の変容」『南インド研究』第 22 号
Apple, M. W. (1990) *Ideology and Curriculum: The Second Edition*, New York: Routledge.
Austin, G. (2009) "Introduction: Language and the Constitution: The Half-Hearted Compromise" In *Language and Politics in India,* edited by Asha Sarangi. New Delhi: Oxford University Press.
Azam, M., Alimee Chin, and Nishith Prakash, (2013) "The Return to English-Language Skills in India." *Economic Development and Cultural Change* Vol.61, No.2 (January 2013): 335-367
Balagopalan, S. (2005) "An Ideal School and the Schooled Ideal: Education Exclusion and the Developmental State. In *Educational Regimes in Contemporary India*, edited by Radhika Chopra & Patricia Jeffery, New Delhi: Sage Publications.
Bevir, M. and Frank Trentmann. (2007) *Governance, Consumers and Citizens: Agency and Resistance in Contemporary Politics.* New York: Plagrave Macmillan.
Bourdieu, P. (1973) "Cultural Reproduction and Social Reproduction." In *Knowledge, Education, and Cultural Change,* edited by Richard Brown, London: Tavistock.
Chaklader, S. (1990) *Sociolinguistics: A Guide to Language Problems in India.* New Delhi: Mittal Publications.
―― (1990) "Language Policy and Reformation of India's Federal Structure: The Case of West Bengal" In *Language Policy and Political Development,* edited by Brian Weinstein. New Jersey: Ablex Publication Corporation.
Clarke, J. H. Janet E. Newman, Nick Smith, Elizabeth Vider, and Louise Westmarland, (2007) *Creating Citizen-Consumers: Changing Public and Changing Public Services.* London: Sage Publication.
Das Gupta, J. (1970) *Language Conflict and National Development: Group Politics and National Language Policy in India.* Berkeley: University of California Press.
―― (1990) "Language Planning and Democratic Becoming" In *Language Policy and Political*

Development, edited by Brian Weinstein. New Jersey: Ablex Publication Corporation.
Erling, E. J., M. Obaidul Hamid and Philip Seargeamt (2013) "Grassroots Attitudes to English as a Language for International Development in Bangladesh." In *English and Development: Policy, Pedagogy and Globalization,* edited by Elizabeth J. Erling and Philip Seargeant. Bristol: Multilingual Matters.
Escobar, A. (1995) *Encountering Development: The Making and Unmaking of the Third World.* Princeton: Princeton University Press.
Ferguson, G. (2013) "English, Development and Education: Charting the Tensions." In *English and Development: Policy, Pedagogy and Globalization,* edited by Elizabeth J. Erling and Philip Seargeant. Bristol: Multilingual Matters.
Ghosh, A. (2004) "Alternative Schools and Education Guarantee Scheme." In *Gender and Social Equity in Primary Education: Hierarchies of Access,* edited by Vimala Ramachandran. New Delhi: Sage Publication.
Government of India. (2004) *Census of India: Language Atlas of India, 1991.* (Jayant Kumar Banthis)
―― (2001) Census of India, 2001.
 Retrieved 2014/02/10 from http://www.censusindia.gov.in/Census_Data_2001/Census_Data_Online/Language/data_on_language.aspx
―― (2011) Census of India, 2011.
 Retrieved 2014/02/10 from http://www.censusindia.gov.in/default.aspx
―― (2010) "The Gazette of India: Extraordinary" for Right of Children for Free and Compulsory Education Rule 2010, by the Department of School Education and Literacy, the Ministry of Human Resource Development (the 8th April, 2010)
 Retrieved 2014/02/21 from PDF File: http://mhrd.gov.in/sites/upload_files/mhrd/files/RTI1.pdf
―― (2013a) DISE 2012-2013 "Elementary Education in India: Progress towards UEE"
 Retrieved 2014/02/14 from PDF File: http://www.dise.in/
―― (2013b) National Report, "Second National Evaluation of KGBV Programme of GOI, November-December 2013, Final Revised 12 December 2013"
 Retrieved 2014/06/14 from PDF File: http://ssa.nic.in/girls-education/kasturba-gandhi-balika-vidyalaya/Final％20revised％20National％20Report％20of％20KGBV％20Evaluation％2012％20Dec％202013％20.pdf/view
Harris, R. L. and Melinda J. Seid, (2000) Introduction. In *Critical Perspectives on Globalization and Neoliberalization and Neoliberalism in the Developing Countries,* edited by Richard L. Harris & Melinda J. Seid. Lieden: Brill.
The Hindu. (2013) "Advantages and disadvantages of RTE Act" (22 May, 2013)
 Retrieved 2014/02/21 from http://www.thehindu.com/news/cities/Madurai/advantages-and-disadvantages-of-rte-act/article4735501.ece
Jeffery, R. Patricia Jeffery, and Craig Jeffrey. (2005) "Social Inequalities and the Privatisation of Secondary Schooling in North India." In *Educational Regimes in Contemporary India,*

edited by Radhika Chopra & Patricia Jeffery. New Delhi: Sage Publications.
Joseph, S. (2007) "Neoliberal Reforms and Democracy in India." *Economic and Political Weekly,* (August 4, 2007): 3213-3218.
Juneja, N. (2013) "The Story of the Right to Education in India." 口頭発表。日本南アジア学会九州支部 12月定例研究会。
Khubchandani, L. M. (1983) *Plural Languages, Plural Cultures: Communication, Identity, and Sociopolitical Change in Contemporary India.* Hawaii: An East-West Center Book.
King, C. R. (1994) *One Language, Two Scripts: The Hindi Movement in Nineteenth Century North India.* Delhi: Oxford University Press.
Krishna, S. (1991) *India's Living Languages: The Critical Issues.* New Delhi: Allied Publishers Limited.
Krishnamurti, Bh. (1998) *Language, Education and Society: Language and development—Volume 7* New Delhi; Sage Publications.
Mukherjee, A. K. (2009) *This Gift of English: English Education and the Formation of Alternative Hegemonies in India.* New Delhi: Orient Blackswan.
Munshi, K. and Mark Rosenzweig, (2006) "Traditional Institutions Meet the Modern World: Caste, Gender, and Schooling Choice in a Globalizing Economy." *The American Economic Review* Vol.96, No.4 (September 2006): 1225-1252
Nef, J. and Robeles Wilder. (2000) "Globalization, Neoliberalism, and the State of Underdevelopment in the New Periphery." In *Critical Perspectives on Globalization and Neoliberalization and Neoliberalism in the Developing Countries,* edited by Richard L. Harris & Melinda J. Seid. Lieden: Brill.
Nozawa, E. (2012) *Education, Empowerment, and Gender in Transitional Society: A Case Study in Villages of Rural India.* Ph. D. Dissertation.
Oxfam India (2014) *Inclusion of Marginalised Children in Private Unaided Schools under the Right of Children to Free and Compulsory Education Act, 2009: An Exploratory Study.* Delhi: Oxfam
Page, E. (2005) "Negotiation and Compromise: Gender and Government Elementary Education." In *Educational Regimes in Contemporary India.* Edited by Radhika Chopra & Patricia Jeffery. New Delhi: Sage Publications.
Pasha, M. K. (2000) "Liberalization, State Patronage, and the 'New Inequality' in South Asia." In *Critical Perspectives on Globalization and Neoliberalism in the Developing Countries,* edited by Richard L. Harris & Melinda J. Seid. Leiden: Brill.
Patnaik, U. (2007) "Neoliberalism and Rural Poverty in India." *Economic and Political Weekly* (July 28, 2007): 3132-3150.
Pool, J. (1990) "Language Regimes and Political Regimes" In *Language Policy and Political Development,* edited by Brian Weinstein. New Jersey: Ablex Publication Corporation.
Ramachandran, V. (2004) *Gender and Social Equity in Primary Education: Hierarchies of Access.* New Delhi: Sage Publications.
Ramanathan, V. (2005) *The English-Vernacular Divide: Postcolonial Language Politics and*

Practice. Clevedon: Multilingual Matters.
Roy, M. (1994) "Englishing" India: Reinstituting Class and social Privilege." *Social Text,* No.39 (Summer 1994): 83-109
Sarangapani, P. M. (2003) *Constructing School Knowledge: An Ethnography of Learning in an Indian Village.* New Delhi: Sage Publications.
Scrase, T. J. (1993) *Image, Ideology and Inequality: Cultural Domination, Hegemony and Schooling in India.* New Delhi: Sage Publications.
Seargeant, P. and Elizabeth J. Erling. (2013) "Introduction: English and Development." *English and Development: Policy, Pedagogy and Globalization,* edited by Elizabeth J. Erling and Philip Seargeant. Bristol: Multilingual Matters.
Sen, A. (1990) "Gender and Cooperative Conflicts." In *Persistent Inequalities: Women and World Development,* edited by Irene Tinker. New York: Oxford University Press.
Sharma, A. (2008) *Logic of Empowerment: Development, Gender, and Governance in Neoliberal India.* Minneapolis: University of Minnesota Press.
Sheth, D. L. (2009) "The Great Language Debate: Politics of Metropolitan versus Vernacular India." In *Language and Politics in India* edited by Asha Sarangi. New Delhi: Oxford University Press.
Sonntag, S. K. (2009) "The Political Saliency of Language in Bihar and Uttar Pradesh" In *Language and Politics in India,* edited by Asha Sarangi. New Delhi: Oxford University Press.
Subrahmanian, R. (2005) "Education Exclusion and the Developmental State." In *Educational Regimes in Contemporary India,* edited by Radhika Chopra & Patricia Jeffery. New Delhi: Sage Publications.
Vaidyanathan, A. and P. R. Gopinathan Nair. (2001) *Elementary Education in Rural India: A Grassroots View.* New Delhi: Sage Publications.
Vidyarthi, L. P. (1971) "Cultural Linguistic Regions in India: Bihar: A Case Study." In, *Bihar in Folklore Study: An Anthology.* edited by L. P. Vidyarthi and Pandit Ganesh Chaubey. Calcutta: Indian Publications.
Visaria, L. and Vimala Ramachandran, (2004) "What DPEP and Other Data Sources Reveal." In *Gender and Social Equity in Primary Education: Hierarchies of Access,* edited by Vimala Ramachandran. New Delhi: Sage Publications.
Weinstein, B. (1990) "Language Policy and Political Development: An Overview" In *Language Policy and Political Development,* edited by Brian Weinstein New Jersey: Ablex Publication Corporation.

コラム 8

タイにおける少数派グループの教育と社会階層
ラサミ・チャイクル

◆はじめに

　タイ王国（以下タイ）は、一般的に単一言語で単一民族国家と思われているが、実際は多数の少数派グループと民族からなっているメルティング・ポット（人種・民族のるつぼ）である。地理的にみると、タイはミャンマー、ラオス、カンボジア、マレーシアに囲まれている。何百年と住み着いている少数民族と先住民の他、近隣からの難民や、カンボジア・中国・トルコなど他国からの移民が多い。タイは労働力の恩恵を受けている一方、移民受け入れ国の多くがそうであるように、移民に関して解決が必要な多くの複雑な問題を抱えている。理想的には、難民や移民の社会格差や不平等を減らすためには、教育が一番の解決法であるが、現実にはそれ程単純なものではない。

◆タイの少数派グループ

　2000年の時点で、総人口6,188万人（2014年6,800万人）に対し、タイの少数派は、中国系が600～720万人（10～12％）、マレー系が500万人（5％）、モン族・クメール族など高地民族グループが60～120万人（1～2％）だった（World Directory of Minorities and Indigenous People 2005）。ここで言語と文化同化度によって、4つのグループに分けてみる。先住民、少数民族、移民、難民である。

　第1のグループである土着民（先住民）についていうと、彼らは独自の言語、伝統、文化、生活様式を持っているが、ほとんどはタイ式に同化している。最初のグループは主に北からやってきた中国系タイ人、主にイスラム教徒のマレー系タイ人である。それに加えてタイ語でMonと呼ばれるカンボジア系タイ人、タイ語でKernと呼ばれるタイ族、インド系タイ人、ネパール系タイ人である。

　2番目のグループの少数民族は高地に住んでいるモン族（Hmong）、カレン族（Karen）、ルア族（Lua）、モーガン（Morgan）、マレー出自のセマン族（Semang）や低地にいるセマン族であるサカイ族（Sakai）など、オセアニア語族がいる。彼らは独自の言語と伝統を持っている。祖先と同様の生活様式の共同体に住んで

いる彼らは、多数派のタイの伝統や文化になじみが薄く、タイ語の非識字率も高い。

3つ目の少数派グループは最近の移民である。移民には、労働力としての移民、不法移民がいて、現代のタイの社会問題となっている。移民の多くは生活の向上を求めて経済的理由でタイにきたミャンマー人、カンボジア人、ラオス人や高地民族である。彼らは建設現場、レストラン、漁船、ガソリンスタンドや、家政婦として働くためにタイにきた人々で、ほとんどは就労ビザや短期ビザや期限付き在留許可をとってきている。

中には、自分の意思に反してタイに不法入国してくるものもいる。ミャンマー人の例にみられるように、何の身分の保証もなく国境の近くに住み着く。彼らは、国境線がどこかよくわからなくて住んでしまったというが真偽の程はわからない。他の不法入国者は、だまされて風俗や、過酷な労働を強いられる漁船で働くために連れて来られたものもいる。

最後のグループは近年の難民である。ほとんどは亡命のため保護を求めてタイにきたり、亡命国に渡る途中で一時的にタイに避難を求めたりしている者である。一番最近の例だと、中国河北省のシンタイから逃れてきた200人のウイグル人の例がある（AFP-JIJI 2014; Corben 2014）。

その他に、先進国から派遣された会社員や、娯楽産業、語学産業などに従事する外国人や、タイが気に入って長期滞在をしている者、結婚によりタイに住み着いたもの、最近ではチェンマイやチョンブリ市など、日本や欧米から退職後に快適な生活を送るためにくる者も多い。

◆社会的階層

社会的格差は少数民族と移民と難民の間で一番激しいものとなっている。タイ人を数人インタビューした結果、明確にはいえないものの、少数グループ間の格差は、タイ社会と言語の相違、人種的民族的相違、出自の民族グループに対する偏見などに基づいているといえるだろう。

多くのタイ人は、少数グループに対する社会格差を意識していない。しかし、インタビューで、「わざと軽蔑したり差別したりしているわけではないが、少数グループを格差付けしている」という共通認識が出た。ユアン（You-an）と呼ばれるベトナム民族グループは、タイや中国系タイ人と風貌が似ていることや清潔で勤勉なので、一番高く評価されている。ラオス系も、ラオス語とタイ語が同じ言語系列でお互いに理解できるという点があるせいか高く評価されている。コミュニケーションがうまくとれれば、一般的にお互いが理解しやすくなる

ので、自分たちを「兄弟（姉妹）」と呼んだりすることもある程だ。タイ人とラオス人が親近感を覚えるのと比べると、ミャンマー人の移民に対しては、いくぶん心理的距離を置く傾向にある。それは歴史的に2国が争った経緯があるからだ。根拠なくいわれていることだが、ミャンマー人の労働者は他の移民と比べるとより粗野であると思われている。高地民族のクメールやモン（Khmer, Mon）のようなカンボジアの民族グループは、仕事や入国経緯に関してより慎重であると考えられている。高地の民族そのものと、多くが家政婦としてタイの家庭で雇われているので、タイ人は彼らにはより馴染みを感じている。カンボジア人とは長年にわたるプレアヴィヒア寺院の所有権の争いや、タイへの不法難民の送り込み、法に反した職業など、道徳的に堕落したというイメージがつきまとっている。たとえば、10万人ほどいるカンボジア人の中で、多くは無給の建築作業や性産業や非合法の漁業に従事させられている被害者であるにもかかわらず、それすら彼らに対する否定的なゆがんだイメージを作りだす原因になっている（Sakada 2012）。このように格差や偏見があるものの、少数派の出自にかかわらず、社会格差を縮める役割を担うのは教育のはずである。

◆タイの教育政策

タイの義務教育は、小学校課程が6年間（Prathom 1-6）、中等教育が3年間（Mathayom 1-3）と高等教育が3年間（Mathayom 4-6）の計12年間である。入学年齢は6歳あるいは7歳である。1999年の教育政策条例（第1章6条）では、教育タイ国民のあらゆる面で——身体と精神面の健康、知能と知識、他の人々と調和を持って暮らせるような——統合された望ましい生き方を目指すべきだとしている（National Education Acts 2002）。この条例は、すべての子どもが教育を受ける権利と教育の質の保証をしている。また、2005年にはタイ国籍の子どもだけでなくタイに住んでいるすべての子どもが平等に教育を受ける権利があると国会で宣言をした。タイ議会 B.E. 2550 第30条（2007）において、移民、難民、亡命者のいずれの子女も、出自・人種・言語・性別・年齢・障害・身体や健康状態・個人の身分・経済や社会的地位・宗教（信条）・教育歴・政治的信条のいかんにかかわらず教育を受ける権利があると認めている。つまり、基本的理念は万人のための教育である。

教育はよりよい仕事と生活の質を保証してくれるものである。タイの移民と無国籍の子どもの教育不足と社会の不平等について、教育をきちんと受けていなければこれらの子ども達は大変限られた就職の機会しかなく、読み書きや言葉

ができないせいでタイ社会に溶け込むことは大変困難であるのは明らかである（Hoyne 2011）。タイ政府はこれらの問題を認識していて、タイ市民だけでなく少数民族や難民に対して教育支援をしていくことで問題解決に取り組んできた。

◆少数民族・移民・難民の子どもと教育

タイの外務省は、未登録児童の教育のための議会決議案（Cabinet Resolution on Education for Unregistered Person 2005）の下、不法在留の子どもにも教育を受ける権利を保障し、教育省はそれにしたがって公立の学校に入学できると述べている（2011）。タイ政府関連の組織だけでなく、非営利団体（NGO）も、特に首都より離れた場所や山里離れた奥地や高地で教育支援をしている。タイの国境付近には少なくとも26万人の タイ国民ではない子どもが住んでいて、毎年5000人ずつ増えているといわれているが、政府の努力にもかかわらず、約16万人の子どもしか教育を受けていない（KomchatLuek Online, 2009）。この内6万人の子どもがタイ政府と教育省の支援を受けて、地方都市に移住し公立学校に通っている。残りはNGOによって設立された学校に通っている。タイ政府はNGOを認めているが、NGOの学校は大体NGOだけで運営され、他の組織は他国から資金援助を受けている（Komchadluek Online 2009）。ほとんどの学校はタイの教育政策やシステムとは違う独自のカリキュラムや方針で運営されている。これらの教育方針のよいところは、生徒の文化や言語に合わせて学習内容を合せることができるという、柔軟で自治的要素を持っているということである。しかしながら、このような独自の学習方式と内容の授業を受けた生徒は、学習能力基準に合ったタイの学校にいけなくなる可能性がある。

正式な学校に通っていない少数派の多くは、難民とタイ国籍のない子たちである。そのうちの多くは、タイを第3国にいく拠点として他国への亡命を希望している。国連難民高等弁務官事務所（UNHCR）や国連難民タイ支部（UN Refugee Agency Thailand)が面倒をみている（Komchadluek Online 2009）。子どもたちは、第3国に送られるまで、UNHCRによって用意された学校に通っている。2014年3月の時点で、UNHCRは国境沿いに9つの仮設キャンプに9万人以上のミャンマー人を保護していると発表した（2014）。

読み書きができることは、社会でよりよい仕事に就け、よりよい社会的立場にいられることを意味しているのはいうまでもない。特に教育の不平等が社会の不平等と社会の格差を生むのはタイの例からも明白である。少数派にとってよりよい教育が受けられるようにすることは急務であると思われる。（杉野俊子訳）

参考文献（オンライン文献）

Corben, R. (2014) Rights Groups Want Protection for 220 Uighurs Detained in Thailand. *Voice of America*, 2014, March 15. Retrieved 2014/03/20/from http://www.voanews.com/content/rights-groups-want-protection-for-220-uighurs-detained-in-thailand/1871907.html

Hoyne, N. (2011, April 8). Thailand: Education Desperately Needed for Migrant and Stateless Children. *Minority Voices Newsroom*. Retrieved 2014/03/19 from http://minorityvoices.org/news.php?action=view&id=693

Komchadluek Online (December 8, 2009). Retrieved March 23, 2014 from http://www.iyatv.com/News/Komchadluek/ (original in Thai)

National Education Act B.E. 2542: *1999 and Amendments: Second National Education Act B.E. 2545 (2002)*. Bangkok: Office of the National Education Commission, Office of the Prime Minister Kingdom of Thailand.

Ministry of Foreign Affairs, Department of International Organizations, Social Division, Kingdom of Thailand (2011). *Human Rights: Rights to education for migrants, refugees and asylum seekers*. Retrieved 2014/03/20 from http://www.mfa.go.th/humanrights/implementation-of-un-resolutions/72-right-to-education-for-migrants-refugees-and-asylum-seekers-

Sakada, C. (2012) Cambodia seeks legal status for workers in Thailand.

UNHCR: The UN Refugee Agency Thailand (n.d). Refugee population in Thailand. Retrieved March 30, 2014, from *the United Nation of High Commissioner for Refugee* Web site: https://www.unhcr.or.th/node/300

Voice of America: *VOA khmer.* (2012, January 1). Retrieved 2014/03/27 from http://www.voacambodia.com/content/cambodia-seeks-legal-status-for-workers-in-thailand-136544548/1357105.html

World Directory of Minorities and Indigenous people (2005). *Thailand Overview*, Retrieved 2014/03/10 from http://www.minorityrights.org/5595/thailand/thailand-overview.html

コラム 9

ベトナムの少数民族の教育と言語問題

ホ・グウェン・ヴァン・アン

◆はじめに

　ベトナム社会主義共和国（以下ベトナム）は東南アジアの一国で、北に中国、北西にラオス、南西にカンボジアと隣接する面積が 33 万平方キロメートルの南北に長い国である（Dang 2009）。首都は北部にあるハノイである。人口家族計画総局（2013）によると、人口は約 9,170 万人で、東南アジアでも人口密度がもっとも高い国の 1 つとなっている。

◆ベトナムの少数民族

　ベトナムには公称 54 の少数民族がいるので、世界の中でも民族が多様であると考えられている。ベトナムには 107 の言語があるといわれているが、民族的に大きく 5 つに分類することができる。それらは、ヴィエト（Viet）、ホア（Hoa－華人の意）、クメール（Khmer）、タイ（Thai）とフモン（Hmong）である。彼らは、過去には揚子江の南から東南アジアの島々に広がった同じ歴史的・文化的足跡を共有しているとされている（Dang 2009）。キン族（越人）あるいは ヴィエト（ベトナム民族）が一番多く、国全体の 86％をしめ、華人のホアとともに、多数派とみなされている。少数民族で一番多数なのはタィー族 Tay（1.9％）、タイ族 Thai（1.8％）、ムオン族 Muong（1.5％）、クメール族 Khmer Krom（1.47％）、ホア族 Hoa（1％）、ヌン族 Nung（1.13％）、モン族 Hmong（1.24％）、ザオ族 Dao（0.87％）で人口の約 10％ を占める。その他の少数民族は人口の 4％を占める。少数民族はベトナムの北から南まで山岳地帯と奥地に分散している。

◆少数民族の不利な点

　多数派であるキン族や華人のホア族に比べると、政府や NGO の援助努力にもかかわらず、少数派は不利益をこうむりがちで、生活水準も低い。さらに、仕事場での差別的な待遇と同様に、遅れている、迷信深い、保守的であるという否定的な固定観念の対象になっている（Dang 2009）。世界銀行（2009）によると、多数派と比べて不利益をこうむっているのは以下の点である。

- 少数民族は教育を受ける機会がより少なく、中退率が高く、入学時の年齢が高い。少数民族出身の先生が少なく、二言語教育が少ない。教育費が負担になっている。
- キン族など多数派が政府の学校制度とソーシャルネットワークの利点を受けている一方、少数民族は社会の流動性が低い。
- 少数民族はローンなど金銭的なサービスを受ける機会が少ない。
- 少数民族は生産性が少ない土地で、昔ながらの焼き畑農業法に頼っている。また、農業以外の仕事に就く機会が少ない。
- 少数民族は市場に参入する機会が少なく、よって現金収入も少ない。少数派によっては商売をする民族もあるが、キン族より流通性は低い。
- 少数民族は偏見や誤解を受けやすい。多数派からだけでなく少数派同志でもそうである。これが発展をさらに妨げることになる。

◆**教育問題**

　少数民族の教育レベルは以前より高くなっているが、多数派と比較すると格差が大きい。国連人口基金（2011）によると、小学校を修了した生徒は、キン族の27.6％と華族の28％に比べても、ほんの少し低いだけである。しかし教育レベルが高くなればなるほど、多数派のキン族と他の民族との差は大きくなる。中学校レベルでは、キン族が他のグループより1.7倍卒業率が高く、高校やそれ以上のレベルになると2.5倍になる。

　非識字率も、多数派が24-12％に減ってきたように、59％から26％に徐々に減少している（Dang 2009）。しかし、国連人口基金によると、2011年までにキン族の非識字率は4％にまで減ったが、北の山岳部の非識字率は、たとえばモン族の37.3％と、未だに高い数字を示している。2009年には、退学率の男女比は、男子が47％に対して女子は54％であった。

　15歳以上の在学生の数は、多数派と少数派であまり差がないという結果が出ているが、これは誤解を招きやすい数字である。なぜならば、1つには少数派は多数派よりも学校にいき始める年齢が高い上、少数派の生徒は、落第したり再履修したりする率がより高いからである。

　教育の質は少数派によって異なることがある。Dang（2009）によると、在籍している学年と実年齢の差は少数派にとって大きな問題である。当該学年よりも年齢の高い子たちは、小学校1年生以外は、小学校レベルでいうと多数派より30％も多くなっている。

さらに、ベトナムの2言語教育は実践的ではない。少数民族のための正式な2言語教育が試行されたことがあったが、以下の述べる理由によりその効果は期待以下のものであった。第1に、地域によってプログラムが異なり、それらのプログラムも地域の役人の意向に沿って導入されたものである。第2に、2言語教育とうたっていても、少数民族の子どもたちが母語の力を伸ばしていくものではなく、ベトナム語の習得に力を入れるという方向性の違いがあった。第3に、少数言語を使って授業を行うというのではなく、少数言語は教科の1つとして教えられ、しかも低学年だけであった。結果として、ベトナム語に重点を置くことで、2言語教育は少数派と先住民に与える不利な点は大きかった。

　それゆえ、少数派や先住民の子どもたちは、自分たちがよく理解できない言語で教育を受けるために、低学年で学校をやめる子たちが非常に多い。学校に残った子どもたちも、ベトナム語だけで教えられるので、不利益をこうむりがちで、自分たちの母語も伸びないままになる。最後に、学校を卒業できたほんの一握りの子どもたちの中には、ベトナム語がかなり流暢になる子もいるが、公務員などの就職の際には、情報や知識を豊富に持っているベトナム語の母語話者と競争しなければいけなくなる（World Director/of＝少数派と先住民族の世界案内簿 2005）。

　さらに、山奥に仕事の用事で出かけた経験に基づいて語ると、キン族や華族の人々と違って、少数民族は、教育を優先事項と考えていないという印象を持ったと Tran（2014）は述べている。経済的理由と学費の負担がそうさせているようだ。少数民族のほぼ全員が自給自足であるため、生計のために商いをする者は少ない（Baulch, Truong 他 2002）。そのため、より高い教育を受ける理由がないのだ。さらに、奥地や山岳地帯に住んでいて、外の世界から遮断されているので、子どもたちは長い距離を歩いて通わなければならない。時には往復で16キロも歩かなければ学校にたどりつけないので、通学の困難さがやる気を失わせる原因になっている。少数派の親は、教育に投資するより日々の生活費を稼ぐことのほうが重要だと思っている。これが、教育を受ける機会をより少なくしている原因になっている。

　いわゆる学費援助プログラムも学費の負担を軽くするために導入されている。現実にプログラムがうまくいっていないのは、援助金が先生に直接わたっても、通学にとてつもない時間がかかるので、親が生徒を学校に通わせる動機づけにはなっていない。また、援助金が直接親にわたると、教育に使わないで、食べるものを買ったりギャンブルに使ったりしてしまうことが多い。

子どもたちは労働力や売春や人身売買のために搾取される危険性がたいへん高い。不幸にも、多くの親は状況の深刻さに気付いていない。親は貧困のため斡旋業者に子どもを売ってしまうことがある。親は子どもの労働力をあてにするあまり、支援プログラムや高等教育を受ける機会を失わせるように子どもに圧力を与えたりする。少数民族自身が自分たちで、いい加減という先入観を植え付けているようなものだと多数派は思ってしまう。

　少数民族は生活基準が低いにもかかわらず、自分たちの自由が保障されれば人生に満足しているようだ。それゆえ、かれらはきちんとした環境のもとで、子どもの教育を継続していくことに親としての責任を果たしたりすることができないでいる。以上、ベトナムの少数民族がさまざまな理由で教育や母語維持に困難さを経験している様子が浮き彫りにされたと思う。　　　　　　　　　　　　　（杉野俊子訳）

参考文献

Tran, Thi Tra My. 2014, Tramy.Tranthi@hagarinternational.org. Education in mountainous areas of Vietnam [email]. Message to V.A. Nguyen Ho (hnvananh@hotmail.com) Sent Monday 14 July 2014 11:03:05 AM.

オンライン文献

Baulch, Bob; Thi Kim Chuyen, Truong; Haughton, Dominique; Haughton, Jonathan., 2002. Ethnic Minority Development: A Socioeconomic Perspective. *World Bank*, Washington, D.C. Retrieved 2014/07/26 from http://openknowledge.worldbank.org/handle/10986/14802

Dang, Hai-Anh. 2009. Chapter 8 Vietnam: A Widening Poverty gap for Ethnic Minorities. *World Bank*. Retrieved 2014/07/26 from http://siteresources.worldbank.org/EXTINDPEOPLE/Resources/407801-1271860301656/Chapter_8_Vietnam.pdf

General Office for Population Family planning 人口家族計画総局. Retrieved 2014/07/26 from http://www.gopfp.gov.vn

UNFPA 国連人口基金（2011）. *Ethnics Groups in Vietnam: An analysis of key indicator from the 2009 Vietnam Population and Housing Census* [online]. Retrieved 2014/07/26 from: http://vietnam.unfpa.org/webdav/site/vietnam/shared/Publications%202011/Ethnic_Group_ENG.pdf

World Bank (2009). *Country Social Analysis :Ethnicity and Development in Vietnam*. Volumes 1&2. Social Development Unit, East Asia and Pacific Region. Washington DC. Retrieved 2014/07/26 from http://www-wds.worldbank.org/external/default/WDSContentServer/WDSP/IB/2009/08/18/000333038_20090818004449/Rendered/PDF/499760ESW0Whit1BLIC10vietnam1CSA1LR.pdf

World Directory of Minorities and Indigenous People. 少数派と先住民族の世界案内簿 2005. Vietnam overview. *Minority Rights Group International*. Retrieved 2014/07/26 from http://www.minorityrights.org/2318/vietnam/vietnam-overview.html

第10章

香港とマカオにおける言語教育
―― 旧宗主国の違いは言語格差をもたらすのか ――

原　隆幸

はじめに

　中国の一部であった香港は、約150年にわたりイギリスの植民地であったが、1997年に中華人民共和国（以下、中国）に返還された。一方、同じく中国の一部であったマカオは、400年以上ポルトガルの植民地となり、1999年に中国に返還された。現在、両地域はそれぞれ中華人民共和国香港特別行政区（以下、香港）と中華人民共和国マカオ特別行政区（以下、マカオ）となっている。香港では英語が通じ、マカオではポルトガル語が通じると思われていたが、実際にいってみるとそうではないと感じる。香港とマカオでは人々は広東語を話し、返還後は普通話（Putonghua：標準中国語）を話す人も増えている。香港で英語を話してみるとあまり通じない印象を持つ。一方、マカオでは、ポルトガル語を話す人はわずかであり、英語のほうが通じる印象を持つ。
　教育に目を向けると、香港では、返還前はイギリス式の教育制度を採用し、返還後の2012年からは中国式の教育制度に合わせる形になった。学校では広東語を教育言語とし、英語と普通話が教えられているが、中等教育では英語を教育言語として用いている学校もある。一方、マカオでは返還前から現在に至るまで教育制度は香港ほど簡単ではない。中国式、ポルトガル式、イギリス式、ポルトガル・中国式など複雑であり、各教育制度により、教育言語や教えられ

る外国語も異なる。
　このように比較してみると、香港とマカオは同じような歴史をたどっていながらも、旧宗主国が違うため、教育制度や教育言語、言語教育などの面で大きく異なるのが現状である。本章では、香港とマカオの植民地時代から返還後における香港とマカオの人々の言語使用を探る。そこから見えてくる教育制度と言語教育、職業などに焦点を当て、旧宗主国の違いがもたらす言語格差について考察してみたい。
　なお、本稿では、比較しやすいように、項目ごとに香港とマカオの状況を記述する。

1. 香港・マカオの概観

(1) 地理的・歴史的背景

　香港は、香港島・九龍半島・新界および付近にある200以上の島から成る。総面積は約1,104km^2（2011年時点）[1]であり、東京都の約半分であるが、年々の埋め立てにより総面積は増加しつつある。人口は約700万人であり、その約95％が中国系住民である。その他、フィリピン人、ネパール人、インド人などの移民や出稼ぎ労働者から成る（2006年現在）[2]。
　香港が世界史上に現れてきたのは、150年前くらいのことである。それ以前は、中国広東省の南隣に位置する一寒漁村にすぎなかった。1840年、アヘン輸入による銀の国外流出取り締まりを中国（清朝政府）が強化したため、イギリスと対立し、アヘン戦争が始まる。イギリスが正式に香港の主権を得たのは、アヘン戦争の講和条約である1842年の南京条約に基づき清朝が正式に香港島をイギリスに割譲したときからである。その後、アロー号事件（1856年）がもつれてアロー戦争／第2次アヘン戦争が起こる。1860年の北京条約で九龍半島先端をイギリスに割譲した。次いで清仏戦争（1884～85年）、日清戦争（1894～95年）の敗北による清朝の弱体化に付け込み、イギリスは1898年に租借条約を押し付け、新界および付近の島を99年間の期限付きで租借した。こうして植民地香港が完成する。
　1984年12月に、中国とイギリスにより中英共同宣言が調印された。その中で、

1997 年の返還後 50 年間は中国と香港の社会経済制度を明確に区別し、香港の現状維持を謳う「一国二制度」(one country, two systems) を採ることが約束された。そして 1997 年 7 月 1 日にイギリスより中国に返還され、中華人民共和国香港特別行政区となり、現在に至る。

　マカオは、マカオ半島・タイパ島・コロアン島から成るが、近年タイパ島とコロアン島の間が埋め立てられ、コタイ地区と成り現在に至る。総面積は約 29.9km^2 (2012 年時点)[3] であり、香港島の約半分であるが、年々の埋め立てにより総面積は増加しつつある。人口は約 60 万人であり、その約 92.3％が中国系住民である。そしてフィリピン人 2.7％、ポルトガル人 0.9％と続く（2011 年時点)[4]。

　マカオに最初に中国人が定住し始めたのが、中国の宗朝末期（13 世紀）の頃だといわれている。ポルトガル人が大航海時代に中国とマカオに上陸し、その後、中国明朝とポルトガル王国が正式にマカオのポルトガル自治権を認めた。以降、18 世紀後半から 19 世紀にかけて、西洋と東洋交易拡大の拠点として発展していく。1841 年のアヘン戦争の結果、イギリスが香港を統治し始めると、貿易の拠点は、徐々にマカオから香港へと移っていった。一方で、ポルトガルはマカオの植民地的支配を強めていった。1887 年に調印された「中葡和好通商条約」により、中国はポルトガルがマカオを永久統治する権利を認めた。

　1974 年にポルトガル政府は反植民地政主義を宣言した。1979 年に中国とポルトガルの国交が樹立され、マカオを植民地ではなく中国領土でありポルトガルが管理している地域であるとの立場を示した。1987 年 4 月に、「マカオ問題に関する連合声明」が調印された。その中で、ポルトガルは、1999 年の返還後 50 年間は中国とマカオの社会経済制度を明確に区別し、マカオの現状維持を謳う「一国二制度」(one country, two systems) を採ることが約束された。1999 年 12 月 20 日にポルトガルより中国に返還され、中華人民共和国マカオ特別行政区となり、現在に至る。

(2) 公用語

　そもそも香港は、約 150 年に渡ってイギリスによる植民統治を受けてきた都市であるから、公用語は当然ながら英語であった。そのため住民の大多数が話す中国語が公用語と認められるのは簡単なことではなかった。香港で英語は、

エリートの言語であった。また司法・行政といった公的生活の言葉も、英語に独占されていた。

　中国語が公用語になったのは、近年のことである。1960年代末からの学生運動がきっかけとなり、「中文法定化」運動を展開した。この結果、1974年に香港の立法議会は、「1974年法定語文条例」を通過させ、中国語が公用語として認定されたのである。しかし公用語といっても公文書類は英語のみで、法的に公文書が英語と中国語の2言語で作成され同等に扱われるようになったのは、1989年に二言語条例が制定され公布されて以降のことである。

　返還後の香港の公用語は、返還後の香港の憲法にあたる中華人民共和国香港特別行政区基本法[5]によると、中国語と英語に定められている。

　もともとマカオは中国の一部であったため、中国語が政府の公用語であった。マカオが開港し、ポルトガル人が大航海時代に中国とマカオに上陸した後も唯一の公用語は中国語であった。しかし、アヘン戦争が清朝とポルトガル政府との関係にも緊張関係を生じさせた。その後、清朝はマカオにおけるポルトガルの統治権を認め、マカオは100年以上に渡りポルトガル政府の管理下に置かれ、ポルトガル語が唯一の公用語になった。しかし、1987年4月に、「マカオ問題に関する連合声明」で、返還後のマカオにおける公用語は中国語以外にポルトガル語も公用語として使用できるように定めた。こうした流れを受け、1991年に中国語にも公用語の地位を与えた。

　返還後のマカオの公用語は、返還後のマカオの憲法にあたる中華人民共和国マカオ特別行政区基本法[6]によると、中国語とポルトガル語に定められている。

(3) 日常の言語使用

　香港の言語使用を概観したものに盧（2003）がある。盧は言語使用環境状況を**表1**のように記している。しかし、小学校の一部では試験的に普通話を教育言語としている学校もあるため、将来は学校教育の欄にも（∨）が入るものと予想される。

　またBacon-Shone & Bolton（2008）では、領域と活動による言語使用を示している。仕事、ATM、小切手では、英語か中国語のどちらかを使用する（**表2**）。

　これによると、仕事と小切手では英語を使用する人が多く、メールでは両方

表1　香港における言語使用の環境状況

機能と環境	英語	広東語	普通語
政府公務	✓	✓	×
大衆メディア	✓	✓	✓
学校教育	✓	✓	×
法廷・法律事務	✓	✓	×
各種事務連絡	✓	✓	✓
個人の連絡	✓	✓	✓
商業・サービス業	✓	✓	✓
工業	✓	✓	✓
親族・友だち・同僚間の雑談	−	✓	−
社会・文化活動	✓	✓	×

出典：盧丹懷 (2005)『香港雙語現象探索』p.131.

表2　領域と活動による通常言語（2003）[7]

領域／活動	中国語	英語	中国語と英語
仕事で書く	48%	52%	−
仕事で読む	44%	54%	−
ATMを使う	76%	24%	−
小切手を書く	47%	53%	−
メールをする	36%	39%	25%
ネットサーフィンをする	43%	29%	28%

出典：Bacon-shone and Bolton（2008）

表3　マカオの家庭における日常話し言葉（1991-2001）

言語	1991年	1996年	2001年
広東語	85.8%	87.1%	87.9%
普通話（中国語）	1.2%	1.2%	1.6%
他の中国語方言	9.6%	7.8%	7.6%
ポルトガル語	1.8%	1.8%	0.7%
英語	0.5%	0.8%	0.7%
その他の言語	1.1%	1.3%	1.7%

出典：Statistics and Census Service（2002）

を使用する人がおり、ネットサーフィンでは、中国語を使用する人が多いことがわかる。

　マカオの家庭における1991年、1996年、2001年の日常の話し言葉を調べたものが**表3**である。

表4　場面別言語（方言を含む）使用の比率　　　（%）（N=675）

	家庭	マーケット	レストラン	銀行	政府部門	仕事	平均
普通話（中国語）	15.1	11.1	10.5	8.7	7.9	34.7	14.7
ポルトガル語	0.7	0.6	0.6	0.4	1.3	0.9	0.8
広東語	90.1	96.3	95.4	95.1	95.3	95.7	94.6
英語	3.0	1.5	3.7	1.5	1.2	12.0	3.8
閩語	3.3	0.3	0.1	0.0	0.0	0.1	0.6
客家語	1.0	0.0	0.0	0.0	0.0	0.0	0.2
潮州語	0.1	0.0	0.0	0.0	0.0	0.0	0.0
その他外国語	0.6	0.1	0.3	0.0	0.0	0.3	0.2
その他中国語方言	1.0	0.1	0.0	0.0	0.0	0.0	0.2
該当状況なし	0.0	0.0	3.0	0.4	0.9	0.1	0.3

出典：教育部語言文字信息管理司組編（2013）『中国語言生活状況報告（2013）』p.307.

　返還を機に普通話（中国語）の使用者が増えている。近年は中国からの移民や留学する者が増えてきているため、さらに使用者数は増えている。一方、ポルトガル語の使用者は、返還を機に減りつつある。これは、返還後にマカオのエリート層であったポルトガル人が帰国したためと考えられる。返還後は、街中でポルトガル語を耳にする機会はさらに減ってきている。また、英語は観光やカジノが収入の一部であるマカオにとって切り離せない言語である。実際の場面別言語使用は**表4**のとおりである。

　上記6場面の中では、広東語の使用が最も多く、続いて普通話が2番目、英語が3番目、ポルトガル語が4番目である。今後マカオが世界で生き残っていくためには英語は必要であると考えられているため、使用率はますます増えていくと考えられる。

2. 教育制度と言語教育

(1) 戦後から返還前まで

　植民地香港における中国人社会は伝統的にエリート社会であり、一部のエリート層が英語や文語中国語に堪能であれば十分であった。しかし戦後の香港では一般教育が普及してきたため、大衆が英語学習の機会を求め始めるようになった。また製造・貿易の急激な伸びは、国際語としての英語の重要性を押し上げ

ていく。このような状況の中、子どもの将来の選択肢を多くするために、英語を教育言語とする学校（英文学校）に入学させる傾向が強くなっていった。特に1970年頃を転機とし香港の社会と経済が大きく変革するにつれ、英文学校に重点を置いたエリート指向の歪みが表面化することになる。また1970年代は、香港経済の発展と安定による中産階級の伸長があり、香港中国人としてのアイデンティティが芽生えた時機でもある。香港生まれの人口が50％を超えたこともあり、香港社会は、従来の方言グループ別に分化した社会から広東語を共通項とした均質化が進行し、1980年代までには実質的に広東語を標準語（口語）とする社会に変質していったのである。しかしこういった状況で、「2言語ができることがいい、そのためには英語で全教科を教わることが英語力の向上につながる」という親たちの考え方は定着していった。このことは、香港の中等教育を大きく変えていくことになった。当時の中学校（日本の中学校と高校に相当）は、英語を教育言語とする英文中学（Anglo-Chinese Secondary school）と広東語を教育言語とする中文中学（Chinese Middle school）にわかれていた。その数は英文中学のほうが多かったが、後にその区別はなくなった。英文中学では、大部分の生徒たちが英語による授業についていけない、その結果、学校嫌いになる、教科書の内容を理解しないまま丸暗記するなどといった問題が生じた。また、英文中学は自称英文中学のところが多く、教師は本来英語で教育をしなくてはならないのに、英語の中に広東語の単語を交ぜる、ひどい場合は広東語の中に英語の単語を交ぜて話すといった、ミックス・コード・ティーチング（mixed-code teaching）も行われ、批判の対象になった。これに対し、1982年のLlewellyn Report[8]では、初等教育の6年間と中等教育の3年間は母語教育にすべきであると提言した。1986年のEducation Commission Report（ECR）No.2[9]では、一部の英語力の高い生徒に対しては英語を教育言語にし、その他大多数の生徒は広東語を教育言語にするのが望ましいと報告した。1990年のECR No.4[10]では、ミックス・コード・ティーチングを廃止し、学校は教育言語として英語か広東語を選択することを勧告した。1997年の中国への返還を目前に、香港の教育制度は改革が進められていき、1993年から大学入試も一本化された。

　植民地マカオにおいてポルトガル人が重要な役職に就き、中国人はそれより下の職位に就いたり、商売や経営を行ったりして活躍していた。マカオの教育は、

他国にあまり見られない複雑な面を持っている。まず教育制度であるが、統一の学校制度が存在しないことが挙げられる。大きく4つの制度が存在する。中国式では中国大陸の教育制度が採用され、小学校6年、初級中学（中学校）3年、高級中学（高校）3年の学制である。ポルトガル式ではポルトガル本国の教育制度が採用され、小学基礎教育4年、初級中学5年、高級中学3年の学制である。イギリス式ではイギリス本国および香港の教育制度が採用され、小学校6年、中学5年、大学予科1～2年の学制である。Luso-Chinese（ポルトガル・中国）式では、小学校6年、中学5年の学制である。これは政府が建てた学校で、中国人をポルトガル語と中国語で教育するタイプの学校である。しかし多くの親たちは、子どもたちを中国式の私立学校に通わせることを望んだ。これに加え、マカオの学校には無料教育と非無料教育の区別があり、マカオの無料教育は、政府立学校と政府の資金援助と引き換えに無料教育を行う私立学校で実施されている。しかし、政府の資金援助を受ける事でさまざまな制約・義務の履行を要求されるために、資金援助を受けない私立学校もあるのが現状である。私立学校が多くなった原因としては、マカオ政府立の学校が少ないこと、政府立学校ではポルトガル語による教育が行われていること、90年代には中国からの流入者がマカオ総人口の半分以上を占める様になったことなどが挙げられる。

　また、教育言語も多様化している。中国式では中国語（広東語が中心）を、イギリス式では英語を、ポルトガル式ではポルトガル語を教育言語としている。Luso-Chinese式では、ポルトガル語と中国語を教育言語としている。

(2) 返還後から現在まで

　返還後の香港では、両文三語政策が実施されている。つまり、書き言葉としての英語と中国語、話し言葉としての英語、広東語、普通話を身につけることを教育目標にした政策である。英語が話せれば、国際商業・金融・貿易都市としての機能を堅持できる。また中国に返還されたことで、香港人が普通話を話すことができれば、中国大陸やそれ以外の中華民族と関係を築くことができ、中国や台湾でのビジネスチャンスも広がる。これは返還後の香港人の理想像が描かれているといえる。

　教育言語に関しては、1997年にFirm Guidance[11]が出され、1998年からす

べての学校が中国語（広東語）を教育言語として用いることを義務化した。これに対し反対意見が多く寄せられたため、その後同年に The Guidance [12] が出された。The Guidance では Firm Guidance の内容の中で、条件付で英語を教育言語として用いることができる学校の許可を記している。その結果、2003年度では501校の中学校のうち114校のみが英語を教育言語として使用することを認められ、残りの大多数の中学校では、科目として英語を教えている。しかし、親たちは、「将来の選択肢を増やすため子どもに英語を身に付けさせたい（大学進学や高収入の職を得るなど）、そのためには英語で教育を受けさせるのがよい」という考えを強く抱いている。2011年現在、中学校が400校あまりあり、111校が英語を教育言語としている [13]。

1998年から母語教育政策が実施され2010年まで続いた。多くの小学校と中学校（上記111校を除く）では、広東語で教育を受け、科目として英語を学んでいる。しかし、小学校1年生から中国の共通語である普通話が正規の科目として導入された（返還以前は正規科目ではなかった）。したがって、小学校に入ると生徒は中国語（話し言葉としての広東語と書き言葉としての現代標準中国語・科目名としては「中国語文」）の他に、英語、そして普通話の3種の読み書き能力を身に付けなくてはならないのである。これは生徒たちにとって相当のプレッシャーであるが、これら3種の読み書きができるようになれば、大学進学、海外留学、外資系企業への就職など多くの選択肢を得られるため、子を持つ親たちも必死に身に付けさせようとしている。また中には子どもたちを香港内のインターナショナル・スクールに小学校から通わせ、英語で教育を受けさせる親も増えてきている。これは大学に入学するより早い段階で、子どもたちにより広い選択肢を与えようとする表れである。

1997年以降の教育言語に関する政策は、多くの議論を巻き起こした。そのため、この問題を解決するために、2010年9月からの新たな教育言語政策である、Fine Tuning Policy（微調整教育言語政策）[14] が導入された。これは特定の基準を満たす学校として教育局が認めると、その学校は一部の授業において教育言語を中国語から英語に変えることができるというものである。つまり中国語を教育言語にしている学校において、英語の授業以外でも英語を教育言語として使用し、生徒がより多く英語環境にいることを可能にするものである。そ

の結果、生徒の英語力向上に役立てようとするものである。

　返還後のマカオでは、三文四語政策が実施されている。つまり、書き言葉としてのポルトガル語、中国語、英語を、話し言葉としてのポルトガル語、広東語、普通話、英語を身につけることを教育目標にした政策である。これは実際のところ、ポルトガル語教育より英語教育に力が注がれているのが現状である。また、学制に関して中国式、ポルトガル式、イギリス式、Luso-Chinese（ポルトガル・中国）式の並存は変わらないが、小学校6年、初級中学（中学校）3年、高級中学（高校）3年に統一する動きがある。これは学校間の移動をしやすくするためである。

　公用語にポルトガル語を残し、教育にも反映させる理由として、中国政府の考えが反映されている。マカオにはポルトガル語を通してポルトガル語圏との関係を維持し、貿易などを行うことを考えた。そのため、ポルトガル語の出版物を作り続け、ポルトガル語により国際会議を実施し、学校教育でも一部の学校で教育言語や外国語として学ばせているのである。

3．言語の優越

(1) 英語・ポルトガル語・中国語
(a) 英語
　英語はイギリス、アメリカ、カナダ、オーストラリア、ニュージーランドといった英語を母語とする国だけでなく、インド、マレーシア、シンガポールなど第二言語として英語は使用されている。今や国際言語（国際共通語）であり、非英語話者同士がコミュニケーションをとる際にも使用されている。さらにグローバル化が進むにつれ、その役割はさらに強固なものとなっている。

(b) ポルトガル語
　ポルトガル語は、ポルトガル本土だけでなく、旧植民地であったブラジル、アフリカのポルトガル語圏であるアンゴラ、モザンビーク、カーボヴェルデ、ギニアビサウなど、アジアではマカオなどで話されている。

(c) 中国語

中国語は中国大陸で話されているだけでなく、台湾、香港、マカオ、シンガポール、世界中にある中華街などでも話されている。近年では中国がさまざまな分野で世界進出をしてきているのに伴い、中国語学習者も増加している。また、中国語と中国文化を普及するための孔子学院が世界中で開校されている。

(2) 中国語（標準語と方言）

中国語は、標準語的役割をする普通話と方言に分けられる。普通話は中国大陸では共通語として位置づけられ、教育言語としての役割を果たしている。方言には 7 大方言と言われるものがあり、北京方言に代表される、共通語のもとになった官話方言（北方方言）、上海方言などに代表される呉方言、湖南省・広西チワン族自治区の一部で話される湘方言、江西省や湖南省で話される贛方言、台湾の西北部で話され、広東省梅県方言などに代表される客家方言、福建省などで話され、閩南方言などに代表される閩方言、広東省、広西チワン族自治区、香港、マカオなどで話され、広東語に代表される粵方言がある。方言といっても香港やマカオでは、広東語が教育言語として用いられている。

4. 言語能力・学歴・職業

戦後から 1994 年まで香港には、香港大学と香港中文大学があった。その他に香港浸会学院、香港理工学院、香港城市学院、嶺南学院があった。また香港政庁の出資により創設され、1991 年から運営が開始された香港科技大学が加わった。その後、香港浸会学院、香港理工学院、香港城市学院、嶺南学院は 1994 年に大学に昇格した。また同年、それまで教育署管轄下にあった教員養成学院 5 校の合併により、香港教育学院が設立された。

しかし 7 校では十分ではなく、香港の大学に入れない者は、海外の大学に留学することが多い。中でもイギリス、アメリカ、カナダ、オーストラリアといった英語圏に留学する学生が多く、台湾、中国、マカオの大学に留学する学生も一部いる。また、1997 年の香港返還に伴い、中国化する香港を離れ、上記英語圏に移民した者も少なくない。返還後すぐに中国化されないことがわかると、

香港に戻ってきた人もいるので、英語を話せる人は増えているように思われる。

現在、香港で学位を出せる高等教育機関は12校あり、香港大学、香港中文大学、香港科技大学、香港浸会大学、香港理工大学、香港城市大学、嶺南大学、香港教育学院、香港樹仁大学、香港公開大学、香港珠海大学、香港演芸学院である。

大学における教育言語は、香港大学では基本的に英語、香港中文大学では英語、広東語、普通話と大学ごとに異なる。また、大学では外国語としてフランス語、ドイツ語、イタリア語、日本語なども教えられており、1学期以上履修している学生が多い。このように学生たちはいくつかの言語で教育を受け、英語や中国語で書かれた教科書を使用し、文献や資料を読む。専門科目に加え、外国語も学習する。このように、専門知識と語学力を身に付けて就職していく。

中でも外資系企業への就職は人気があり、英語力が重視される。また、日系企業も人気があり、日本語を学ぶ学生も多い。外資系企業は地元企業より給与が高い。一般的に香港では転職する人が多く、転職を繰り返し、キャリア・アップをはかる人が多い。地元企業から外資系や日系企業に移る人も多い。

香港市民が一般に就職に関する情報を得る身近なものに、地下鉄の駅などに置かれている無料の求人雑誌がある。これは週に2回配布され、英語と中国語で書かれているが、単に求人情報が掲載されているばかりでなく、香港、または海外の大学で学士号、ディプロマ（資格免許状）、修士号を取得し専門知識を身に付けるコースが紹介されている。この求人情報を見てみると、求められる人材は、学歴、専門知識、言語能力、コンピュータ・スキル、職務経験、意欲などが書かれている。

また、政府統計局が2009年に発行した報告書によると、雇用主や人事担当者が人を雇う際に主に考慮する要因は、職種によって異なる。マネージャー職、管理職、専門職では、仕事経験や学歴・専門の資格や関連技術を重視する。一方、サービス職、販売職、聖職、非技術職、その他の職では、仕事経験、仕事態度、学歴・専門の資格や関連技術を重視する。その他に礼儀やコミュニケーション能力、言語能力も重視されることがわかる。

そのため、転職する人は働きながら、時には仕事を辞めてから、専門知識や関連技術を大学の夜間コース、大学付属学校、専門学校などで身に付け、学位や資格を取得後、再就職する人が多い。また、香港は成人に対する教育にも力

を入れているため、技能や知識を学ぶことを奨励し、資金を出している。たとえば、ホテル、金融、小売、物流、管理、設計、語学のコースに通うのである。

一方マカオでは、1981年にマカオで最初の大学となる私立の澳門（マカオ）東亜大学が設立された。当時はイギリスの教育システムを採用し、3年制の学部教育で、教育言語は英語であった。その後、1988年に政府出資の澳門基金厙が買収し公立大学に改組され、4年制大学に拡張された。1991年に澳門大学に改称、現在に至っている。2001年からは、大陸出身者の入学生の受入を始めており、マカオの急激な経済成長と伴に大学の規模も拡大を続けている。また世界のリーディング大学を目指し、世界中から学生を受け入れるだけでなく、世界中から優秀な教員を採用している。さらにマカオ大学では日本研究センターがあり、日本語教育も行われている。現在マカオには12の高等教育機関があり、澳門大学、澳門理工学院、澳門旅遊学院、聯合国大学国際軟件技術研究所、亜州（澳門）国際公開大学、澳門保安部隊高等学校、澳門科技大学、澳門鏡湖護理学院、欧州研究学会、高等校際学院、澳門管理学院、中西創新学院がある。大学では専攻にもよるが、基本的に英語を教育言語としている。

このため、大学を卒業した学生は、広東語や普通話に加え、英語ができる。また、法律を専攻している学生はポルトガル語もできる。また、コンピューターを使いこなす能力も身に付ける。観光が収入源のマカオでは、街中の人々でも、広東語、普通話、英語が話せる人が多い。黄（2007）によれば、求人広告では、英語、普通話、広東語を話し、理解できる能力を求める職種もあるという。

5. 旧宗主国の違いと言語格差

旧宗主国の違いは、結果として、返還後の公用語の違いとなって表れている。香港では中国語と英語が、マカオでは中国語とポルトガル語が公用語である。英語が国際共通語として用いられている今日では、公用語に英語が含まれていないマカオは、公用語に英語が含まれている香港より一見、不利に思われる。しかしマカオの学校制度の複雑さが、学校教育において英語を学ぶことを可能にしている。つまりマカオの学校教育においては、多くの学校で英語教育が行われており、公用語であるポルトガル語の教育は一部の学校のみで実施さ

れている。これはポルトガル語のみを学び英語を学ばなければ、マカオは世界から取り残されるとの危惧の現れである。初代の行政区長官であるエドモンド・ホー氏は 2000 年 11 月 16 日の『澳門日報』の記事で、「マカオの経済発展には、英語のレベルが高い人材が絶対的に必要である。土地も資源もないシンガポールの国際商業都市としての発展をみれば、我々が成すべきことは明らかである」と述べている（奥田、2002）。つまり公用語にかかわらず、英語の重要性は明らかであり、英語ができるかできないかで格差は生じる。

　また、英語に加えて中国語ができることは進学、就職などさまざまな面でプラスになる。ただ、どの中国語ができたらいいのかという問題はある。まずは、中国大陸で用いられている普通話ができることである。次に広東語が挙げられる。広東語は中国の広東、香港、マカオといったいわゆる珠海デルタで用いられている。また普通話と広東語は世界中の中華街でも用いられている。すなわち世界の華僑ともつながる言葉である。これらの言語を使いこなすことで、両地域は、世界で生き残っていけるものと考える。

　さらに旧宗主国の公用語である英語とポルトガル語をそれぞれ残したのは、中国政府の政策と関連づけられる。中国政府は、香港には英語を通して世界とのつながりを期待したのに対し、マカオにはポルトガル語を通してポルトガル語圏との関係を維持し、貿易などを行っていきたいと考えたのである。

おわりに

　香港は約 150 年にわたりイギリスの植民地であり、マカオは 400 年以上ポルトガルの植民地であったが、両地域とも中国に返還された。香港では英語が通じ、マカオではポルトガル語が通じると思われていたが、実際にいってみるとそうではないと感じる。香港とマカオでは人々は広東語を話し、返還後は普通話（Putonghua：標準中国語）を話す人も増えている。公用語にもかかわらず、香港では英語はあまり通じない印象があり、マカオではポルトガル語を話す人はわずかであり、英語のほうが通じる印象を持つ。

　教育面では、香港では返還前はイギリス式の教育制度を採用し、返還後の 2012 年からは中国式の教育制度に合わせる形になった。学校では広東語を教

育言語とし、英語と普通話が教えられているが、中等教育では英語を教育言語として用いている学校もある。一方、マカオでは中国式、ポルトガル式、イギリス式、ポルトガル・中国式と複雑であり、各教育制度により、教育言語や教えられる外国語も異なる。

　副題にある「旧宗主国の違いは言語格差をもたらすのか」という問いに対し、香港とマカオの場合に必ずしも言語格差を引き起こすとは言えないであろう。香港では中国語と英語が、マカオでは中国語とポルトガル語が公用語である。英語が国際共通語として用いられている今日では、公用語に英語が含まれていないマカオは、公用語に英語が含まれている香港より一見、不利に思われる。しかしマカオの学校制度の複雑さは、教育言語と学習言語の選択に違いを生じさせ、学校教育において英語を学ぶことを可能にしている。また、急速に発展している中国との関係を考えると中国語ができることはプラスに働く。従って、格差はあらわれていないが、言語使用に現れており、その言語使用が格差を生むもとになっている。

注

1. Hong Kong Geographic data より。
2. Census and Statistics Department. (2007b) *2006 Population By-census: Main table.* p.24.
3. Macao Yearbook 2013 より。
4. Macao Yearbook 2013 より。
5. The People's Republic of China (1990) *The Basic Law of The Hong Kong Special Administrative Region of the People's Republic of China* の第 1 章 総則 第 9 条
6. The People's Republic of China (1993) *The Basic Law of The Macau Special Administrative Region of the People's Republic of China* の第 1 章 総則 第 9 条
7. 「仕事で書く」、「仕事で読む」に示されたパーセントは、実際に仕事で書いたり読んだりする回答者の部分集合から生じている。
8. Llewellyn, J., G. Hancock, M. Kirst & K. Roeloffs. (1982) *A Perspective on Education in Hong Kong: Report by a Visiting Panel.* Hong Kong: Government Printer を参照。
9. Hong Kong Education Commission. (1986) *Education Commission Report No. 2.* Hong Kong: Government Printer.
10. Hong Kong Education Commission. (1990) *Education Commission Report No. 4.* Hong Kong: Government Printer.
11. Education Department. (1997a) *Arrangements for Firm Guidance on Secondary Schools' Medium of Instruction.* Consultation documents. p.3.

12 Education Department. (1997b) *Medium of Instruction Guidance for Secondary Schools*. Hong Kong: Government Printer.
13 「兩文三語」、徐振邦、陳志華 (2009)『圖解香港手冊』香港：中華書局（香港）有限公司、p356.
14 Education Bureau. (2010) *Fine Tuning Medium of Instruction Arrangements for Secondary Schools*. Hong Kong.

参考文献

奥田英樹（2002）「マカオ［特別行政区］」本名信行編著『事典 アジアの最新英語事情』大修館書店、243-258
可児弘明編（1991）『香港および香港問題の研究』（東方書店）
楠山研（2012）「マカオの学校制度──香港、台湾、中国本土との比較を通じて」『長崎大学教育学部紀要：教育科学』第 76 号
東光博英（1998）『マカオの歴史──南蛮の光と影』大修館書店
原隆幸（2008）「香港－教員養成とその評価試験」河原俊昭編『小学生に英語を教えるとは？──アジアと日本の教育現場から』株式会社めこん、157-174
原隆幸（2012）「「両文三語」は香港にとって真の豊かさへの道か」松原好次、山本忠行編著『言語と貧困──負の連鎖の中で生きる世界の言語的マイノリティ』明石書店、142-154
澳大日本研究中心（1999）『澳門物語』マカオ大学出版センター
大和洋子（2002）「香港」本名信行編『事典アジアの最新英語事情』大修館書店、228-242

澳門基金會（1997）『中華人民共和國澳門特別行政區基本法』澳門：澳門基金
澳門特別行政區新聞局（2012）『2012 年 澳門年鑑』澳門：澳門特別行政區新聞局
程祥徽（1999）「1999 與澳門的語言文規劃」吳志良、楊允中、馮少榮 編『澳門 1999』澳門：澳門基金會出版、246-253
程祥徽（2005）『中文變遷在澳門』香港：三聯書店
古鼎儀（2009）「未来主義与 21 世紀澳門教育的発展模式」単文経、林発欽主編『澳門人文社会科学研究文選・教育巻』北京：社会科学文献出版社、69-94
古鼎儀、馬慶堂 編（1994）『澳門教育──抉擇與自由』澳門：澳門基金會出版
何巽權（2012）『今日香港』香港：至高圖書有限公司
黃翊（2007）『澳門語言研究』北京：商務印書館
黃翊、龍裕琛、邵朝陽等（1998）『澳門：語言博物館』香港：和平圖書・海峰出版社
教育部語言文字信息管理司 組編（2013）『中国語言生活状況報告（2013）』北京：商務印書館
教育暨青年局（2009）『教育數字概覽 08/09 教育数字　07/08 教育概要』
黎義明（2009）「対澳門地区教育立法的歴史分析」、単文経、林発欽 主編『澳門人文社会科学研究文選・教育巻』北京：社会科学文献出版社、126-144
李新魁（1988）『香港方言與普通話』香港：中華書局
盧丹懷（2005）『香港雙語現象探索』香港：三聯書店（香港）有限公司
徐振邦／陳志華 (2009)『圖解香港手冊』香港：中華書局（香港）有限公司

劉羨冰（2007）『澳門教育史』澳門：澳門出版協會
盛炎（2004）『澳門語言歷史・現狀・發展趨勢與未來的語言政策』澳門：澳門理工大学出版
王培光（2008）「語言規劃與澳門的社會語言調查」、程祥徽 主編『語言翻譯卷　下冊』澳門：澳門基金會出版、681 – 691
行政暨公職局（2011）『2010 年澳門特別行政區公共行政人力資源報告』
Bacon-Shone, J. & K. Bolton (2008) Bilingualism and multilongualism in the HKSAR: language surveys and Hong Kong's changing linguistic profile, In Bolton, K & H. Yang (Eds.) *Language and Society in Hong Kong. Hong Kong*: Open University of Hong Kong Press, 25-51
Bolton, K. & H. Yan. (Eds.) (2008) *Language and Society in Hong Kong.* Hong Kong: Open University of Hong Kong Press.
Bray, M. & R. Koo. (Eds.) (2004) *Education and Society in Hong Kong and Macao: Comparative Perspectives on Continuity and Change, 2nd.* Hong Kong: Comparative Education Research Centre, The University of Hong Kong.
Census and Statistics Department. (2007) *2006 Population By-census: Main table.* Hong Kong: HKSAR Government.
Education Bureau. (2010) *Fine Tuning Medium of Instruction Arrangements for Secondary Schools.* Hong Kong
Education Department. (1997a) *Arrangements for Firm Guidance on Secondary Schools' Medium of Instruction.* Consultation paper.
Education Department. (1997b) *Medium of Instruction Guidance for Secondary Schools.* Hong Kong Government Printer.
Hong Kong Education Commission. (1986) *Education Commission Report No.2.* Hong Kong: Government Printer.
Hong Kong Education Commission. (1990) *Education Commission Report No.4.* Hong Kong: Government Printer.
Ieong, S. L. (2002) Teaching and Learning English in Macao, *Asian Englishes,* Vol. 5, No. 1, 76-83.
Ieong, S. L. (2003) English Language Teaching in Macau: Sharing, Reflecting and Innovating. *Journal of Macau Studies,* Vol.16, 212 – 228.
Lee, G. O. M. (2011) Labour Policy: Resolving the Mismatch between Demand and Supply. In Lam, N. M. K. & Scott, I (Eds.) *Gaming, Governance and Public Policy in Macao.* Hong Kong: Hong Kong University Press, 129 – 144.
Leung, J. Y. H. (2011) Education Governance and Reform: Bringing the State Back In. In Lam, N. M. K. & Scott, I (Eds.) *Gaming, Governance and Public Policy in Macao.* Hong Kong: Hong Kong University Press, 163 – 181.
Llewellyn, J., G. Hancock, M. Kirst & K. Roeloffs. (1982) *A Perspective on Education in Hong Kong: Report by a Visiting Panel.* Hong Kong: Government Printer.
Lord, R. & H. N. L. Chen. (Eds.) (1987) *Language Education in Hong Kong.* Hong Kong: The Chinese University Press.

Poon, A. Y. K. (2004) "Language policy of Hong Kong: Its impact on language education and language use in post-handover Hong Kong." *Journal of Taiwan Normal University Humanities & Sciences*, 49(1): 53 – 74.

Statics and Census Service. (2002) *Global Results of Census 2001.* Macau: Statics and Census Service.

Survey & Mapping Office, Lands Department. (2011) *Hong Kong Geographic data.* Hong Kong: HKSAR Government. Retrieved 2012/03/01 from http://www.discoverhongkong.com/jpn/trip-planner/hongkong-location.html

Tam, K.K. & Weiss, T. (Eds.) (2004) *English and Globalization: Perspectives from Hong Kong and Mainland China.* Hong Kong: The Chinese University Press.

Tang, F. H. (2003) Improving English Language Teaching and learning in Macau's Schools. In *International Seminar on English Language Teaching and Translation for the 21st Century Proceedings,* 209-224.

The People's Republic of China. (1990) *The Basic Law of The Hong Kong Special Administrative Region of the People's Republic of China.*

Young, M. Y. (2007) English in Postcolonial Macau: Functions and Attitudes, *Asian Englishes,* Vol. 10, No. 1, 104-117.

あ と が き

　国際化やグローバル化が進むに伴い英語の優位性が問題になっているが、世界の歴史を振り返ってみると、言語の優位性とそれに伴う格差問題は存在していた。大国の言語が支配言語として広まり、やがて大言語となっていく。ローマ帝国時代にはラテン語、フランスやスペインが台頭してくるとフランス語やスペイン語が世界に広まっていった。その後イギリスが世界を支配するようになると英語が瞬く間に世界に広がっていった。これらの言語ができる者はいい役職に就いたり商売をしたりすることができたが、そうでない者は地位が低く貧しい暮らしを強いられてきており、時に奴隷として扱われてきた。戦後の世界はアメリカと旧ソ連が主に支配しており、英語とロシア語が大言語となった。アメリカと関係のある多くの国々では英語が学ばれ、国によっては英語を公用語、準公用語、教育言語として用いている。一方、旧ソ連と関係のある国々ではロシア語が学ばれていた。その後、英語の需要が増し、旧ソ連と関係のある国でもロシア語に代わり英語を学ぶようになっていった。ここでも英語かロシア語ができる者とそうでない者では、仕事、地位、収入などの面で大きくことなり格差が存在していた。冷戦が終わると、政治、経済、科学技術が進歩し、インターネットが日常生活の一部になってきた。また世界は国際化からグローバル化になり、急速に動き始めてきている。IT社会が急速に発展し、それに伴い英語はかなりの勢いで普及してきている。英語は国際語（lingua franca）となり、ビジネスや国際会議で英語が用いられることが多くなっている。英語支配の社会はさらに進み、英語ができないことで格差が生じるようになってきている。このことは「英語格差」とか「イングリッシュ・ディバイド（English divide）」と呼ばれている。そのため世界では国家政策として外国語教育、特に英語教育に予算を費やし、小学校から英語を正規の教科として導入し始めている。また教育言語として英語を用いているところもある。

それに加え、グローバル化が進む中で、グローバル化する社会に対応できる、または対等に渡り合っていくための人材の育成は急がれており、その対象は社会人だけではなく、これから社会に出ていく学生たち、特に大学生にも向けられている。このような背景も後押しし、外国語教育、特に英語教育を改善していくことが課題となっている。

　一方で、国内や地域内でも言語による格差が生じている。あるスピーチ・コミュニティに生まれ育った話者は、その地域社会や文化で容認される機能や言語使用上の規範にかなった言語能力を発達させる（片岡2003）。そのスピーチ・コミュニティの言語が学校の教育言語と同じであり、かつ社会に出てもその言語で仕事ができ、生きていけるのであれば問題はない。しかし、学校での教育言語が別言語である、小学校の低学年から高学年に進むさいに別の言語で教育を受けなくてはならない、または、大学で勉強するには別言語を用いなければならない、就職のさいに所属地域の言語では仕事が見つからないといった言語格差を経験する人々もいる。

　そしてこの言語と社会的格差の問題は、政治、経済情勢、社会情勢、グローバル化の影響などにより変化する。特に経済的な格差は、その国や地域の言語政策、特に言語教育政策が原因になっている。言語教育政策とは、「国や州などが、主として学校教育を通して行う言語教育に関する政策を言う。言語政策や教育政策の一環をなし、どんな言語や言語変種を、どの年齢から、どのくらいの機関、どのようにして教えるかなどについての方針を含む」（大谷2003）。

　その結果、場合によっては支配言語が弱い立場の言語を絶滅の危機に追いやる、または言語抹殺に追いやることもある。このように見てくると不利益を被るのは少数（言語）派である。

　かつて日本は「日本人だけが住み、単一言語を話す国」と言われてきた。しかしアイヌや琉球の人々、在日の韓国・朝鮮人や中国人などもいる。1990年に出入国管理及び難民認定法が改定されると、ブラジルやペルーなどからの日系人が急増し、ポルトガル語やスペイン語を話す人々も増えてきた。その子どもたちは外国にルーツを持つ子どもたちと呼ばれ、一部は公立の小学校や中学校で日本人と一緒に学んでいる。このようにみてくると、日本は「多民族多言語国家」である。多数派である日本人は、少数（言語）派の人たちの言語権を

重要視してこなかった。つまり、彼らが自分の母語を自分のものとみなし、それにより教育や行政などの公的サービスを受ける権利と日本で日本語を習得する権利である。そのため、どちらの言語も十分に身につかず、アイデンティティの確立に問題が生じることもある。

　これからの日本の言語政策（言語教育政策）は、多文化・多言語主義に基づくものが望ましいと思われる。また、英語一辺倒になるグローバル化ではなく、異文化理解の観点から近隣諸国の言語である韓国語、中国語、ロシア語などを学び、国内に暮らす日系人たちの言語であるポルトガル語やスペイン語などを学び、これらの言語を話す人々を理解し交流して双方に歩み寄っていくようなグローバル化を目指すべきである。そうすることにより、文化の異なる人たちと共生できる社会作りが進められ、言語から生じる格差の問題も解決できるのではなかろうか。これから将来の日本をリードしていく皆さんは、少数派の立場を理解し、彼らの問題を共有し、一緒に解決に向けて考え行動していくことが資質の１つとして求められるのではないだろうか。

　本書が、言語と格差の関係に関心を持つ多くの研究者、社会人及び大学生の皆さんに少しでも役立てればと願う次第である。

　最後に、本書の出版に際して、明石書店の兼子千亜紀氏と編集の寺澤正好氏には大変お世話になったことを記し、ここに謝意を表したい。

2015 年 1 月吉日

原　隆幸

参考文献

片岡邦好（2003）「言語と社会的不平等」『応用言語学事典』研究社、p. 200
大谷泰照（2003）「言語教育政策」『応用言語学事典』研究社、p. 7

◎**執筆者紹介**（50音順、［　］内は担当章、コラム）

井上恵子（いのうえ・けいこ）［コラム5］
青山学院大学講師、財団法人海外子女教育振興財団講師
専攻：英語教育法（Teaching English as a Second Language）
主な著書・論文：『国際理解教育　問題解決シリーズ』（第3章）「教室における異文化摩擦」（東洋館出版社、1997年）、「高等教育における英語授業の研究　授業実践事例を中心に」英作文の授業報告（JACET編著、2007年）、『言語と貧困――負の連鎖の中で生きる世界の言語的マイノリティ』第8章コラム「海外帰国子女の言語問題」（明石書店、2012年）

岡戸浩子（おかど・ひろこ）［コラム4］
名城大学大学院人間学研究科・名城大学人間学部 教授、博士（学術）
専攻：言語社会学、国際コミュニケーション、言語政策
主な著書・論文：『「グローカル化」時代の言語教育政策――「多様化」の試みとこれからの日本』（くろしお出版、2002年）、『世界の言語政策 第2集――多言語社会に備えて』（共著、くろしお出版、2007年）、『国際結婚　多言語化する家族とアイデンティティ』（編著、明石書店、2009年）、『言語と貧困――負の連鎖の中で生きる世界の言語マイノリティ』（共著、明石書店、2012年）

カレイラ松崎順子（カレイラ まつざき・じゅんこ）［第5章］
東京経済大学准教授
専攻：英語教育　第二言語習得（動機づけ）
主な著書・論文：Motivational model of English learning among elementary school students in Japan. (An International Journal of Educational Technology and Applied Linguistics System 41, pp.706-719, 2013)、『Bright and Early-Classroom English for Teachers of Children』（南雲堂、2009年）

河原俊昭（かわはら・としあき）［第3章］
京都光華女子大学教授、博士（社会環境科学）
専攻：言語政策、英語教育、アジア英語
主な著書・論文：『英字新聞で学ぶ異文化理解』（共編著、英宝社、2013年）、『多文化社会日本の道しるべ』（共著、南雲堂、2009年）、『日本語が話せないお友達を迎えて』（共編著、くろしお出版、2010年）、『大学生のための英単語・文法ノート』（共著、明石書店、2010年）、『小学校の英語教育』（共編著、明石書店、2011年）

蒲原順子（かんばら・じゅんこ）［第6章］
明海大学非常勤講師、順天堂大学非常勤講師、女子美術大学非常勤講師、博士（応用言語学）
専攻：第二言語習得、イマージョン教育、言語政策
主な著書・論文：「イマージョン教育を受けている日本人生徒による英語の発話分析――動詞と文構造を中心として」（共著、『木更津工業高等専門学校紀要39号』、2006年）、A

Case Study of Grammatical Development of Japanese Children in an Immersion Setting: within a Scope of One Year of Learning（共著、『木更津工業高等専門学校紀要 41 号』、2008 年）

近藤功（こんどう・いさお）［コラム 3］
前韓国ナザレ大学専任講師
専攻：日本語教育
主な著書・論文：「日本の農村地域に生きる中国人妻たち」『中国 21 vol.27』（風媒社、2007 年）、「外国人妻たちの言語習得と異文化接触――山形県の事例を中心に」『国際結婚多言語化する家族とアイデンティティ』（明石書店、2009 年）、「苦難を抱える外国人妻たちとその子どもたち」『言語と貧困――負の連鎖の中で生きる世界の言語的マイノリティ』（明石書店、2012 年）

佐々木倫子（ささき・みちこ）［第 1 章］
桜美林大学大学院教授
専攻：日本語教育、バイリンガルろう教育
主な著書・論文：「第 12 章　マイノリティと多様なリテラシー」（『マイノリティの社会参加――障害者と多様なリテラシー』くろしお出版、2014 年）、「『ろう者』と『手話』と『多文化共生』」（『ろう者から見た「多文化共生」――もうひとつの言語マイノリティ』ココ出版、2012 年）、「高等教育機関における聴覚障害学生の支援」（『文部科学教育通信』No.263. ジアース教育新社、2011 年）

田中富士美（たなか・ふじみ）［第 8 章］
中央大学兼任講師、成蹊大学、芝浦工業大学、白百合女子大学非常勤講師
専攻：英語教育、言語政策、国際英語論
主な著書・論文：『言語と貧困――負の連鎖の中で生きる世界の言語的マイノリティ』第 10 章「米国ヒスパニックの言語と社会的向上――ニューヨーク市の事例を中心に」（共著、明石書店、2012 年 ）、A Survey-based study of Japanese University Student Attitudes toward EIL and implications for the Future of English Education in Japan（Asian Englishes, Vol. 13-1, ALC Press Inc. [Routledge, Taylor & Francis] pp.48-71, 2010）、『The Extremely Short Story Competition (ESSC) の魅力』（共著、アルクコミュニケーションズ、2010 年）

野沢恵美子（のざわ・えみこ）［第 9 章］
東京大学教養学部附属グローバルコミュニケーション研究センター特任講師
専攻：比較教育、地域研究、女性学
主な著書・論文：「19‒20 世紀初頭英領インドにおけるナショナリズムと女性教育」（明治学院大学『カルチュール』第 7 巻第 1 号、2013 年）"Development and the Empowerment of Women in Rural India"（『芝浦工業大学研究報告人文系編』第 47 巻第 1 号、2013 年）

長谷川瑞穂（はせがわ・みずほ）［第 7 章］
東洋学園大学教授
専攻：英語学、英語教育
主な著書・論文：『英語総合研究』（編著、研究社、1995 年）、『はじめての英語学』（編著、研究社、2006 年）、『世界の言語政策』（共著、くろしお出版、2002 年）、「2 言語多文化主義とカナダの言語教育」（科研費報告集、2000 年）、『言語と貧困——負の連鎖の中で生きる世界の言語的マイノリティ』第 3 章「カナダの先住民の教育と貧困」（明石書店、2012 年）

波多野一真（はたの・かずま）［第 4 章］
元ニューヨーク州立大学バッファロー校非常勤講師、博士（外国語・第二言語教育）
専攻：言語政策、英語教育
主な著書：Makiguchian perspectives in language policy and planning.（*Journal of Language, Identity, and Education (12)*, 2013 年）、Observation of gesture use in ESL classroom（東京電機大学理工学部紀要 No.9、2011 年）、Voice in EFL education in a Japanese context: Makiguchi's perspectives in the concept of "voice."（*Educational Studies, (45)*, 2、2009 年）

比嘉光龍（ふぃじゃ・ばいろん）［コラム 1］
歌三線者、沖縄キリスト教学院大学非常勤講師、沖縄大学地域研究所特別研究員
専攻：うちなーぐち（おきなわ語）
主な著書・『ことばと社会——学校教育における少数派言語』（共著、三元社、2011 年）、『琉球諸語の復興』（共著、芙蓉書房出版、2013 年）

ホ・グウェン・ヴァン・アン（Ho Ngwyen Van Anh）［コラム 9］
University of Kent Human Resource Management 修士課程修了
専攻：人材経営学
主な著書・論文：A different View on Engagement: How the Psychological Well-being Mediate the Relationship between Psychological Capital and Engagement（ケント大学修士課程修士論文、2013）

村崎恭子（むらさき・きょうこ）［コラム 2］
元横浜国立大学教授、文学修士（東京大学・言語学）
専攻：言語学、アイヌ語学、日本語教育
主な著書・論文：『藤山ハル口述：樺太アイヌ語例文集（1）』（北海道大学アイヌ・先住民研究センター、2013 年）、『樺太アイヌ語　入門会話』（緑鯨社、2009 年）、『浅井タケ口述　村崎恭子編訳　樺太アイヌの昔話』（別売セット・CD 版 10 枚 54 話）（草風館、2001 年）、「第 10 の旅（サハリン）：ことばの永遠の命を願って——樺太アイヌ語の半世紀」（大角翠編著『少数言語をめぐる 10 の旅　フィールドワークの最前線から』三省堂、2003 年）、「述語の構造——日本語・韓国語・アイヌ語」（『日本語と外国語との対照研究Ⅳ　日本語と朝鮮語』国立国語研究所、1997 年）

薬師京子（やくし・きょうこ）［コラム 7］
目白大学外国語学部英米語学科教授
専攻：英語教育学、社会言語学
主な著書・論文：「Aboriginal Languages in Canada」（『目白大学文学・言語学研究』第 2 号、2006 年）、「Language Policy in Canada: Demographic Trends」（『目白大学文学・言語学研究』第 1 号、2005 年）、『社会言語学入門』（上）（下）Ronald Wardhaugh 著（共訳、リーベル出版、1994 年）

山本忠行（やまもと・ただゆき）［コラム 6］
創価大学通信教育部教授、大学院文学研究科教授
専攻：日本語教育、言語政策
主な著書：「英語圏アフリカ諸国における比較言語政策の試み」（『言語政策』No.10、2014）、『言語と貧困――負の連鎖の中で生きる世界の言語的マイノリティ』（共編著、明石書店、2012 年）、『世界の言語政策』第 1 集～第 3 集（共編著、くろしお出版、2002、2007、2010 年）

ラサミ・チャイクル（Rasami Chaikul）［コラム 8］
フェリス女学院大学文学部英文学科英語専任講師
専攻：英語教育学、社会言語学
主な著書・論文：Critical Pedagogy in the Intensive Reading Class（フェリス女学院大学文学部紀要 36 号、2011 年）、Autonomous Learning for Learner Development: Alternative Approach to EFL Teaching（共著、防衛大学紀要人文科学篇、2008 年）、Critical Pedagogies in Japanese EFL Classes: Possibilities and Difficulties（共著、台湾 Shih Chien 大学 Selected papers, 2007 年）

◎編著者紹介

杉野俊子（すぎの・としこ）［まえがき、第 2 章］
工学院大学 基礎・教養教育部門外国語科教授、前職は防衛大学校教授。JACET 言語政策研究会代表、日本言語政策学会理事、JALT 日本語編集長。ボール州立大学数学科卒業、アリゾナ州立大学大学院英語教授法専攻修士修了、テンプル大学大学院教育学部 CITE 学科博士課程修了、博士（教育）
専攻：英語教育学、社会言語学
主な著書・論文：『言語と貧困』第 9 章「故郷に錦が貧困に変わった時——在日ブラジル人の場合」、コラム 3（共著、明石書店、2012 年）、『アメリカ人の言語観を知るための 10 章——先住民・黒人・ヒスパニック・日系の事例から』（大学教育出版、2012 年）、『英語教育政策——世界の言語教育政策論をめぐって』（JACET50 周年記念刊行・英語教育学体系第 2 巻）（共著、大修館書店、2011 年）、Nikkei Brazilians at a Brazilian School in Japan：Factors Affecting Language Decisions and Education（慶應義塾大学出版会、2008 年）

原　隆幸（はら・たかゆき）［第 10 章、あとがき］
鹿児島大学教育センター特任准教授、JACET 言語政策研究会副代表、JACET 九州・沖縄支部事務局幹事。杏林大学大学院国際協力研究科博士前期課程修了、明海大学大学院応用言語学研究科博士後期課程修了、博士（応用言語学）
専攻：応用言語学、言語政策、言語教育
主な著書・論文：「グローバル時代に求められる日本の英語教育——スキル重視から言語文化教育へ」（『鹿児島大学言語文化論集 VERBA』No.38、2014 年）、「大学生の学力変化と共に多様化する大学英語教材の役割」（『異文化の諸相』No.31、2011 年）、「「両文三語」は香港にとって真の豊かさへの道か」『言語と貧困』（共著、明石書店　2012 年）、「香港——教員養成とその評価試験」『小学生に英語を教えるとは？——アジアと日本の教育現場から』（共著、株式会社めこん、2008 年）

言語と格差 —— 差別・偏見と向き合う世界の言語的マイノリティ

2015年1月31日　初版第1刷発行

編著者	杉野　俊子
	原　　隆幸
発行者	石井　昭男
発行所	株式会社　明石書店

〒101-0021 東京都千代田区外神田 6-9-5
電　話　03 (5818) 1171
ＦＡＸ　03 (5818) 1174
振　替　00100-7-24505
http://www.akashi.co.jp

装丁	明石書店デザイン室
進行	寺澤　正好
組版	安田　克己
印刷・製本	モリモト印刷株式会社

ISBN978-4-7503-4133-0

JCOPY 〈(社) 出版者著作権管理機構 委託出版物〉
本書の無断複写は著作権法上での例外を除き禁じられています。複写される場合は、そのつど事前に、(社) 出版者著作権管理機構（電話 03-3513-6969、FAX 03-3513-6979、e-mail: info@jcopy.or.jp）の許諾を得てください。

言語と貧困 負の連鎖の中で生きる世界の言語的マイノリティ
松原好次、山本忠行編著 ●4200円

英語教育が甦えるとき 寺島メソッド授業革命
山田昇司 ●2500円

メタファー体系としての敬語 日本語における その支配原理
アラン・ヒョンオク・キム ●3800円

アイヌ語古語辞典
平山裕人 ●8600円

言葉のなかの日韓関係 教育・翻訳通訳・生活
徐勝、小倉紀蔵編 ●2200円

機械翻訳の原理と活用法 古典的機械翻訳再評価の試み
新田義彦 ●8000円

小学校の英語教育 多元的言語文化の確立のために
河原俊昭、中村秩祥子編著 ●3800円

識字神話をよみとく 「識字率99%」の国・日本というイデオロギー
角知行 ●2700円

英語教育が亡びるとき 「英語で授業」のイデオロギー
寺島隆吉 ●2800円

「ことば」という幻影 近代日本の言語イデオロギー
イ・ヨンスク ●2500円

文化、ことば、教育 日本語/日本の教育の「標準」を越えて
佐藤慎司、ドーア根理子編著 ●3800円

日本・ベトナム比較言語教育史 沖縄から多言語社会をのぞむ
村上呂里 ●9000円

英語教育原論
寺島隆吉 ●2600円

生きた英語が身につく語学留学のススメ そろそろ日本を脱ぎたい人へ
加藤靖弘 ●1600円

英語帝国主義に抗する理念 「思想」論としての「英語」論
大石俊一 ●3800円

バイリンガル・ファミリー 子どもをバイリンガルに育てようとする親のための手引き
イーディス・ハーディング=エッシュ、フィリップ・ライリー著 山本雅代訳 ●2800円

〈価格は本体価格です〉

アメリカのろう者の歴史 写真でみるろうコミュニティの200年
ダグラス・C・ベイントン、ジャック・R・ギャノン、ジーン・リンドキスト・バーギー著
松藤みどり監訳　西川美樹訳
●9200円

盲ろう者として生きて 指点字によるコミュニケーションの復活と再生
福島智
●2800円

「ろう文化」の内側から アメリカろう者の社会史
キャロル・パッデン、トム・ハンフリーズ著
森壮也、森亜美訳
●3000円

ろう文化の歴史と展望 ろうコミュニティの脱植民地化
パディ・ラッド著　森壮也監訳
古谷和仁、増田恵里子、柳沢圭子訳
●9800円

アフリカのろう者と手話の歴史 A・J・フォスターの「王国」を訪ねて
亀井伸孝
●2800円

ろう教育が変わる！ 日弁連「意見書」とバイリンガル教育への提言
小嶋勇監修　全国ろう児をもつ親の会編
●2000円

ろう教育と言語権 ろう児の人権救済申立の全容
小嶋勇監修　全国ろう児をもつ親の会編
●4800円

ぼくたちの言葉を奪わないで！ ろう児の人権宣言
全国ろう児をもつ親の会編
●1500円

海の向こうの「移動する子どもたち」と日本語教育 動態性の年少者日本語教育学
川上郁雄編著
●3300円

「移動する子どもたち」の考える力とリテラシー 主体性の年少者日本語教育学
川上郁雄編著
●3300円

つたえあう日本語教育実習 外国人集住地域でのこころみ
日本語を母語としない子どもへのことばの教育を考える
川上郁雄編著
●3300円

教室文化と日本語教育 学習者と作る対話の教室と教師の役割
塩谷奈緒子
●6500円

日本の外国人学校 トランスナショナリティをめぐる教育政策の課題
志水宏吉、中島智子、鍛治致編著
●4500円

日英対訳 ニューカマー定住ハンドブック【第2版】 日本で働き、暮らし、根付くために
[オンデマンド版] 土屋千尋
●2800円

有道出人、樋口彰著
●2300円

外国人の人権 外国人の直面する困難の解決をめざして
関東弁護士会連合会編
●3000円

〈価格は本体価格です〉

グローバル社会と人権問題 人権保障と共生社会の構築に向けて
李修京編 ●2400円

多文化共生のための異文化コミュニケーション
原沢伊都夫 ●2500円

スウェーデンの義務教育における「共生」のカリキュラム "Samlevnad"の理念と展開
戸野塚厚子 ●5500円

日韓中でつくる国際理解教育
日本国際理解教育学会・ユネスコ・アジア文化センター(ACCU) 共同企画　大津和子編著 ●2500円

多文化社会の教育課題 学びの多様性と学習権の保障
川村千鶴子編著 ●2800円

外国人児童生徒のための社会科教育 文化と文化の間を能動的に生きる子どもを授業で育てるために
南浦涼介 ●4800円

マリアナ先生の多文化共生レッスン ブラジルで生まれ、日本で育った少女の物語
右田マリアナ春美 ●1800円

多文化共生論 多様性理解のためのヒントとレッスン
加賀美常美代編著 ●2400円

まんが クラスメイトは外国人 入門編 はじめて学ぶ多文化共生
「外国につながる子どもたちの物語」編集委員会編 ●1200円

まんが クラスメイトは外国人
「外国につながる子どもたちの物語」編集委員会編 ●1200円

まんが クラスメイトは外国人 20の物語
「外国につながる子どもたちの物語」編集委員会編 ●1200円

地球時代の日本の多文化共生政策 南北アメリカ日系社会との連携を目指して
浅香幸枝 ●2600円

人権と多文化共生の高校 外国につながる生徒たちと鶴見総合高校の実践
坪谷美欧子、小林宏美編著 ●2200円

多文化教育がわかる事典 ありのままに生きられる社会をめざして
松尾知明 ●2800円

トランスナショナルな「日系人」の教育・言語・文化 過去から未来に向って
森本豊富、根川幸男編著 ●3400円

日本人女性の国際結婚と海外移住 多文化社会オーストラリアの変容する日系コミュニティ
濱野健 ●4600円

湾岸アラブ諸国の移民労働者 「多外国人国家」の出現と生活実態
細田尚美編著 ●5500円

〈価格は本体価格です〉